國家與國際關係

John M. Hobson◎著

周劭彥◎譯

高德源◎校

弘智文化事業有限公司

John M. Hobson

The State And International Relations

Chinese edition copyright © 2003
By Hurng-Chih Book Co., Ltd..
For sales in Worldwide.

ISBN 957-0453-83-4（平裝）

Printed in Taiwan, Republic of China

致　謝

　　我要感謝許多人以不同方式促成本書的問世。感謝Amitav Acharya、Brian Job、Chris Reus-Smit、Herman Schwartz、Colin Wight以及三位匿名審查者對此計畫的意見與評論。我還想對許多閱讀本書部份初稿的人士表達謝意：Louise Chappell、Jane Ford、Martin Griffiths、Jeff Groom、David Mathieson、M. Ramesh、Len Seabrooke，特別是Bob Howard與Steve Hobden，他們兩位幾乎完全讀遍了這本書。我對Michael Mann與Linda Weiss他們的支援、協助與鼓勵表達由衷的感謝，我尤其感謝Sushila Das與Louise Chappell，他們兩位教導我擁有著一個真實的生命。我誠心感謝Milly、Yves、Lisa與Steve，尤其是劍橋大學出版社的John Haslam邀我撰寫此書，以及他自始自終的耐心與效率。同樣我也非常感謝我的編輯，Barbara Docherty。我也要感謝政府系（Department of Government）的同事與朋友們，他們使雪梨大學成為一個愉快並使人成長的工作場所。最後，我要謝謝我的家庭對我生命所造成的直接影響：Tim、Nora與Carole，以及我偉大的祖父，John Atkinson Hobson對我帶來的間接影響，謹將此書獻給這四位家人。

目　錄

第一章

在「第二次國家論戰」中，何者為關鍵之所在？：概念與議題

前言：社會科學界中的兩次「國家論戰」

如果國家眞如許多國際關係學者在今日所說的是「已死」的話，那爲何我們還需要一本關於「國家與國際關係」的書呢？然而這個國家已死的說法，的確是引領著目前國際關係理論的研究方向。若目前理論的方向不是在反對國家，至少也是在「遠離國家」。可以肯定的是，後現代主義、批判理論，以及特別是伴隨女性主義與馬克思主義而來的建構主義，背後支撐它們快速興起的其中一個共同原因，乃是一個跨越（*beyond*）國家的研究議程：一般說來，它們都在尋求取代國家中心主義（state-centrism）。而國家因此會最後一次成爲研究標的（research object）嗎？但至少在國際關係學的領域中，這似乎是一個被共同接受的看法，本書的論點則採取一種弔詭的型式：也就是說，新現實主義的國家中心論，雖然在國際關係理論中否定了國家的重要性，但我列在上面的其它各種不同研究途徑（包括自由主義），都更嚴肅地看待國家所扮演的角色：此立場我承認與我早期的觀點有所抵觸（Hobson 1997：1），這個令人訝異的論點則是來自引用與應用一個被許多國際關係學者所忽略的概念創見：國家的「國際能動力」（international agential power）。透過這個特殊的鏡頭來重新評估各個理論，讓我們可以徹底（再）檢視國際關係學中的各種國家理論，並最後使我們能得到一個耳目一新的國際關係理論。

　　也許這裡我們要強調的重點只是在國際關係學的理論中，傳統對國家理論的理解已被那些過去應用的詮釋性分析工具所阻礙。但是當我們考量到每個理論對國家所持的不同看法，以及其所賦予國家不同程度的國際能動力（而非國內自主性）時，則一個新的視野角度將隨之而來。這種看待事情的新角度實際上一直存在著，但也依舊是模糊不清的，這是由於過去所採用的分析工具使然：這些工具是使用在我所謂的「第一次國家論戰」中，而我所說的另一個視野角度則是從我所謂的「第二次國家論戰」之架構發展而來。

　　在社會科學的光譜上，不同學科的許多理論家都將國家理論置於兩種大致分類的架構上，第一類是**規範性的**（*normative*）國家理論，思考何者是最爲可欲與最爲適當的國家型式，以及政治社群（political community）的組成。第二類是**解釋性的**（*explanatory*）國家理論，思考誰控制，或什麼力量型塑著國家與它的行爲。當然，實際上區分這兩種大致分類架構的界線有時是模糊不清的，因爲規範性的觀點通常會蔓延到解釋性的理論中，並且如一位論者所言，政治哲學家常常「認爲國家應該跟他們所認爲的國家一樣」（Held 1984：31）。然而本書主要關切的是「解釋性」的國家理論，我基本的論點在於，在何種程度下，我們如何盡可能地從這兩種型式的國家理論中萃取出一些東西。我認爲，我們可以透過「解釋性」的國家理論來區分這兩次國家論戰，並且在各個不同的學門中，我們也都可發現這兩次國家論戰對它們帶來的各種影響。

　　在國際關係學的領域中，第一次國家論戰以最單純的型式隨一九七〇年代的依賴理論而一同出現：但這場論戰只是一場

代理式的論戰，目的是針對非現實主義者（尤其是激進的多元主義者），或只是一項手段，讓現實主義者可以相互攻訐以爭取學術霸權。第一次國家論戰所關切的基本問題乃是關於「國家」是否宰制著「社會力量」與「非國家的行爲者」，換句話說，這次論戰的焦點是國家相較於非國家的行爲者，是否在社會過程外擁有自主性。佔據其中一個端點的是新現實主義者，他們認爲國家已經具有高度的自主性，是國際政治中重要的行爲者，另一個端點則是自由主義者與激進的多元主義者，他們堅稱，當國家逐漸被經濟過程（經濟互賴）與非國家行爲者（特別是跨國企業，但卻不僅限於此）所超越時，則國家的自主性就不斷在消落中。他們尤其不同意新現實主義者的假定，也就是國家是一個理性、緊密結合且具有自主性的能動者，並主要會關心「高政治性」的安全問題。他們反而認爲，國際互賴將導致國家崩解成一個分崩離析的實體，並逐漸轉向優先處理「低政治性」的經濟、所得分配、社會福利與生態的議題，而非軍事安全的議題（例如Burton 1972；Mansbach, Ferguson and Lampert 1976；Morse 1976；但又可參見Keohane and Nye 1977，以及特別是Rosenau 1980的一個更爲複雜細緻的研究途徑）。對這些作者來說，他們將原本新現實主義所認爲的「撞球國家」（states-as-billiard balls）的世界轉變成一個全球交流互動的網絡，民族國家間的疆界越來越容易被穿透，主權國家將成爲一個過時之物。但種看法引發了新現實主義者的反擊，這些新現實主義的理論家再度重申主權國家持續不斷的優越性與中心自主性，所以這個網絡會被吹散，並再次出現由「撞球國家」所構成的一個相互鬥爭之失序世界（Gilpin 1975, 1981；

Krasner 1976, 1978；Waltz 1979）。

　　重要的是我們必須注意到在一九八〇年代，一個平行與互補的「國家論戰」出現在社會學與比較政治經濟學（Comparative Political Economy；CPE）的學門中。關於前者，Theda Skocpol的著作乃是開山鼻祖，她一九七九年的經典之作《國家與社會革命》（*States and Social Revolution*），以及稍後一本開創性的編著《帶回國家》（*Bringing the State Back In*，Evans, Rueschemeyer and Skocpol 1985），複製了一場與國際關係學領域平行的國家論戰。在這裡，新韋伯論者（neo-Weberians）（而非現實主義者）與馬克思主義者和自由主義者產生了對立。新韋伯論者認為國家擁有高度的自主性並能主宰社會，而馬克思主義者與自由主義者則再度重申社會力量的自主性（如Cammack 1989；Jessop 1990：275-88）。與此同時，一個類似的論戰也出現在比較政治經濟學中，並持續到一九九〇年代的早期。這裡的「國家主義者」（statists）認為，國家成功經濟表現的關鍵並非是基於國家順從「市場法則」（如自由主義者所認為），或主要經濟階級需求（如馬克思主義者所認為）的能力，而是基於強大或擁有高度自主性與官僚「積極性」的「發展型」國家（developmental states）。這個途徑最廣為人知的就是應用在解釋「亞洲四小龍」（the East Asian Tigers）的快速興起上（如Johnson 1982；Wade 1990）。

　　然而，近幾年來出現在社會學與比較政治經濟學界中的「國家自主性對抗社會自主性」的論戰，已迅速轉變成「第二次的國家論戰」。許多社會學者與比較政治經濟學者現在都認為有一個國家「自主性」的替代理論：即國家的力量是來自國家鑲

嵌（embedded）在社會中的程度（Mann 1993；Evans 1995；Weiss and Hobson 1995；Hobson 1997；Weiss 1998）。現在這場論戰已從「國家對抗社會」轉變成以「國家自主性與社會」為基礎，其中心問題圍繞以下的這個議題：國家是在何種程度下建構著社會，而社會又是在何種程度下型塑著國家？換句話說，社會學與比較政治／比較政治經濟學界中的第二次國家論戰，是在檢視國家與社會的「共構」（co-constitution）和「相互鑲嵌性」（mutual embeddedness）。這個研究途徑最明顯的優勢（與第一次國家論戰相比），是它提供了一個可行的解決方案。

至於回過頭再來談國際關係學的領域，最明顯的問題是：（1）在國際關係學的研究中已跨越「第一次國家論戰」了嗎？以及（2）這次論戰究竟有何功用？在國際關係學的研究中，第一次的國家論戰在一九七〇年代並未就結束了，而是透過「第二階段」（second phase）持續到了現在。在此階段中，馬克思主義者、自由主義者與後現代主義者都宣稱全球化的過程凌駕了國家（如Camiller and Falk 1991；Brown 1995；Cox 1996：296-313），然而新現實主義者仍持續重申國家的重要性（如：Krasner 1995），所以第一次的國家論戰迄今仍十分活躍，但它究竟有何功用？首先，我認為它受到四種根本上的限制，第一，它的研究乃是在一個雙元（binary）、「非此即彼」（either-or）的問題分析架構上，而此架構又是基於「國家中心性」（state-centredness）對抗「國際／全球的社會中心性」（international/global society-centredness）上，所以使它得以迴避這兩種無法妥協與極化的陣營。第二，但這樣的迴避卻無法

產生出新的研究問題與議程。第三，它傾向更普遍地扭曲國際關係的理論，把所有國際關係理論者的立場都簡化成只爲了「要贏得這場論戰」，因此當雙方都在尋求簡化對方立場以將對方擊倒時，「稻草人」理論就被建造了出來。第四，弔詭的是，這次論戰出現了「無視國家」（state-blindness）的問題，雙方實際上都有意或無意地「把國家踢出去」，這是因爲雙方根本上都是從國際結構中來援引（invoke）國家。由於雙方都在「邊緣化」國家的重要性，所以我們可以認爲第一次論戰一點都跟國家無關，也許眞正的論戰是發生在「國際社會─經濟─結構中心」（international socio-economic structure-centredness）對抗「國際政治─結構中心」（international political structure-centredness）上。因此第一次的國家論戰呈現出一個矛盾，借用Halliday的說法，雙方在國家上並沒有一個交集（Halliday 1994：75-6）。

　　或許第一次國家論戰的根本問題是，它沒有考慮到「作爲一個能動者的國家」（state-as-an-agent）如何能夠影響或型塑國際體系。因此雖然第一次國家論戰的雙方都傾向修正或擴大國際結構，但第二次國家論戰基本上則是以「能動者─結構（agent-structure）」的二分法被組織起來。而我認爲所有理論都可在兩個連續體上被定位：也就是每個理論賦予作爲能動者的國家，在國內與國際領域中，不同程度的能動性（agency）。

「第二次國家論戰」：國家能動力的兩個面向

　　也許不讓人感到驚訝的是，第一次國家論戰的貧乏內容，已給予許多跨社會科學界的學者一個想法，也就是應該放棄將國家作為一個研究的理論標的（例如Easton 1981；Abrams 1988；Almond 1988；Ferguson and Mansbach 1988）。但我認為我們可以利用第二次國家論戰的不同觀察角度來研究國家，使國家仍能作為一個分析類別（category）。這個新的論戰並非基於「國家中心性」對抗「非國家行為者中心性」（或國家中心性對抗社會中心性）的問題分析架構上，而也不是僅將焦點限於國家自主性對抗社會自主性的問題分析架構上。在此，我反而將焦點放在兩種類別上：分別是國家的國內與國際的能動力。

國家的「國內能動力」（domestic agential power）

　　本書所檢驗的第一個國家特徵是國家的國內能動力，這相當於理論者一般認為的「制度的國家自主性」（institutional state autonomy），因此國內能動的國家力量意謂國家可以不顧國內社會結構的制約或非國家行為者的利益，而制訂內政與外交政策以及型塑國內領域之能力。這大致也等同於由Skocpol與其他人（Skocpol 1979；Evans, Rueschemeyer and Skocpol 1985）所提出的國家自主性（state autonomy）概念，我將它描繪成圖1.1中的x軸。利用這個定義，國際關係學者一般將新現實主義（以及

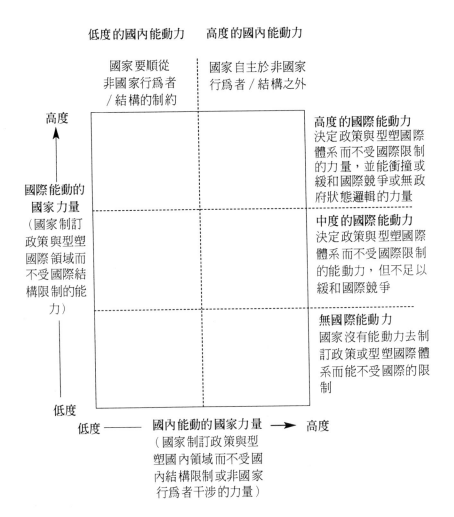

圖1-1　在「第二次國家論戰」的架構中定位國際關係的理論

韋伯歷史社會學派，Weberian historical sociology：WHS）擺到認為國家擁有最大自主性或國內能動力的這一類上，而自由主義、馬克思主義、後現代主義與建構主義則是賦予國家最小的自主性。換句話說，在新現實主義與WHS中，「自主的」國家被放大了，然而在自由主義、馬克思主義、後現代主義與建構主義中則似乎就沒有如此被看重了，但至少這些都是第一次國家論戰的常見說法。

　　賦予每個理論的國家自主性或國內能動性程度之議題，構成第二次國家論戰的首要面項，在此我發現在第一次國家論戰中所被接受的圖像，基本上是正確的，雖然它沒有顯示出立場的複雜性不只出現在理論中，還會出現在各個典範（paradigm）裡。例如現實主義就提出三種截然不同的立場，Waltz的新現實主義將國家歸類為擁有完全或非常高度的國內能動性，Gilpin與Kraser修正式的新現實主義（modified neorealism）則賦予國家一個會改變或潛在的自主性。跟它們非常不同的是古典現實主義（classical realism），它認為前現代（pre-modern）的國家擁有高度的國內能動性，而現代國家卻只有低量的國內能動性。至於馬克思主義則可被區分成兩種立場；從古典馬克思主義低度的國內能動力，到正統新馬克思主義（orthodox neo-Marxism）中「相對」（relative）或「中度」力量的國家研究途徑。另外，在第一波的韋伯歷史社會學派中，可區分成會變化的或潛在的國內能動力兩種，以及第二波韋伯學派中的「鑲嵌自主性」（embedded autonomy）。某些建構主義者把國家歸類為具有低度的國內能動力（如國際社會中心的次理論類型與激進的建構主義／後現代主義），但其他人卻賦予國家中度的能動力

（如國家中心的建構主義）。至於自由主義者的範圍則從賦予國家非常低度的國內能動力（如古典自由主義），到中度的能動力（如新自由主義與功能主義）和非常高度或完全的能動力（國家中心的自由主義）都有。然而在第二次國家論戰的劃分區間（distinct terrain）中，卻描繪出對國際能動力或國家能力的關切。

國家的「國際能動力」

如果國家的國內能動力，指的是國家可以不顧國內社會結構的制約或非國家行為者的利益，而去制訂內政或外交政策與型塑國內領域之能力的話，那麼國家的國際能動性，指的就是國家可以不顧國際社會結構的制約或非國家行為者的利益，而制訂內政或外交政策與型塑國際領域之能力。極端的說，高度的能動力是指國家緩和國際競爭邏輯之能力，並因此創造一個合作或和平的世界，這種「國際的國家力量」（inter-national state power）不能跟新現實主義者的「國家力量」（state power）或「國家能力」（state capability）的觀念混淆在一起。國家力量的觀念是指國家有能力去有效適應國際競爭與Waltz所謂「國際政治結構」（international political structure）的邏輯。事實上，我對「國際能動的國家力量」（international agential state power）之定義，恰好跟新現實主義的國家能力之概念相反。

在國際能動的國家力量上，所有理論都可在一個連續體上被定位，從低度、中度到高度（如圖1.1中y軸所描繪的）。高度國際能動的國家力量是指，國家或國家—社會複合體（statesociety complex）有能力衝撞國際競爭的邏輯與國際結構的限制性邏輯，所有國際關係的理論都承認競爭與無政府狀態的國際政治結構之存在（這裡的無政府狀態〔anarchy〕指的是國際體系乃是一個多國體系，其中並不存在一個較高的權威或世界國家），此種潛在或真實的國際競爭情形，有時也被稱為「集體行動的問題」（collective action problem），它假定在國際無政府狀態的情況下，國家間的合作是很困難的，甚至是不可能的。但高度國際能動的國家力量卻使國家能型塑與重新建構國際體系，並解決集體行動的問題，從而創造一個和平且合作的世界。自由主義就是一個顯著的理論，它賦予高度的能動力給國家，而古典自由主義則認為當國家在國內社會中順從個人的社會需求時，它就能夠創造一個和平的世界。而國家中心的自由主義（如新自由制度主義）則認為，國家擁有足夠高度的能動性去再型塑國際體系並解決集體行動的問題。在國際制度與建制的設立上，國家有能力透過強化資訊的密度，而重新安排去解決「國際的無政府狀態」，從而創造出一個和平與合作的世界。高度的能動力有時也被某些建構主義者、古典現實主義者與「第二波」的韋伯歷史社會學派（它們全都位於圖1.1的上層）賦予給國家。

另一個端點是國際體系理論（新現實主義、第一波的WHS與世界體系理論：WST），每個體系理論都貶抑國家擁有國際能動力的可能性，對它們來說，國家必須順從國際的結構，所以新現實主義與第一波的WHS都認為國家間的衝突是國際政治結構一個無法避免的產物。但對世界體系理論而言，這樣的衝突卻是世界經濟資本主義的必然產物，在這兩種看法中，國家

都沒有任何的能動力可以自主地型塑或修正國際體系，因此在圖1.1中這些理論被置於底層。

　　至於在中層的一連串理論，馬克思主義與後現代主義同樣都宣稱國家依據在國家層級（national-level）或國內的力量就能夠型塑與影響國際體系，然而這些理論卻不願給予國家高度的國際能動性，因為對它們來說，國家無法克服國際的競爭並解決「集體行動的問題」。正統馬克思主義者認為，在順從國內經濟宰制階級的需求時，國家逐漸會創造出一個具高度衝突性的國際體系，簡單的說，國家無法創造一個和平的世界，因為這樣的世界若要出現，那國家必須要能徹底化解國內的階級鬥爭：這對任何馬克思主義者來說都是一個邏輯上的不可能。同樣地，後現代主義者認為國家透過設計與創造國內正當性的過程（規範性的國家策略；normative statecraft），製造出了一個衝突的世界，在其中它國被建構成具有「威脅的」外表，此外表使國家間的衝突不僅不可避免，而且還是國家持續被再生的首要情況，這些理論在圖1.1中被放在中層。（對每個理論立場的詳盡一覽，參見圖7.2）

　　因此總而言之，我們可將「國際能動的國家力量」定義成國家—社會複合體與國家作為一個擁有個體單位力量（unit-force）的「實體」（不論是否被賦予高度或低度的國內能動力／自主性，是分散還是集中的，是「想像的」還是「實然的」），有能力去影響或型塑國際領域，而不顧國際結構的限制；並且，極端的說，有能力衝撞或緩和國際結構的限制與國際競爭的邏輯。

　　從這個不同的角度來看，我們必然會重新排列這些理論是

如何與其他理論在關於國家這個問題的理解關係。現在，第一次國家論戰的論者們，很快被放到新的立場上，所以這個論戰不再存在於國家主義與現實主義的「國家派」對抗激進與多元理論的「反國家派」之間。本書反直觀的（counter-intuitive）結論是，自由主義、建構主義與後現代主義、古典馬克思主義與「正統」新馬克思主義、第二波WHS和古典現實主義的這些非體系（non-systemic）途徑，比新現實主義、第一波WHS與WST的這些體系途徑，更成功地賦予了國家在國際領域擁有更多的能動性。如果這個結論看似是令人驚訝或反直觀的，只是因為國際關係的理論者若不是忽略了國家的「國際」能動力，就是他們將此力量與制度自主性給混淆在一起。

因此在第二次國家論戰中存在許多關鍵點：不只是對國家理論的瞭解，還包括更全面地對於國際關係理論的理解。當然，問題是為何這個途徑在之前會被忽略？答案是過去二十年來，國際體系理論已在國際關係理論中佔有宰制性的地位，但體系理論的中心限制是它拒絕承認國家的能動性；國家被視為是一個承載者（Träger）：是國際結構的被動接受者：使得它們不得不去適應和順從國際結構的限制性邏輯（constraining logic），正因為國際結構是獨立變項，而國家只是依賴變項，所以Waltz宣稱我們不需要一個國家理論：透過這一點，他認為我們沒有必要去理論化國家的國際能動力。離開了體系理論，使我們可以討論國家與國家—社會複合體如何能夠自主地型塑國際體系，這是體系與非體系理論的根本差異，也構成第二次國家論戰的焦點。簡言之，第二次國家論戰將我們的注意力從純粹的國際結構分析中移開，轉而集中在國家與國家—社會複合

體擁有型塑國際領域的能動性之程度，因此，當我們看到國際關係學透過第一次國家論戰的鏡頭來理論化國家時，國家全都消失了，但透過第二次國家論戰的更敏銳鏡頭，我們發現國家很大一部份上被帶回來了。

兩種能動力面項的關係？

如前所述，多數的國際關係學者將國家的自主性（國內能動力）與國際能動力混淆在一起，並假定它們是相同的東西，但它們並不相同。因此新現實主義賦予高度國內／但毫無國際的能動力給國家，而古典自由主義與國際社會中心的建構主義卻賦予國家低度國內／高度國際的能動力，這代表兩種能動力面項的一個相反嗎？答案是否定的，因為有一整個範圍的理論認為國家擁有高度國內與高度國際的能動力（例如國家中心的自由主義、古典現實主義），而其他人卻認為國家只擁有低度的國內與中度的國際能動力（古典馬克思主義和後現代主義），或中度國內與中度國際的能動力（「正統」新馬克思主義）或中度國內但毫無國際的能動力（WST）。簡言之，事實是這兩種面項的國家能動力並不存在一個內在的關係，這兩種能動力的「特性」是不同的。

兩個更進一步的分類架構

顯然，第二次國家論戰遠比第一次國家論戰還要來得複雜，並提出一連串的議題，我們在第七章的第二段會更詳細討

論，雖然目前基本上可對第二次國家論戰的討論作出一個結論，但還有一個問題要面對。爲了對每個理論都有完全的理解，我們需要應用兩個更進一步的分類架構：「因果問題的型式」（the modes of causality problem）與「分析問題的層次」（levels of analysis problem）。根據這兩個架構來分類理論，有時比國際關係理論者所提出的架構，更使我們顯示出在這些途徑間更多樣與細微的差異。

「因果問題的型式」

這個問題本質上是指一個目的在於解釋結果的理論，所使用的獨立變項數目。所有理論都可被歸類在一個三分法中，分別是「簡約性」（parsimony）、「修正式的簡約性」（modified parsimony）以及「複合性」（complexity）。簡約性理論堅持結果（國際關係與國家行爲）只能被單一變項解釋（如Waltz的新現實主義與古典自由主義），另一端是「複合性」理論，它透過兩個或更多的獨立變項來解釋結果（如第二波的WHS），在這兩者之間是「修正式的簡約性」理論（如Gilpin「修正式的新現實主義」；J.A. Hobson的新自由主義、第一波的WHS或Cox的批判理論），因爲有如此多的學者將修正式的簡約性與複合性這兩種理論混淆在一起，所以清楚地定義方法途徑是很重要的。

修正式的簡約性是在簡約性理論中的一種次理論類型，其中有一個主要的基本因果變項，但也被一組中介變項補充，這些變項介入在基本因果變項與結果之間，那什麼是「中介變

項」？

顧名思義，中介變項一半是介於基本的獨立因果變項（basic independent causal variable）上（解釋項，或用來解釋的東西），一半則是介於依賴變項或結果上（即被解釋項，或被解釋的東西）。它比獨立變項擁有較低的因果解釋能力，中介變項實際上是一個「隨機性」（contingency），它被加到基本的因果變項上，因此中介或隨機變項只擁有一個「相對」而非絕對的解釋地位或自主性，講的更「白一點」，我們可用以下的例子來說明。如果一位婦女在沙灘上散步，她會將一組足印留在沙灘上，基本或獨立因果變項是腳的移動路線，而足印就是結果或依賴變項，如果這位婦女穿上了一雙慢跑鞋，則之後所留在沙灘上的足印跟原先的足印當然會不一樣，但基本因果變項仍是腳的移動路線，鞋則是中介變項：它修正了最後的結果，但並不構成一個基本因果變項，因為若是沒有腳的移動，則沒有任何足跡會出現。總而言之，修正式的簡約性對純粹的簡約性理論提供了一個更為豐富且更具實證性的質性分析，但中介變項的補充或增加並未在根本上將簡約性途徑轉變成一個複合性途徑。

「因果問題的型式」與「分析問題的層次」有直接的關係。的確，「因果問題的型式」幫助我們將焦點帶入其他不同的重要面項上，而這些面項在「分析問題的層次」中迄今仍被忽略。

「分析問題的層次」

　　Kenneth Waltz在他最有名的著作《人、國家與戰爭》（*Man, The State and War*，1959）中，提出一個三重的類型學（three-fold typology），這個類型學可以用來分類和區分所有關於衝突與戰爭的理論，原本這是要作爲一個分類戰爭理論的方法，但這裡我將它更廣泛地用來分類國際關係學的理論。第一意象理論（first-image theory），透過個人的角色來解釋國家的行爲與國際關係；第二意象理論（second-image theory）則認爲，國家行爲與國際關係是受到在國家／社會層級上的因果關係發展（causal developments）所決定的，而第三意象理論（third-image theory）認爲結果是由國際結構所決定的。

　　雖然這個架構是一個有用的分析初步剪裁（analytical first cut），但它受到兩種中心限制。第一，它無法用來討論那些尋求解釋在國家層級而非國際層級上發展的理論，Peter Gourevitch（1978）就善用了「顛倒第二意象」（second-image-reversed）的理論概念來處理這個限制，但這需要被加寬加廣。爲了達成此點，我提議加上一個「第四意象」（fourth image），它就能捕捉到那些認爲在國家與次國家層級上的發展也會型塑國際結果，並且在國際／全球層級上的發展也會型塑國家領域的理論（參照 Reus-Smit 1996：187），這種例子可在第二波 WHS、Morgenthau和Carr的古典現實主義，與Ruggie的建構主義中找到。第二個限制是它無法討論使用一個層級以上去解釋結果的理論，在這裡我將「因果問題的型式」與「分析問題的

層次」結合在一起，並提出我們需要去區分強（*strong*）與弱（*weak*）的意象。一個「強」意象的途徑，賦予單一層級優先性，並被「簡約性的」理論使用（如Waltz的新現實主義）；相反地，一個弱意象的途徑則被「修正式的簡約性」理論使用，賦予空間層級的因果關係優先性，但包含來自一個或其他不同層級上的「中介」影響（如Gilpin與Kraser修正的新現實主義）。但要注意到，中介變項的添加，並不會將理論轉變成一個第四意象的途徑，這是因為第四意象的途徑等同於「複合性理論」而非「修正式的簡約性理論」。

　　現在，我們已呈現出第二次國家論戰的架構了，有了這些概念，我們現在能夠轉向去討論在這次論戰中，每個理論的主要立場所在。

問題討論

- 為何在最近二十年內，主流的國際關係理論家一般都選擇不去「問題化」（problematise）國家？或者說，為何某些國際關係學者反對我們需要一個國家理論？
- 什麼東西已被帶進國際關係學、社會學與比較政治學／比較政治經濟學的第一次與第二次「國家論戰」中？
- 何以說國際關係的「第一次國家論戰」從未真正與「國家」發生關連？
- 如何與為何說第一次國家論戰扭曲了國際關係理論與國際關係研究的國家理論？

- 在「第二次國家論戰」中，什麼是國家能動力的兩種面項？在低度、中度與高度的國際能動力之間有什麼樣差異？
- 「國際能動的國家力量」的這個入門概念，是如何引領第一次國家論戰？
- 何謂「因果問題的型式」？
- 何謂「分析問題的層次」？我們究竟是否需要修正或擴展這些基本的類別？
- 為何「強」意象途徑等同「簡約性」理論，以及為何「弱」途徑等同「修正式的簡約性理論」？

建議進一步閱讀的書目

雖然在國際關係學領域中的國家理論能夠幫助我們改善特別是在社會學、政治學、比較政治／比較政治經濟學以及政治地理學（Political Geography）中所發展的國家理論，但反之亦然：也就是國際關係學的研究需要對其他學科的國家理論保有更高的敏銳度，傑出的介紹性文獻包括Dunleavy and O'Leary（1987）、Held（1987）、Schwarzmantel（1994），Pierson（1997）。

至於社會學界關於第一次國家論戰的書目，傳統國家主義者的文獻依舊是Evans、Rueschemeyer and Skocpol（1985），尤其是Theda Skocpol的第一章，另兩個重要的進一步文獻是Krasner（1978）與Skocpol（1979）。馬克思主義對此論戰的回

應，可在Cammack（1989）與Jessop（1990：275-88）的文章中找到很好的例子。在比較政治經濟學中的第一次國家論戰，標準國家主義者的立場，可在Johnson（1982）與Wade（1990）中找到，在社會學與比較政治經濟學中的第二次國家論戰，則在Mann（1993）、Evans（1995）、Weiss and Hobson（1995）、Hobson（1997），以及Weiss（1998）的作品中被提出。Mann（1993）的第三章也是一個很好的起點來為我們介紹各種不同的國家理論，尤其是社會學界的國家理論，這一章也間接開啟社會學與比較政治經濟學中的第二次國家論戰。在國際關係領域中的第一次國家論戰，主張國家正被「互賴」侵蝕的標準「第一階段」文獻，則有Burton（1972）、Mansbach, Ferguson and Lampert（1976）以及Morse（1976），而Camilleri and Falk（1991）則對第二階段的途徑作了一個傑出的介紹，在此書中，「全球化」被認為正在超越主權國家與主權式的民族國家。重要的國家主義與新現實主義的「捍衛者」，可在Gilpin（1975, 1981）、Krasner（1976, 1995）與Waltz（1979：第七章）中找到。

通盤瞭解「能動者─結構」論戰的討論是很重要的，在社會學中，有幾個很好的介紹可在Laydey（1994）與Thrift（1983）中發現，在Giddens（1984）與Archer（1995）中也可找到兩個重要的立場。至於「結構主義者」對「能動者─結構」問題的解決方法也已被國際關係研究所採納和引進，最初是由Wendt（1987），以及特別要去看由一份期刊，《國際研究》（Review of International Studies，Hollis and Smith 1991；Wendt 1991）引領的重要論戰，一個近來的重要討論則可參見Wight

（1999）。最後，瞭解「分析問題的層次」也是很重要的：Waltz
是標準的起點，Singer（1961）也是一個重要的探討，但他的
論點與本書第七章的立場恰好相反，也就是不可能提出一個單
一的模式能夠結合兩種或兩種以上的層次。

第二章　現實主義

前言：國際關係理論中的兩種現實主義

　　傳統的看法是將新現實主義與古典現實主義給混同在一起（例如Gilpin 1986；Grieco 1993a：135），但我卻認為有兩種顯然是有所不同的現實主義，以及各有兩種不同現實主義的國家理論被揭露在第二次國家論戰的架構中，這兩種立場被並列在圖2.1與2.7中。在現實主義者與非現實主義者之間，對於「新現實主義」的構成內涵上有一個強烈的共識，我透過「六項原則」來歸納這個共識，並描繪成圖2.1。基本上，新現實主義乃是高度簡約性的，因此雖然國家擁有高度的國內能動力（或高度的制度自主性），但它仍無法擁有任何的國際能動力可以不顧國際結構的限制，來決定政策或型塑國際體系。對新現實主義而言，國家實際上乃是國際政治結構的「被動承載者」（載體），但我也將古典現實主義歸納成「六項原則」。這六項原則將古典現實主義歸結成一個基本論點，也就是雖然國家的國內能動力會因各個時期而有所改變，但所有國家在每個時期都擁有（雖然程度上有所差異）足夠的國際能動力來型塑國際體系。Carr與Morgenthau同樣都強調在某種環境下，國家能創造出一個和平的世界。Morgenthau（1948/1978：第三十二章）認為，高度國內能動力的重新取得，有助於為國家提供一個必要條件來創造出一個和平的世界（也就是讓高度國際能動的國家力量能夠出現）。而Carr（1945, 1951）認為，從一九四五年之後，在全球道德規範衰敗的影響下，主權國家的衰弱導致追求個人自由

新現實主義的「六項原則」 （被動適應的國家）	古典現實主義的「六項原則」 （國家是能動者）
(1)「連續性」的假定 　　因爲無政府狀態的國際體系在本體上高於個體單位，所以國際體系是一個自主與自構的領域，國際政治（IP）從不曾改變，總是一個必然性與暴力的領域。 　　因此，新現實主義的研究方法是尋求發現國際政治在本質上不隨歷史而改變的運作法則。	(1)歷史的變化性 　　國家在本體上高於體系，意謂著它在國際政治中構成了一個獨立的能動力變項。因此當國家發生變化時，國際體系也會發生變化。
(2)「依立場而定」或「相對利得」的假定 　　無政府狀態與力量的差異，使國家重視短期的「相對利得」而非常長期合作的「絕對利得」。 　　這是因爲如果B國從合作中獲得比A國還多的利得時，則A國會懼怕B國之後利用這些利得來削弱A國的力量，因此A國會放棄合作，並偏好採取欺騙與自主的作爲。	(2)相對與絕對的利得 　　國家從未總在追求相對利得（例如：十七到十九世紀時）。 　　此外，國家在未來透過超級智慧的道德外交來進行合作（Morgenthau），或它們重新被社會化成更具合作性的政治型式（Carr）。
(3)政治「主權」的假定 　　自主的民族國家是國際政治的中心行爲者。 　　主權國家是政治表現的最高型式，雖然有經濟互賴或全球化的現象，但主權國家仍將持續存在。	(3)「社會的」主權 　　國家主權會隨國內公民權的擴大而改變。 　　對Carr而言，國家在「社會化民族國家的」型式中，並非是政治表現的最高型式，而是一個在道德與功能上退化的政治社群之最高階段。
(4)生存「理性」的假定 　　主權國家是一個單一且緊密封	(4)變化的「社會」理性 　　國家並非是一元的，而是被國

圖2-1　兩種現實主義的國家與國際關係理論之比較

新現實主義的「六項原則」 （被動適應的國家）	古典現實主義的「六項原則」 （國家是能動者）
閉行爲者，會理性追求它「在軍事上生存的利益」：這永遠是不會變的。	家—社會關係與國際規範所型塑，當它們改變時，國家的理性也隨之改變。
(5)高度國內能動的國家力量假定 （撞球模式） 國家擁有高度的國內能動力，國家被比喻爲「撞球」，不只因爲它們彼此衝突與「彼此碰撞」，最重要的是因爲它們內部或其國內特質和作爲與國際政治完全無關。 雖然Gilpin與Krasner允許國內自主性可因國家而有所差異，但仍無法勝過無政府狀態的決定性本質。	(5)變化的國內能動的國家力量 國家的國內能動力不只會隨時間而改變，並且會顯著地影響國家行爲與國際政治。 國家高度的國內能動力將使高度國際能動的國家力量得以出現。低度的國內能動力將導致中度的國際能動力。
(6)國家沒有任何的國際能動力，以及「非道德」的假定 國家沒有任何的能動性可以型塑國際政治或緩和無政府狀態的邏輯，在行動／政策個基礎上必須忽略國際道德。 在一個由相互競爭國家構成的充滿敵意之外部世界中，國家必須要追求技術上的手段以存活下去。 規範毫無自主性能去促進國際和平。	(6)變化的國際能動的國家力量與道德 在十七到十九世紀中，國家擁有高度的國際能動力，並創造出一個相對和平的國際領域。 相反地，當代國家只擁有中度的國際能動力（並使得國際衝突成爲常態）。 但在這兩個時期中，國家都比新現實主義認爲的，還要被賦予更高程度的國際能動力。

（續）圖2-1　兩種現實主義的國家與國際關係理論之比較

與平等的一個後主權的全球社會發展。這意謂著，以Ashley
（1981）的話來說，一個「解放的現實主義」（emancipatory
realism），它相當不同於「技術的現實主義」（technical
realism），在後者中，國家毫無選擇，或缺乏國際能動力，而必
須適應體系的需求。除此之外，我認為Carr的「現實主義」有
許多地方等同批判理論，而Carr與Morgenthau也同時利用了建
構主義的洞見。

新現實主義的簡約性：社會化無政府狀態下的被動適應國家

Waltz與「被動適應的」國家

　　一般認為新現實主義存在一個根本矛盾：它堅稱在國際政
治中，自主的國家具有完全的中心性，但卻否定有可能出現一
個關於國家的理論。實際上，Waltz的確有提出一個國家理論，
雖然它是高度「極簡式的」：國家只源於國際無政府體系的體
系再生需求。由於只將焦點集中在國際結構，所以國家不被認
為擁有國際能動力去型塑國際政治結構，或衝撞它的限制性邏
輯。為了瞭解這一點，我們必須先瞭解Waltz在他《國際政治理
論》（*Theory of International Politics*，1979）一書中所陳述的國
際政治總體理論。

　　Waltz的理論始於「連續性」的問題分析架構（原則（1）

圖2.1)。主要困擾Waltz的是千年來國際政治高度連續性結果的特徵。如他所言,「國際政治的結構是高度不變的,型態重現與事件本身不斷在重演。國際關係在型式與本質上幾乎鮮有劇烈改變,其特徵是令人訝異的永恆。」(Waltz 1979:66, 1986:329)。這指出Waltz對國際政治的觀察一向是國家間衝突的一個領域,無論這些國家的型式是帝國、城邦還是民族國家。若要通曉Waltz理論的重點,則必須先瞭解他理論的趨向乃是要迎合與解釋這種「連續性」,爲了要解釋連續性,Waltz被迫(或選擇)去提出一個擁有最少解釋變項的理論,使它受到最小程度的改變或變化。因此「簡約性」或「簡雅性」(elegance)成爲Waltz新現實主義的根本(Waltz 1979:第一章)。由於要創造這種簡約的(狹窄的)理論,Waltz堅稱經驗的(empirical)複雜性(或眞實性)必須被簡化與化約成一個主要的因素。他指出國際政治的結構是國際政治的單一決定變項,接著他又提出一個尋求發現國際政治基本「運動定律」的實證理論(positivistic theory)(Waltz 1979:第三到四章)。

　　Waltz認爲,先前國際政治理論的根本問題是它們一向爲「化約的」(reductionist)方法學,而他對「化約論」(reductuionism)的非傳統定義方法,是指「整體〔國際體系〕是被它的組成部份〔即個體單位〕所理解或解釋的」(Waltz 1979:18, 19)。化約論(與一個將焦點置於國家層級變項的「第二意象」途徑,以及將焦點置於個體的第一意象途徑有關)能透過一個將國際政治結構作爲獨立變項的「第三意象」途徑而被避免(Waltz 1959)。以高度簡約性的觀點來定義國際政治結構本身,乃是一個重要的轉向,這需要對「個體單位力量」

（國內力量）變項的省略（Waltz 1979：第五章，尤其是第六十五頁）。為什麼個體單位層級上的變項必須要被省略？因為在國內層級上，有太多的變項：經濟、社會、技術、意識形態、政治等等：它們都不斷在改變，但對Waltz來說，國際關係從未發生改變並總維持原狀。「如果國際結果的改變會直接導致行動者的改變，那我們如何解釋當行動者改變時，這些仍持續出現或再度出現的相同〔國際〕結果？」（Waltz 1979：65, 1986：329）。所以為了要避免「化約論」並維持簡約性來解釋「連續性」，相當重要的是要確保國際政治的結構只能被體系的方式來被定義，並嚴格排除非體系的個體單位力量／國家變項。那要如何達到這一點？

Waltz對國際政治結構的定義

國內政治結構的基本特徵或層次有三種，雖然國際政治體系只具有其中兩種：
（1）排序原則（*ordering priniple*），或「深層結構」（deep structure）：這個說法是由Ruggie（1986：135）所提出的。
（2）單位角色的分化。
（3）能力的分佈，或Ruggie（1986：136）所謂的「表層結構」（surface structure）。而深層結構則是關鍵。

（1）排序原則（深層結構）

有兩種排序原則的型式：「無政府狀態」與「層級節制」。

國內政治結構的特徵是層級節制，而國際體系則是以無政府狀態為特徵。在（國內的）「層級節制」下，個體單位（即個人）「專精於」一個和諧與互賴的分工，因此某些人專精於汽車的製造，某些人專精於房屋的建造，某些人專精於蔬菜的種植等等。因為他們專業的分工，所以變得要仰賴他人為其需要提供商品，而不是自己生產；因而伴隨著合作與互賴。而這種和諧與互賴只可能出現在安全問題已被國家解決的時候，相反地，在無政府狀態的國際體系中，個體單位（即國家）必須要採取適應的「自力救濟行為」，因為並不存在一個更高的權威（世界國家）能夠解決安全問題，國家不能專精而必須要競爭與獨立自主，因為互賴會造成它們安全的脆弱。為什麼缺乏一個世界政府會導致國家採取自力救濟的行為與競爭呢？

　　Waltz利用了「國內的類比」，該類比是基於Thomas Hobbes在其經典著作《利維坦》（*Leviathan*，1651）中所提出來的論點。Hobbes認為，在現代國家出現之前：所謂「自然狀態」：是「眾人交相戰」，因此人類雖然自由但卻高度缺乏安全感，因為沒有一個更高的權威能防止人們彼此殘殺。Hobbes提出的解決之道是透過「社會契約」來建立一個國家或具更高強制力的權威（這被稱作「利維坦」），藉此，所有人都同意將他們的自由交付給國家以獲得安全。應用這個架構到國際關係上（「國內的類比」），Waltz假定，國際體系中的國家跟Hobbes自然狀態中的個人一樣：雖然諷刺的是，Hobbes認為國際的自然狀態實際上是比純粹的〔國內的〕自然狀態更能為人類所容忍，而否定，或至少是極力限定這樣的一種類比假定（Suganami 1986：145；Walker 1987：73）。跟Hobbes國內的自然狀態一樣，個人

彼此競爭以追求各自的利益，所以對Waltz而言，各國也會在無政府狀態的國際政治領域中彼此競爭：「在各國之間，自然狀態就是戰爭狀態……〔在自然狀態下的〕人類之間，跟國家之間一樣，都是無政府狀態的，或缺乏一個政府，這是暴力出現的原因」（Waltz 1979：102）。而正因為沒有一個世界性的利維坦或世界國家，所以也就沒有辦法防止國際衝突的再次發生。簡言之，秩序只可能出現在一個具有更高強制力的權威存在時，國家才能自由追求他們各自的國家利益而不會永遠感到不安全，因為戰爭不會隨時爆發。因此，如果國家想要求取生存，則他們必須放棄合作而去採取「自力救濟」的行為。合作到最後對國家來說將是危險的，因為這會降低它們的防衛力，使國家變得無法抵抗侵略者（在這裡，Waltz借用了Rousseau關於獵牛的故事）。

因為排序原則是如此重要但卻不被察覺到：或如Waltz所言，「問題是：如何相信一個秩序會沒有……〔一個可被察覺到的〕統治者」（Waltz 1979：89）：他透過類比法並利用個體經濟學的理論，以瞭解無政府狀態的本質或力量。借用Adam Smith對於市場的討論，Waltz聲稱，跟市場出於個人與廠商自發行動的結果一樣（他們不是尋求秩序而只為了各自的利益），國際政治的結構也是出於自利的國家追求各自利益的自發行動，但這一旦被形成之後，國際體系就對行為者（即國家）造成了限制。對Smith來說，是市場體系的結構決定了個人（與廠商）的自助與適應行為，這對Waltz來說也是一樣，是無政府狀態的體系決定了國家的適應行為。Smith最有名的論點是，透過個人自利的競爭，市場競爭的一隻「看不見的手」將會確保社

會整體的再生（與改善）（Smith 1776/1938：423）。同樣地，對Waltz來說，透過國家自利的競爭，「無政府狀態的看不見之手」將會確保國際體系無政府狀態的再生。Smith認為的，市場會透過高利潤來獎勵那些適應市場邏輯的人士，不適應者將會破產，從而來挑選為生存所必須的適當行為。這對Waltz來說也是一樣，國際政治的結構會依據它們的行為是否符合無政府狀態來淘汰國家（即在軍事競爭中存活下來的條件），符合者將被獎勵繼續存在或取得更大的力量，不符合者則會衰落、被打敗或滅亡（Waltz 1979：89-93）。該論點的重點乃在於對第二層的討論，實際上國家在其中不再成為國際政治中的一個基本因果變項。

(2) 單位角色的分化

在層級節制下（即國內結構中），個體單位是根據功能而被劃分：所有的個體單位都「相異」，並專精於不同的功能，因此進入到了一個相互合作的互賴體系（沒有這種專精化，這是不會發生的）。但在國際無政府的狀態下，國家「都是相似的個體單位」，在功能上都只有極小的差異性（即它們都扮演相同的功能），因此雖然它們的能力有相當大的不同，但在功能上卻是相似的：也就是說，它們都是主權國家，擁有一個權力集中的政治體系，對暴力的使用與法律的制訂有一個合法的獨佔，並且不論在國內或國際上都不臣屬於一個更高的政治權威（Waltz 1979：95）。因為它們同樣都源自無政府狀態的「社會化」邏輯，若無法模仿領導國家的成功作為（即適應無政府狀態的競爭邏輯），將會導致一個「相對力量落差」的出現，從而升高國

家的脆弱性或甚至使它們滅亡。生存的需要指引著國家在功能
上的同質，Waltz的基本論點是「在定義國際政治結構上，第二
層是不被需要的，因為只要無政府狀態仍持續存在，則國家依
舊會是相似的個體單位」（Waltz 1979：93, 101）。為什麼Waltz
要抽離第二層？

　　Waltz實際上是要「黑箱化」國家：也就是說，個體單位的
力量被視為是一個常數，這個策略是要讓我們瞭解「撞球」的
比喻。國家跟撞球一樣，不只是因為它們不斷地碰撞，而且因
為撞球是固體的，所以它們內部性質不會改變，並且最重要的
是，它們內部的性質不會被外部的行為影響。在此，我列出了
Waltz對於理解國家的重點：因為國家「都是相似的個體單位」
（由於無政府狀態的「社會化」效果），它們的特質不能以一個
獨立的（即決定的）變項，進入到對國際政治結構的定義中，
這是因為它們內部的特質不會改變。當然，它們在政體型式、
意識形態等有相當大的不同，但如前所述，這是被有意忽略
的。事實是，國家（例如自由的／威權的、資本主義的／社會
主義的）都會發動戰爭而跟它們的類型或型式無關，這意謂著
與個體單位的力量毫無關連性（Waltz 1979：66）。簡單的說，
Waltz在國際政治中並沒有賦予國家任何決定性的能動性或影響
力，因此國家在國際政治中必須從一個獨立的因果變項被抽離
出，這也是Waltz認為我們不需要一個國家理論的原因。

　　這亦有助於理解我們想要弄懂Waltz沒有說的事情。他沒有
說的是，國內變項跟國際政治無關，如他在一本較少為人所知
的著作，《外交政策與民主政治》（*Foreign Policy and
Democratic Politics*，1967）中認為的，如果我們要解釋一國的

外交政策，則必須要利用國內變項，但一個結構性的解釋就不用解釋個別國家的外交政策細節，這只能告訴我們關於一般趨勢與國際政治特徵的「少數重大事件」（Waltz 1979：第一章：71-2, 121-3, 1986：329, 344, 345）。

（3）力量的分佈

雖然國家在功能上都是相似的，但從它們力量的能力（即力量的差異）來看，則是不同的。在此，Waltz區分了「強國」與「弱國」。強國或強權是實際上的「力量創造者」（power-makers）；它們能改變其它國家的行為，而弱國則是實際上的「力量接受者」（power-takers），必須要服從強權。在無政府狀態下，力量的差異確保所有國家都必須採取自力救濟的行為：否則將會衰落與滅亡。但在定義國際政治結構上，這種對能力的納入是否會帶回個體單位力量，如他的批評者有時所指控的一樣（例如Gabriel 1994：85）？Waltz的回答是否定的，因為他已將國家的每個面項除力量之外都予以抽象化（即忽略），「出現的是一個位置圖，在其中國家是透過它們在體系中的位置，而非它們個別的特質而被理解」（Waltz 1979：99）。他又說，

> 有許有人會問為什麼只有〔國家〕能力被納入在定義的第三部份中，而不是某些特徵像是意識形態、政府類型、和平的天性、好戰的天性等等。答案是：力量是藉由比較許多個體單位的能力而被測得的，能力是單位的特質，但力量的分佈則否，力量的分佈不是一項個體單位的特質，而是一個體系的概念（Waltz 1979：97-8）。

　　因此，因為重要的是「體系的」或「位置的」圖像，所以Waltz再次成功地使國家外於國際政治結構的定義中。

Waltz對國家「極簡式」或「功能式」的定義：被動「適應軍事的國家」

　　透過分析Waltz「體系的」途徑，我們來到了他對國家所採取的研究途徑上（被歸納在圖2.2）。因為國家處於一個獨立且自決的無政府國際體系中，它不能被賦予任何重要的本體（決定性的）地位或國際能動力。雖然國家是體系中相當關鍵的單位，但它們卻毫無任何決定性的影響力，因此我們不需要一個正式的國家理論，就跟個體經濟學不需要一個關於廠商的理論一樣。然而，Waltz卻有一個對國家的極簡式定義：我們稱之為「被動適應軍事的國家理論」。在定義它之前，先讓我們檢視它的核心面項，這存在著一個制度性的基礎。

適應的制度性手段：高度／完全國內能動的國家力量

　　最為基本的制度性手段是指由國家「主權」所支撐的適應行為，在其中國家擁有高度或完全的國內能動力（或在非國家行為者之外擁有制度自主性），但這並不意謂國家只要它喜歡什麼都可以，而只是「國家得以不受外部或內部〔由非國家行為者造成的〕干擾，而自己決定如何處理外部的挑戰。國家發展出它們自己〔適應的〕策略……主權國家總是受限於〔體系〕而且通常是高度受限的說法，並不會比跟自由的個人通常是在

國際政治結構體系的定義：
國際領域是必然性的領域
（存活或滅亡）

第一層：
排序原則（無政府狀態）
因為沒有一個世界政府的存在（較高的權威），所以國家必須要自己照顧自己（自力救濟）

第二層：
個體單位極小的差異（個體單位被抽離了）
國家在功能上都是相似的（個體單位的相似），因為它們被國際結構給社會化了。國家內部的特質跟國家在國際政治上的作為沒有關係。國家沒有能動性去型塑或衝撞國際體系。

第三層：
能力的分配（力量的差異）
國家不是在功能上有差異，而是在力量上。強國宰制了國際體系，弱國則要服從它們的領導，永遠存在的脆弱性需要國家採取適應的自力救濟行為。

高度或完全國內能動的國家力量／沒有任何國際能動的國家力量
國家擁有高度的國內能動力，並且不會被國內社會的行為者所限制。然而國家並沒有國際能動力去決定國際政治或緩和它的限制性邏輯。它們必須透過模仿與力量平衡來順從無政府狀態與力量差異下的生存條件。成功的適應將會強化國家在國際上的地位，適應失敗的話將導致強權的衰落、脆弱性的升高或國家的滅亡。

無政府狀態的再生
在採取兩種自力救濟的適應策略時，國家不經意再生了無政府狀態。對無政府狀態的適應，將導致國家間相對力量落差的再生或極小化，使得沒有一個國家有可能高於其它國家並創造出一個層級節制的帝國體系。

兩種促進國家生存的適應策略
(1)模仿：透過模仿領導國家或創新國家的成功作為，國家將會促進它們的生存，並在此過程中變得越來越「在功能上相似」，模仿極小化國家間的「相對力量落差」，因此不經意扮演了起再生無政府狀態的功能。
(2)力量平衡：國家透過對強國進行力量平衡而維持了生存，並不經意再生了無政府狀態，因為它防止任何國家能凌駕於體系之上，並創造出一個單一的層級節制體系（帝國）。

體系的輸入　　　　　結果：「適應的」國家行為與體系的再生

圖2-2　Waltz被動「適應軍事的」國家之體系功能理論

事件的重大壓力下做出決定的說法還要來得矛盾（Waltz 1979：96）。簡單地說，國家被賦予高度（完全的）國內能動力，並能全然獨立於國內（國際的）社會力量外。簡言之，國家能夠衝撞國內非國家力量勢力（power forces）的邏輯，但重點是，國家並沒有能動力來型塑國際領域／架構，或緩和或衝撞它的限制性邏輯。相反地，國家必須適應無政府狀態（為了求取生存），因此，雖然擁有高度的國內能動力，但國家實際上是被囚禁在一個「無政府狀態的鐵籠」中，接著，無政府狀態與力量的差異指定了兩種適應策略，這是國家若想生存則必須順從的。

國家沒有國際能動力來緩和無政府狀態：兩種國家適應行為的技術模式

回想一下，Waltz認為國家「都是相似的個體單位」：「競爭造成了競爭者一種朝向同質的趨勢」（Waltz 1979：127），為什麼呢？因為無政府狀態的邏輯與力量的差異：即某些國家比其它國家擁有更大的力量，因此能威脅弱國的生存：使國家必須去適應與順從在無政府狀態下的生存指示。那這要如何達到？國家的適應是透過「被整合」到國際體系中，這讓它們能夠順從結構的指示。整合代表著兩種主要的適應策略，這是國家為生存而必須採取的：

1.透過模仿來適應：由於無政府狀態下的力量差異，所以國家必須模仿或迎頭趕上領導國家（們）的成功作為，

因為若無法達成這點，則將導致國家脆弱性的增高。打趣的說，會有一種「示範效果」，使領導國家（們）的成功作為會對其它國家產生壓力，讓它們去仿效這些成功作為：否則將會滅亡。因此舉例來說，當普魯士透過較為優越的軍事徵兵體制打敗了奧地利（一八六六年）與法國（一八七○年）時，其它國家之後馬上就開始模仿這些作為，因為若不如此，則它們將出現脆弱性。即便是最頑強的國家（即不對體系順服或頑固的國家）也會逐漸被整合到體系中，並也許還會興起為強權（如一九一七年之後的蘇聯）。「這種國家間的密切對比，透過無法適應成功作為所引起的不利之處造成它們的相同性」。藉由這種「相同性」，體系的一種效果，經常被認為是所謂國家行為的準則。**基本教義派的〔即頑固的〕統治者有時會取得力量〔它們一開始所尋求的並不是適應體系的規則〕，但擁有力量的他們，多數會迅速改變作為〔因為害怕失敗或滅亡〕**」（Waltz 1979：128，強調處為我所加）。然而，要注意到Waltz並沒有說所有國家都必然會遵循這種策略：只不過如果它們不這麼做，則將會滅亡或衰落：（Waltz 197973-4）。如Waltz所言，「一個自力救濟體系中的國家若不自助〔即適應〕，或比其它國家更無效率，則將無法繁榮興盛，並會讓它們自身陷入危險，而遭致災難」（Waltz 1979：118）。

因此，正如個人無法衝撞個體經濟學理論中的市場而不遭受經濟損失一樣，對Waltz來說，國家無法衝撞無政府狀態的邏輯（與隨之而來的社會化）而不遭受政治

損失。因此，留在體系中的所有國家將會「呈現出與競爭者相同的特性」。除此之外，「跟經濟學一樣，競爭的體系是受較爲成功的競爭者之「理性」所管制的……不是它們的競爭者要去模仿它們，就是它們因爲失敗而放棄去模仿」（Waltz 1979：76-7）。因此，國家彼此變得越來越類似，在這個過程中，透過順從體系領導者的成功作爲來促進它們的生存，國家不經意再生了無政府狀態的國際體系。仿效使「體系得以維持」，因爲它減少國家間的相對力量落差，使領導國家難以將無政府狀態轉變成層級節制的狀態（即帝國）。

2. 透過力量平衡來適應：即國家透過越來越涉入在力量平衡中的社會化方式來適應。雖然國家對強權的「模仿」，是一項將相對力量落差極小化的手段，但這並不會完全消除體系中的力量根本差異。因此國家爲了要確保生存，則必須也要「維持力量平衡」，所以弱國與弱國維持力量平衡以對抗強國。然而對Waltz來說，平衡並不會導致在國家之間出現眞誠的合作，在這裡他提出了兩個論點。第一，同盟只是一個暫時的權宜之計，因此在第二次世界大戰期間，雖然美國與蘇聯同屬一個軍事同盟，但不久之後它們在「冷戰」中則分屬對立的一方。第二，相對於Bull與Morgenthau，Waltz認爲力量平衡不是一種「行爲者一致〔集體〕同意」的制度（1979：121），各國之所以要維持力量平衡只不過是要維持個別國家的生存。雖然對Bull來說，體系部分是因爲國家有意部份透過力量平衡而被維持，但對Waltz來說，體系是當

國家力量平衡時而不經意地被維持著，所以要將體系推翻成層級節制以創造出一個世界帝國，最後是無法被達成的。雖然長期以來一直有帝國主義者試圖要將體系的無政府結構推翻從而創造一個層級節制的帝國：例如路易十六、拿破崙、希特勒：但沒有一個人成功，因為其它國家會透過力量平衡來一同防衛，從而不經意維持了一個多國的體系。

總而言之，雖然國家擁有高度的國內能動力（制訂政策而不受國內限制的能力），然而，它們卻沒有國際能動力可在不受國際限制的情況下去制訂政策，或有能力去衝撞無政府狀態的邏輯。這個論點最重要的是，這些適應的策略不經意地促成所謂「國際體系的維持」，因此「模仿」與「力量平衡」的適應策略使體系能繼續存在，因為它們會減少國家間相對的力量落差，使領導國家不可能將無政府狀態改變成層級節制的狀態（即帝國）。所以對Waltz來說，國際體系不可能出現結構性的改變，因為無政府狀態總能持續存在，這也是為何Ruggie（1986）認為 Waltz的新現實主義只有一個「再生」而非「轉變」的邏輯。由於Waltz目的是要將Adam Smith在個體經濟學理論中提出的「精彩創見」移植到國際政治的研究上，而Smith最廣為人知的就是他認為當個體單位遵從它們的個別自我利益而不顧它人利益時，則市場體系就會成功並且不經意地被再生：即沒有任何一個行為者實際上是有意圖要達到這種結果（參見第三章），所以跟Adam Smith「市場競爭的看不見之手」造成的結果一樣，對Waltz而言，「無政府狀態的看不見之手」維持了無政府

狀態下的多國體系。如此一來，「秩序出現在一個沒有秩序維持者的狀態中；調整發生於一個沒有調整者的狀態中；任務被分配在一個沒有任務分配者的狀態中」（Waltz 1979：77）。

　　這個討論能透過探討現今兩種對Waltz的理解而被補充：首先是對Waltz次要的一個「靜態的」或「能動者中心」的理解（例如Ashley 1986：271-3；Wendt 1987，1991；Dessler 1989；Finnemore 1998：第六章；參照Buzan、Jones and Little 1993：第六到七章），以及一個對Waltz主要的「體系的」理解（例如Ruggie 1986：134-5；Hollis and Smith 1991），而此理解則是本書所要研究的。對本書而言，因為國家能動力的議題是如此地重要，所以我們必需要解決這個特別的論戰。次要的靜態觀點認為，Waltz援引了一個個人主義式的本體論（individualist ontology），它賦予行動與國家（國際）能動性的優先性，因此體系是比國家行為更重要的產物，體系成了國家利益的附帶現象（即完全受制於國家利益），這個立場剛好顛倒了本章中所提出的「體系」解釋。能動者中心解釋的擁護者通常會引述由Waltz所提出來的各種論點，最常見的就是：

1. 結構「並不會破壞行為與結果……〔並且〕能被成功地反抗」（Waltz 1986：343）。
2. 「國際政治的體系，跟市場經濟一樣，其根源都是個人主義式的，是自發與無意地被形成……結構乃是由它們單位的共同行動所形成的」（Waltz 1979：91）；「並非是結構或單位決定了結果，而是它們彼此間的相互影響決定了結果」（Waltz 1986：328，338）；最後一點是，

結構「並非有完全的生產性（generative）」（Waltz 1986：328）。

由於我贊成動態的解釋，所以我接著將以批判的方式來回應上面的每一點。首先，雖然Waltz常常告訴我們結構有時是可以被抵抗的，但他理論的重點是，這種「頑強國家的」抵抗從未能被達成，並總被體系懲罰（Waltz 1979：128）。只有這種死硬行為不會受到體系的懲罰時，「靜態的」解釋才能說是正確的；但這個讓步將會完全破壞Waltz全部的理論。至於（2），雖然Waltz確實時常宣稱個體單位會自發地形成體系，並且個體單位會再生無政府的狀態（意謂著個體單位優於體系），但它們之所以要這樣做正是因為它們所採取的是適應性的自力救濟政策，而這乃是由體系本身的生存必要所規定的。國家的確是在扮演著一個再生無政府狀態的基本角色，但這只有當它們有能力透過「模仿與平衡」的適應策略來去適應無政府狀態時才能被達到。除此之外，只有當國家是有意圖地再生無政府狀態時，「靜態的」解釋才能說是正確的（跟國家中心的自由主義一樣）。但Waltz從未偏離他的中心論點，也就是認為國家是透過它們適應／順從行為的不經意結果來再生無政府狀態。如Hollis與Smith（1991）所指出的，如果「靜態的」解釋是正確的，則Waltz就跟他整個理論發生了抵觸，因為這會出現，以Waltz的話來說，「化約論的」：而正這是他用來反面定義他自己的理論（參見Waltz 1979：18-102）。至於Waltz認為體系並非是具有「完全生產性」的這一點上，雖然Waltz確實承認有許多的社會與政治生活並非是由結構產生，但重點是，對Waltz來

說，這些東西之所以並非由體系產生，正是因爲它們跟國際政治無關：它們被貶低成「過程」。

結論是，「靜態的」或「國際能動者中心的」解釋是有問題的，因爲它最終得基於國家在無政府狀態與力量分佈上擁有自主性的假定：對Waltz而言，這是邏輯上的不可能。簡單地說，在Waltz新現實主義中的國家是沒有任何的國際能動力，並且清楚的是，它們「全都是產物……不具有任何的生產性」（Ruggie 1986：51）。跟Wendt（1991：388-9）相反的是，我認爲這完全是一個體系的本體論。因此，Waltz「國家適應的理論」也許可被歸納成：

> 「隨立場而改變的」主權國家，被賦予了一個高度的國內能動力，會依國家利益或生存必要而行事，但卻沒有任何的國際能動力，並且必須要適應（即順從）國際體系短期無政府狀態的制約（透過模仿與平衡），這接著將不經意地執行國際體系再生無政府狀態的功能。

簡言之，國家乃是作爲凝聚無政府狀態國際體系的一個要素。

如前面所提到的學者一樣（Buzan、Jones and Little 1993：117-19；Hobden 1998：66-9），他們假定Waltz沒有提出任何的國家理論之看法乃是錯誤的。因爲Waltz至少有一種極簡與功能式的國家理論，在其中，國家被否定擁有任何的國際能動力，並被國際體系的外部功能需求所定義。Waltz要表達的似乎是，當他說我們不需要一個國家理論時，是在指另一回事：即我們必須不能要一個新現實主義的國家理論會賦予國家國際能動

力。因此諷刺的是，如新韋伯論者所認為的，對所有談論到國家、國家力量與國家自主性的人來說，新現實主義認為國家不足以被理論化（under-theorised），並使所有國家完全無法影響國際政治：國家只不過是「無政府狀態體系的被動犧牲者」（Hobson 1997：第一、七章）。

Waltz次理論類型的「兩步曲」（two-step）：Gilpin與適應型國家變化的「過程」（修正式的新現實主義）

許多人認為Waltz的理論受到了其靜態、反歷史、實證、決定論與高度簡約架構的嚴重限制（Ashley 1981，1986；Cox 1986；Ruggie 1986；Walker 1987）。某些國際關係學者認為這種批評並不適用於其它新現實主義者的作品，尤其是Robert Gilpin《世界政治中的戰爭與變遷》（*War and Change in World Politics*）(1981)。此書依其所述，是將國際變遷視為是一個國際關係的基本面項，該書不只帶回了社會過程，更重要的是將國家帶回成擁有個體力量的變項（例如Gabriel 1994；Guzzini 1997；Schweller and Priess 1997）。但我的解釋卻認為Gilpin的作品是Waltz體系途徑的一種次理論類型（雖然Gilpin不會接受這種見解，參見Gilpin 1986：302-3），並只成功提出一個修正簡約或「弱的第三意象」途徑。然而，我認為雖然Waltz與Gilpin兩位的確是採取了不同的路線，但他們都規規矩矩地處在同樣結構的問題分析架構中，並因此否定國家擁有任何的國際能動力。他們何以會有這些相似點？

第一，並且最重要的一點是，兩位作者的作品在本質上都

位於一個嚴格「連續性」的問題分析架構中，（原則（1），圖
2.1）。《世界政治中的戰爭與變遷》的主要目的是要回擊由自
由主義與互賴理論者（independence theorist）在一九七〇年代
中所提出的論點，即宣稱世界已發生了根本上的改變。然而
Gilpin卻是要重申國際無政府狀態的中心性（第一次國家論戰
的主題），在書中Gilpin尋求恢復國際關係不受時間影響
（*timeless*）的特質，因此戰爭與強權的興衰是今日國際關係的
根本，也是Thucydides述作時，即西元前五世紀國際關係的根
本。即便在二十世紀末，Gilpin仍認為國家依舊能被理解成在
無政府狀態的國際關係領域中的一個自顧自的實體（Gilpin
1981：第一章、第六章）。第二，Gilpin的變遷觀念，恰好等同
Waltz的變遷觀念，對這兩位理論者而言，變遷指的是在體系的
表層變化（即力量分佈的改變或個體單位的變化），而不是體系
深層結構的變化（即從無政府狀態變成層級節制的狀態）
（Gilpin 1981：第一章）。除此之外，兩位作者都不相信在體系
的排序原則中會有一個徹底變遷的可能性。

先前這兩點是源自Waltz與Gilpin的第三個相似點：也就是
在Gilpin的模型中，無政府狀態的邏輯乃是基本或主要的因果
變項，而國家必須要被動地適應體系的限制性邏輯（參見圖
2.2）。Gilpin恰好再生了Waltz的國家理論，：被動適應的國
家：即那些能夠仿效先進國家成功作為的國家：將會興起到國
際體系的頂端，而適應不良的國家則會跌落底部。然而，
Gilpin藉由增添兩組依情況而定的中介變項：各國不同的國內
能動力與社會經濟的束縛：來修正Waltz的概念架構（我將此稱
為「Waltz的兩步曲」）。這些中介變項使Gilpin能夠補充Waltz

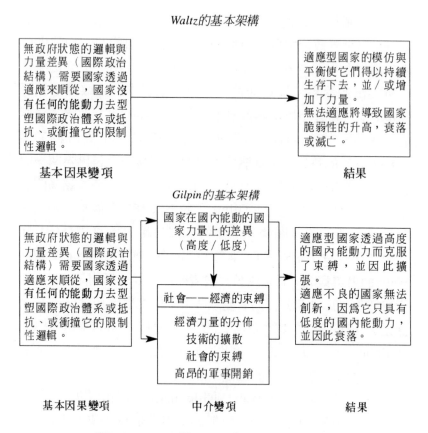

*Waltz*的基本架構

無政府狀態的邏輯與力量差異（國際政治結構）需要國家透過適應來順從，國家沒有任何的能動力去型塑國際政治體系或抵抗、或衝撞它的限制性邏輯。

基本因果變項

適應型國家的模仿與平衡使它們得以持續生存下去，並／或增加了力量。
無法適應將導致國家脆弱性的升高，衰落或滅亡。

結果

*Gilpin*的基本架構

無政府狀態的邏輯與力量差異（國際政治結構）需要國家透過適應來順從，國家沒有任何的能動力去型塑國際政治體系或抵抗、或衝撞它的限制性邏輯。

基本因果變項

國家在國內能動的國家力量上的差異（高度／低度）

社會——經濟的束縛

經濟力量的分佈
技術的擴散
社會的束縛
高昂的軍事開銷

中介變項

適應型國家透過高度的國內能動力而克服了束縛，並因此擴張。
適應不良的國家無法創新，因為它只具有低度的國內能動力，並因此衰落。

結果

圖2-3　Gilpin對Waltz「兩步曲」的改變

的不足，但這只限於在他指出強權如何興衰的範圍上（這件事是Waltz沒有談到的）。因此，雖然Gilpin添加了實證的敏感度（empirical sensitivity）到Waltz的架構上，但並未徹底改變Waltz的研究途徑。

　　第一個中介變項是各國不同的國內能動力，Gilpin放寬了

Waltz對於國家擁有絕對的國內能動力或自主性之觀念，而提出國家能夠擁有不同程度的國內能動性。他認為實際上當國家國內的能動性是中度或低度時，則國家在適應與維持它在國際體系中的力量上就有困難。因此，高度的國內能動性能使國家更能適應無政府狀態下的國際競爭，並因而變得更為強大；低度的國內能動性則將侵蝕國家發展其力量基礎（power base）的能力，並導致強權的衰落（Gilpin 1981：96-105）。Gilpin的基本假定是國家會尋求一種擴張式的外交政策，持續擴張直到反作用力（countervailing forces）：或我們所謂的「阻礙」：介入。最重要的是，國家會遭遇到內部與外部的阻礙，只有當國家無法擁有足夠的國內能動力來克服這樣一種阻礙時，這些阻礙才會破壞它們擴張性的外交政策或不能對抗挑戰者的挑戰。這些阻礙構成第二組的中介變項，其性質分別為經濟、社會與技術，這跟國家的國內能動性交織在一起。在低度國內能動性的情況中，這些非政治性的阻礙侵蝕了國家在國際體系中的地位；在國家擁有高度國內能動性的情況下，這些阻礙則能被克服，使國家能擴張它們的力量基礎。這些阻礙包括技術的擴散、內部社會的束縛與高昂的國際軍事開銷：

1. 技術的擴散（經濟力量分佈的改變）：當一個社會能駕馭與控制高級技術和生產的新發明時，這個社會將會擴張，但隨時間的經過，經濟不可避免地將邁向衰退，而技術創新的速率會趨緩，且創新的地點會移轉到更具適應性的敵國（Gilpin 1981：160-2, 175-82）。因此更具適應性的國家，就擁有相對高度的國內能動力，能克服阻

礙或障礙，並從而成功仿效或改進具創新能力國家的先
進技術，使它們得以迎頭趕上並後來居上。

2. 內部社會的束縛乃是反作用力：國內社會的結構通常會
阻礙新技術的吸收或引進，如前所述，或是社會力量促
使政府將更高程度的稅收花在公共福利的支出上，這造
成的效果是排擠（即減少）投資，因而侵蝕國家的經濟
成長（Gilpin 1981：96-103, 163-5）。再一次地，國家低
度的國內能動力使國家本身無法克服這些對經濟成長的
阻礙。

3. 高昂的國際軍事開銷：外交的開銷超過了國內的稅收：
這特別是跟強權或「霸權」有關。如社會福利的高度保
護性支出，將會「排擠」投資，從而導致經濟的衰退，
接著將侵蝕一國的軍事基礎（Gilpin 1981：163-5）。強權
若要維持它的力量，只有讓資源與軍事行動的開銷保持
平衡，但這又被國際性的問題所補充，而等於新現實主
義的霸權穩定理論，敵國「免費享用」由先進國家專門
提供的國際公共財，這讓它們的成長是以霸權的犧牲為
代價（Gilpin 1981：168-74）。

　　Gilpin（1975，1981）之所以要應用這個模型，乃是為了
解釋一八七三年之後的英國霸權衰落，以及一九七三年之後的
美國霸權衰落（參見圖2.4的左手邊）。所以一八七三年之後英
國經濟成長的衰落，第一個原因是因為工業創新的位置從英倫
三島移轉到了歐洲大陸上，也就是歐陸國家（特別是德國）透
過較佳的國家適應力來強化它們本身的力量，相反地，英國卻

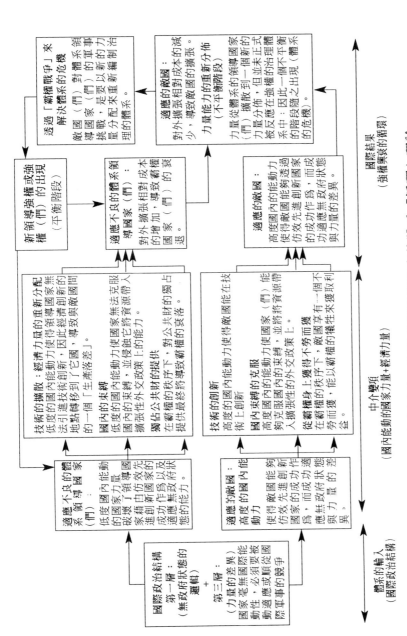

圖2-4　Gilpin「適應軍事」的國家與強權興衰的體系「循環」理論

變得越來越適應不良，無法仿效歐陸國家技術創新的成功新作
為。第二，英國衰落的前提是因為透過逐漸增加的海外投資與
一個以服務業為基礎的經濟（去工業化）來轉型成一個租金經
濟（a rentier economy），反而不去仿效在歐陸已經成功發展的
新興製造業。英國顯露出了適應不良：樂於自滿而休息，並允
許資本家以犧牲國內經濟的復甦為代價而離開英國，這接著又
造成經濟力量的分佈從英國移轉而出。第三，當國防支出增加
時（即提升私人與公共支出，所增加的霸權相對成本），英國的
適應不良與沒有能力去克服國內的阻礙，侵蝕了它軍事力量的
基礎。簡言之，在每種情形中，國家低度的國內能動力導致了
適應不良，使英國無法克服阻礙，侵蝕了英國「霸權」力量所
仰賴的軍事與經濟力量基礎（Gilpin 1975：88-97）。所以在一
八七三年之後，力量的分佈從英國霸權下的單極轉變為多極
（由德國所領導），並且在後者透過「霸權戰爭」（1914-1918）
來對前者進行挑戰時到達高峰。一組相同的因素也在一九七〇
年後侵蝕了美國的經濟力量，美國也允許：而且是蓄意地推
動：透過它的多國籍公司（multinational corporations，MNCs）
來進行更大規模的海外直接投資（overseas foreign direct
investment；FDI），犧牲了以計畫性的工業政策方案來復甦國
內的經濟（Gilpin 1975：第七章）。因此國家的適應不良：或國
家沒有能力適應因為低度國內能動力所造成的在國際上無法競
爭：導致個別時期美國與英國霸權的衰落。簡單的說，「美國
感染上了一種強大症（a disease of strong）：拒絕〔或無能〕去
適應變遷」（Keohane 1984：179）。

力量分佈的變遷

因此Gilpin追溯了導致強權興衰的動力，這是Waltz所忽略的，並且同時提供了一個對能力分佈變化的說明（這也是Waltz忽略的）。然而國際政治仍舊跟Thucydides的時代一樣（「連續性」的假定），即任何既定的國際秩序乃是不斷變化的過程，而力量的變化也是在不斷的改變。我們能夠透過利用Stephen Krasner的「構造平台」（tectonic plate）方法學（Krasner 1983b：357-8）來幫助討論的進行。從圖2.4的上半部開始，體系一開始是一個平衡的階段，在其中具有宰制力的國家（們）位居頂端，治理支配著體系（即第一平台）。進到圖2.4的下半部，隨著時間，力量的分佈從適應不良的霸權國家（們）轉移到更具適應性的敵對挑戰國（第二平台）。再隨著時間的經過，體系進入了一個不平衡的階段（這兩個平台的移轉並非呈一致），之後這個不平衡階段的解決之道是透過「霸權戰爭」（即一個「火山爆發」），導致建立一個新的國際秩序，該秩序反映出新的力量分佈，從而使平台呈現一致性（Gilpin1981：10-15，第五章）。隨著一個新的國家站上了體系的頂端，這個循環又重新開始。

國家能力的一個關鍵變項是：高度的國內能動力：可透過更高適應性的經濟、財政、社會與軍事手段來駕馭體系，這使得國家得以邁向體系的頂端，或維持在頂端的地位。因此敵國的適應性與先進國家（們）的適應不良性說明了國際體系變遷：即國際力量分佈的改變。

無政府狀態的邏輯與「體系變遷」中的適應型國家

　　一般的假定是認為新現實主義者無法解釋體系的變遷（例如Cox 1986；Ruggie 1986），但我認為這只是部份正確的看法。Gilpin經由將焦點只集中在無政府狀態與適應型的國家上，就能夠解釋從封建他律（feudal heteronomy）到現代主權的轉變（雖然他無法洞察到在現今體系之外的變遷）。民族國家最後之所以能戰勝封建與帝國的體系，是因為它更能適應由「軍事革命」（1550-1660）所造成的軍事支出增加（Gilpin 1981：116-27）。因為軍事技術新發明的花費：火藥、槍砲與專業軍隊，導致封建國家的一個財政危機，這個危機是由於封建單位小型且無效率的規模本質使然，因其無法產生足夠的稅收來彌補這些不斷上揚的開銷，從而無法迎合新型戰爭的需求。相繼而來的財政危機只有靠更具適應性的國家型態出現才能被解決：也就是說，由資本主義引領的更具力量集中化的「民族國家」，能夠強化徵集稅收的能力。簡單的說，無政府狀態必定會造成一個新型且更具適應性的國家型態出現，因此跟Ruggie的看法不同的是，我認為只將焦點放在無政府狀態的邏輯上，就能解釋「歷史上的體系變遷」。諷刺的是，Waltz在回應Ruggie的批評時，他反而忽略了這點（參見Waltz 1986：323-30）。

Gilpin「被動適應國家」的體系理論

　　我們已經知道Gilpin顯然是開啟了國家──社會關係以及國

際經濟關係的「黑箱」，以解釋適應與適應不良的國家行為和力量分佈的改變。為了要達到這一點，他放寬Waltz對國家在非國家過程外擁有絕對自主性的假定。對Waltz而言，第二層被抽離了，因為他賦予中心性給第一和第三層。Gilpin也是如此，非體系的過程：一方面是國內能動的國家力量，一方面則是經濟、技術與社會力量：只有在它們能夠使一個國家適應，或無法適應，無政府狀態的主要邏輯以及力量差異時，才具有顯著性：它們促使或限制著國家行為，但不是去定義它：這被留給無政府狀態的體系。這之所以是結構式的，乃是因為雖然某些國家也許會選擇不去：或無法去：適應無政府狀態，但它們將會被體系所懲罰。因此國家被否定擁有任何的國際能動性，並且必須理性地適應外部的環境，所以，國家的國家—社會關係與國際經濟關係都被化約成無政府狀態所支配的軍事活動。如同Rob Walker巧妙指出的，雖然Gilpin以一種敏銳且複雜的歷史研究途徑來吸引我們的目光，但他作品的中心結論卻是，「即便Thucydides再生，在解釋我們當代所面臨的苦惱問題時，也不會有多大的困難」（Walker 1987：66）。

最後，Gilpin再生了Waltz體系的新現實主義邏輯。如Waltz所言，「行為者也許會〔或也許不會〕察覺到限制他們的〔無政府狀態〕結構，以及瞭解它是如何用來獎勵某種類型的行為與處罰它種類型的行為……那些適應體系的行為者，往往會興起成體系頂端的國家，並很可能繼續待在那裡。結構決定了什麼樣類型的參賽者最有可能成功」（Waltz 1979：92, 128）。藉由加上各種不同的「偶然性」或中介變項，Gilpin可以告訴我們為何某些國家能夠或不能夠適應無政府狀態，但重點是，雖

然某些國家被賦予不同程度的國內能動力，但以古典Waltz的方式來看，他們仍被否定擁有國際能動力來型塑國際結構，更遑論去緩和或衝撞它的限制性邏輯。國家必須要適應無政府狀態；如果不這樣做，它們就會衰落。因此，再一次地，國際結構被具體化了，而國家的國際能動力則被貶抑了。這種「被動適應的」國家以及國際政治理論，構成了Gilpin對霸權與強權興衰的說明，而這也是霸權穩定理論所立基的體系理論基礎。

新現實主義被動適應的國家與霸權建制之理論（修正的新現實主義）

如第一章談到的，第一次的國家論戰出現在一九七〇年代，在該論戰中，馬克思主義與多元主義者認為多國籍企業、國際建制與全球互賴正侵蝕著主權國家的重要性，並在實際上超越了無政府狀態，國家採取自力救濟的行為不再是世界政治的組成原則。新現實主義對此的回應大部分是由Robert Gilpin與Stephen D. Krasner所提出，並發展出「霸權穩定理論」（hegemonic stability theory；HST）。在這個理論中，Gilpin與Krasner尋求重新建立起無政府狀態與力量分佈其超越時間的重要性，以成為互賴、自由貿易、國際建制與多國籍企業的立論基礎。簡單的說，HST尋求扭轉由自由主義與馬克思主義所指出的經濟與政治間的因果關係。因此，由於無政府狀態仍在經濟與政治之間具有持續的關聯性，所以其自明之理乃是主權國家仍是最重要的。特別是Krasner（1976, 1995）認為，當代自由貿易建制的互賴性與重要性，仍能被一個在美國霸權下的單

極力量分佈所解釋。但矛盾的是，在重申這種無政府狀態與主權國家的中心性時，HST在仍在根本上否定國家擁有任何的國際能動力。

霸權穩定理論中的新現實主義基礎

新現實主義者認為，在無政府狀態下的國家不可能進行合作，因為生存的必要命令著國家必須優先採取「相對利得」（自力救濟）而非「絕對（國際合作）利得」的策略。無政府狀態造成「集體行動的問題」，因為國家必須放棄彼此合作以求取個別生存。HST則修正了這個公式，而認為合作是可能的，但只有在單一力量分佈的情況下：霸權的單極（hegemonic unipolarity）：只會是曇花一現的現象。最後，當霸權衰落，以及力量的分佈不可避免地轉變為多極時，國家間的合作將會瓦解。如圖2.5所示，「霸權」被當成一個能將國家短期偏好改變到長期「合作利得」偏好的中介變項，因此一個霸權能說服「其它國家遵守一個既定的行動路線，但假設它們真的都彼此獨立，則這條路線是不會符合它們短期利益的。」（Kindleberger 1981：243）。然而，由於「霸權的長期趨勢是要衰落的」，所以國家不可避免地最終還是會回到它們傳統或「自然的」對追求短期「相對利得」之偏好上。在新現實主義與新自由制度主義間的主要差異是，對後者來說，國家擁有高度的國際能動性並可透過國際建制來進行自願性的合作，但對新現實主義者而言，合作只有在一個具有強制力的霸權下才能出現。對新現實主義者來說，霸權建制是由力量分佈的一個單一結構位置所決

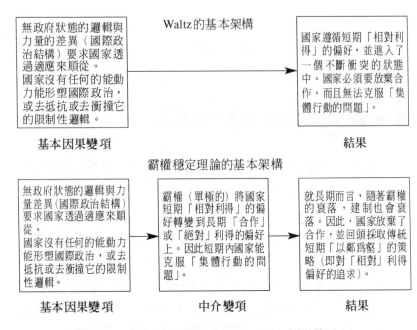

Waltz的基本架構

| 無政府狀態的邏輯與力量的差異（國際政治結構）要求國家透過適應來順從。國家沒有任何的能動力能形塑國際政治，或去抵抗或去衝撞它的限制性邏輯。 | → | 國家遵循短期「相對利得」的偏好，並進入了一個不斷衝突的狀態中。國家必須要放棄合作，而且無法克服「集體行動的問題」。 |

基本因果變項　　　　　　　　　　　　**結果**

霸權穩定理論的基本架構

| 無政府狀態的邏輯與力量差異（國際政治結構）要求國家透過適應來順從。國家沒有任何的能動力能形塑國際政治，或去抵抗或去衝撞它的限制性邏輯。 | → | 霸權（單極的）將國家短期「相對利得」的偏好轉變到長期「合作」或「絕對」利得的偏好上。因此短期內國家能克服「集體行動的問題」。 | → | 就長期而言，隨著霸權的衰落，建制也會衰落。因此，國家放棄了合作，並回頭採取傳統短期「以鄰爲壑」的策略（即對「相對」利得偏好的追求）。 |

基本因果變項　　　　　**中介變項**　　　　　**結果**

圖2-5　霸權穩定理論與Waltz理論之間的差異

定（即單極），但對新自由主義者而言，建制能夠在力量分佈之外獲取一個完整的自主性。

首先，一個「霸權」能滿足五項定義性標準：

1. 先進國家必須擁有一個經濟與軍事力量的優越性（優勢的力量基礎）。

2. 一個霸權必須是一個自由的國家，因爲只有自由的國家才有意願去追求霸權的地位：威權國家偏好追求帝國主義；除此之外，只有自由的國家才會關心去創造一個開放與自由的世界秩序。

3.主要國家之間對於霸權必須要有一個基本共識（Gilpin 1987：72-3）。

除了以上這常見的三者外，還有兩項可以加上去

4.一個霸權必然會有「遠見」去成立能強化全球長期福祉的建制。

5.一個霸權必須願意做出短期的犧牲以確保長期集體／全球的利益（參照Keohane 1984：146, 180-1）。霸權的基本功能是透過利他的行為來創造與維持自由的國際貿易與貨幣建制：特別是固定匯率與自由貿易：來克服「集體行動的問題」，並扮演一個全球警察的角色。在此過程中，霸權改變了國家短期「相對利得」的偏好（即它們「自然的」偏好），而到「長期」合作利得的偏好上。

那霸權作了什麼利他的犧牲呢？就美國而言，善意的霸權犧牲基本上有四個面項。第一，美國扮演了起世界警察（全球警察）的角色，並用軍事力量防衛西方聯盟（Western Alliance），但美國這種相對於盟邦較不對等的軍事支出，使後者能把更多的資源分配到經濟發展上（Gilpin 1987：343-9）。第二，美國持續從它主要的貿易伙伴身上獲得不對等的貿易利得，並直到一九五〇年代晚期，使歐洲與日本設立關稅壁壘以對抗美國的出口品，然而美國卻在一個相對自由的貿易基礎上，允許工業產品的進口到美國從而促進了全球貿易。第三，美國負責設立並維持自由的國際經濟建制（特別是自由貿易）與供給全球性的通貨。最後，美國在投資與對外援助上做出犧牲，提供直接的補助與貸款給歐洲國家，這主要是透過馬歇爾

援助計畫（Marshall Aid），並大致上當起了「最後可以借出錢的人」。（Gilpin 1975：第五章，1981：第四章，1984：72-80, 85-92, 123-42；Kindleberger 1973）。這造成的結果是相對上的和平、互賴與世界經濟的快速成長。該理論認為，英國在西元一八二〇到一八七三年間，也做出相似的霸權犧牲，並也得到相似的結果。

該理論還認為霸權可分成兩階段：善意的（即利他的）與掠奪的（即自私的）。在前階段，霸權獨占對公共財的提供，大致是霸權初始階段的特徵（即一九四五到一九七三年的美國，與一八二〇到一八七三年的英國），之後則是掠奪的階段，在此階段，霸權的衰落使它放棄原先所採行的自我犧牲政策，轉而追求自身的國家利益（即一八七三年之後的英國，與一九七三年到現在的美國）。雖然在善意的階段中，霸權並非總是全然利他的：美國從霸權的地位上享有特定的私人利益或特權，諸如帝國稅（imperial taxation）（Gilpin 1975：153-6, 217-19）：然而由於沒有能力負擔這些超過所能負荷的領導開銷，使霸權無可避免地將趨於衰落。

霸權的衰落，從單極到多極的轉變，以及被動適應的國家

對新現實主義而言，重點在於霸權建制是不安定與不穩定的，因為它們只在有一個強大霸權的領導下才能成功的運作（圖2.6）。因此，霸權穩定理論認為建制雖然「有效」，但它們缺乏「強健性」（robustness）與「彈性」（resilience）；因為它

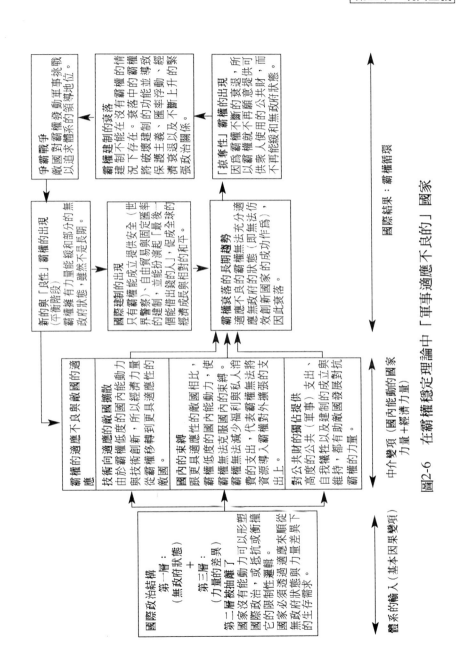

圖2-6 在霸權穩定理論中「軍事適應不良的」國家

體系的輸入（基本因果變項）　中介變項（國內能動的國家力量＋經濟力量）　國際結果：霸權循環

們只有在霸權存在時才有效（Hasenclever, Mayer and Rittberger 1997：86-7）。由於「霸權的長期趨勢是趨於衰落」，因此建制只會短暫出現的，那霸權（與霸權建制）為何會衰落？

　　新現實主義者的傳統看法是，霸權的運作必然是「自我毀滅」或「自我清算的」（self-liquidating）（Keohane 1989：252），之所以會有如此的假定，是因為與霸權獨佔公共財的提供有關之「搭便車」（free-rider）問題（Olson and Zeckhauser 1966；Kindleberger 1981）。霸權提供公共財；而這些公共財是由所有國家消費，但一個國家的消費並不會減少其它國家所能消費的公共財數量。一般的看法假定，霸權的衰落是由於霸權提供讓所有國家都能受益的公共財，但它的「敵國」並不對這些公共財或「建制」貢獻出任何的費用或維護，因此它們以霸權利他的行為作為代價，從而享有一個「搭便車」好處，這導致霸權長期相對上的衰落，並因此造成霸權建制的衰落。雖然霸權衰落的這個「國際公共財提供」的命題，是該理論的一個重要成分，但我認為霸權的衰落主要是基於「適應不良的」國家理論。基於兩項理由，傳統的理解是有問題的。第一，如果霸權真如HST假定的是「有遠見」與良善的話，那為何它不能預見到它未來的終結，從而改變它短期的作為以預先排除或避免任何未來所會出現的衰落？而更糟的是，整個理論的中心論點是霸權國家會自我犧牲，也就是實際上它會破壞其自身的霸權地位，但這跟新現實主義認為國家乃是「換位置就換腦袋」（positional）以及受自利所驅使的基本假定恰好抵觸。的確，這會違反新現實主義的重要規則，也就是弱國是無法傷害國際體系中的領導國家，但適應不良的國家理論卻維持（與拯救）了

新現實主義的完整性，而我認爲這才是「霸權衰落」命題的基礎。

　　如我們前面所提過的，Gilpin（1975, 1981）認爲，在一八七三年之後，英國經濟成長的衰退，並不是因爲搭便車的國家造成的，而是因爲英國的適應不良或沒有能力去適應更具適應力的「敵國」其成功的作爲。因此歐陸國家（特別是德國）透過較高的國家適應性來強化力量，相反的，英國則變得越來越適應不良，如前所述，適應不良的國家行爲之同樣過程也可用來解釋一九七三年之後的美國。因此在解釋霸權的衰落時，搭便車的問題不見了，而霸權的適應不良則被大大提升。Stephen Krasner在他《捍衛國家利益》（Defending the National Interest）（1978）一書中，採用了一個稍微不同的國家適應不良的版本，他特別強調美國的（跟Gilpin一樣）低度國內能動力（即低度的制度自主性）。美國的國內結構之所以如此脆弱，乃是因爲它分離與分散的本質使然，讓私人團體擁有接近與影響政府政策的不同程度力量，這尤其在貿易政策上更爲常見，私人的商業利益總在國會中被關切，因爲美國缺乏隔離性（lack of insulation），因此國內保護主義者的利益需求原先就妨礙著美國轉向去採取自由貿易的能力，在一九七〇年之後，隨外國競爭與進口商品的增加，國內利益團體又回頭支持保護主義，促使美國放棄對外追求自由貿易。而新現實主義適應不良的國家理論，正是Krasner解釋美國霸權衰落的基本論點，因爲他認爲美國缺乏在強大國內壓力團體之外的隔離性（即低度國內能動的國家力量），傷害了美國適應體系需求的能力。

霸權穩定理論中被動適應的國家

我的解釋則認為「適應的／適應不良的國家理論」才是霸權穩定理論的基礎，更一般地說，是新現實主義的基礎。也就是說，國家在適應能力上的差異，是力量分佈的變化以及霸權與霸權建制興衰的原動力（如圖2.6所描繪的）。如前所述，Gilpin以及特別是Krasner，都放寬了Waltz對國家具有絕對國內能動力的假定，並在解釋國際關係時都將許多的分析放在國家-社會關係上。這讓我們想問一個十分重要的問題：霸權穩定理論／修正式的新現實主義是否成功超越了新現實主義的簡約性，並援用「第二層的變項」來解釋國際政治，從而賦予國際能動力給國家？答案是，我認為霸權穩定理論是一個「弱的」第三意象或「較不具簡約性的」理論，而國家——社會關係只不過是中介變項，雖然這些中介變項成功增加了對事實的敏感度，但該途徑從未超越Waltz的體系架構，這些中介變項最後仍被化約成由無政府狀態所指定的地緣政治。重點是，國內利益團體與國家在國內的脆弱性，只會限制國家適應無政府狀態的能力；它們無法在根本上影響國際體系的結構與無政府狀態的邏輯，也不能改變無政府狀態下的國家行為規則：即採取自力救濟的適應政策。因此低度國內能動的國家力量使國家無法順從或適應無政府狀態，導致了霸權或強權的衰落，從而被體系的無政府狀態懲罰，然而高度的國內能動力卻能促進國家的適應性，並獲取強權的地位或霸權擴張的獎賞，但在這兩種方式中，國家都沒有國際能動力去型塑國際政治結構。當然，修正

式的新現實主義者與Rose（1998）所謂的新古典現實主義者
（neoclassical realists）以及「結構現實主義者」（structural
realists）（Buzan, Jones and Little 1993），也許會反對這種說
法，並指出國家能夠選擇不去適應或順從無政府狀態，或也許
國家-社會關係的本質使它們無法這麼做，但這種行為只會被體
系所懲罰，並導致國家的衰落，正如Waltz告訴我們的一樣
（Waltz 1978：118）。最後，國家毫無能動性去型塑國際體系，
並且不得不被動地適應無政府狀態的體系制約（或遭受隨之而
來的苦果）。

　　重點是，Gilpin與Krasner盡可能地將新現實主義推向到能
整合個體單位層級的力量，然而個體單位層級的力量不過只是
中介變項，因為無政府狀態仍是最主要的。同樣的結論也可以
應用到「新古典現實主義」（neoclassical realism）上，在那裡
如Rose（1998）所承認並相信的，個體單位層級的力量乃是作
為中介變項。最後，所有新現實主義的理論都具體化了國際結
構，並否定國家擁有任何的能動性去型塑國際政治的結構，它
們只成功「將國家踢出去」，使國家無法作為國際政治中的一個
能動者，但這應該沒有什麼好令人驚訝的，因為霸權穩定理論
的發展正是要宣稱與解釋世界政治從未被改變，因為無政府狀
態之邏輯超越時間的效果。相反地，古典現實主義者卻賦予國
家相當程度的國際能動力。

古典現實主義的複雜性：擁有國際能動力的「社會化國家」（socialising state）

　　如圖2.7所呈現的，我認為古典現實主義在某種程度上將國家給問題化了，不只賦予它不同程度的國內能動力，並認為國際體系由在單位層級上的國家的國際能動力所創造的。簡單的說，跟新現實主義大相逕庭的是，古典現實主義「將國家（第二層）帶了回來」，以作為國際政治中一個獨立的能動變項（agential variable）。兩者主要的差異被列在圖2.7中。

　　相較於新現實主義，古典現實主義將國家更置於分析的中心，因此國際政治大部分是源自於國家國內能動力的變遷：不受無政府狀態或國際力量分佈的改變所影響（亦可參見圖2.1）。除此之外，Carr與Morgenthau同樣都強調規範的重要性，雖然某種程度上兩位作者都將規範與國家的國內能動力連結在一起，但他們也賦予規範自主性，促進了一個「實際的現實主義」（practical realism）與「解放的現實主義」（emancipatory realism）（參照Ashley 1981）。因此，從一個重要的程度上來說，古典現實主義比一般所認為的還要更近似於建構主義與批判理論，但對古典現實主義來說，最關鍵的一點是國際體系不再那麼具有簡約性了。

新現實主義	古典現實主義 （Morgenthau非體系的途徑）	古典現實主義（Carr）
國內能動的國家力量 （國家制訂政策而不受國內社會限制的能力） 高度： 國家擁有完全的，雖然Gilpin與Kranser認為各國完全能動力與國內能動力，但國家在國內能動力上會有不同，國家仍受制於無政府狀態。	變項： 時期：1648-十九世紀 高度：在貴族統治國家的時代中，國家能高度隔離在社會之外。 時期：二十世紀 低度：在民族國家曾世化的時代中，國家低度隔離在社會之外。 時期：二十世紀之後 潛在高度：在超級智慧的外交下，國家也許能重新隔離在群眾之外。	變項：1648-1792/1815 時期：在君主國家下，國家能高度隔離在群眾之外。 時期2：1792/1815-1870/1919 高度：在資產階級國家下，國家能高度隔離在群眾之外。 時期3：1919-1945 低度：在社會化國家下，國家只能低度隔離在群眾之外。 時期：1945年之後 潛在高度：主權國家被超越了。
國際能動的國家力量 （國家制訂政策與型塑國際體系而不受國際限制的能力，最極端的就是去衝撞國際競爭的邏輯） 無國際能動的國家力量 體系的無政府狀態完全決定了國際政治。國家毫無能動力可以型塑國際體系，它超過它的無政府邏輯以求改變衝量，可能以緩和無政府狀態，但只是短緩和無政府狀態期，其它非霸權則毫無能動力。	變項：國際能動的國家力量決定了國際政治 高度：高度國際能動的國家力量決定了國際政治 量能決定無政府的國際政治。 中度：中度的國際能動力導致一個衝突的國際體系 結果：「眾人交相戰」。 時期：二十世紀後 潛在高度：國家也許能獲得高度的國際能動性，並因平的國際秩序來促成一個和平的國際秩序。 結果：全球和平。	變項：國際能動的國家力量決定了國際政治 時期：1648-1792/1815 高度：君主統治的國家有高度的國際能動力。 結果：國際政治的相對和平。 時期2：1792/1815-1870/1919 高度：資產階級國家擁有高度的國際能動力。 結果：國際政治的相對和平。 時期：1919-1945 中度：社會化國家只擁有低度的國際能動力，國際政治退回到了國內領域。 結果：「眾人交相戰」。 時期：1945年之後 潛在高度：社會化國家被自主的全球規範所超越。 結果：全球和平。

圖2-7　現實主義對國家的兩種研究途徑

從Waltz的適應性到Morgenthau具有智慧的國家 (intelligent state)

　　Waltz（1979：第三章）最為人所知的就是他認為古典現實主義並非：或以他的話來說，是「化約論的」：因為它透過部份來解釋整體。令人驚訝的是，這個立場與對Morgenthau的傳統理解剛好相反，傳統理解是把Morgenthau和新現實主義給放在一起（例如Hoffmann 1981；Smith 1986），但這已受到少數將古典現實主義與新現實主義加以區別的作者之挑戰（Ashley 1981；Walker 1987；Griffiths 1992）。我站在少數解釋的一邊，雖然我認為Morgenthau，不同於Carr，有時的確認為國家源自國際體系，但Morgenthau事實上存在兩條可明確區別的思想理路：以Rosecrance（1981）的說法，一個是「靜態」或體系的途徑（類似新現實主義的途徑，呈現在圖2.8的上半部），還有一個是「動態」或非體系的途徑背離了新現實主義（即一個「實際的」現實主義，呈現在圖2.8的下半部）。跟Rosecrance相反的是，我認為Morgenthau理論的主要面項乃是動態而非靜態的途徑。將Morgenthau與新現實主義連結在一起，通常可追溯到他的「六項政治現實主義的原則」（six principles of political realism）上，該六原則被擺在他最出名的著作《國際政治》（*Politics among Nations*，1948/1978）之第一章中。

　　在那本書裡，Morgenthau宣稱（1）「政治受制並深植於人性的客觀法則（objective laws）」；（2）「國家利益」被定義成國家力量的極大化；（（4），（5）外交政策必須與道德分離；

（（6），（2）政治領域必須跟其它領域分離，不論這些領域是經濟、法律還是道德等等。對他途徑典型的歸納通常被摘要為：「〔國家間〕的權力爭奪在各個時空中都是普遍出現的」（Morgenthau 1948/1978：42）。這些評論顯然認定他採取的是一個「新現實主義」途徑。

但即使在他著作的第一章中，也存在一個線索暗示一個完全不同的畫面（即他「動態」非體系的途徑），這在他原則（3）中被清晰地表達了出來：雖然利益被定義為力量，但這樣一種概念「並非是永遠固定不變的」（Morgenthau 1948/1978：8）。跟Carr一樣，他也宣稱：

> 利益與民族國家的當代連結是一個歷史產物，所以注定要隨歷史發展而消失。現實主義的立場不過是要對抗現今將世界政治劃分為民族國家的假定，而認為這會被一個相當不同的更大單位角色取代，與更一致於技術的可能性與當代世界對道德的要求（Morgenthau 1978：10）。

這代表一個對歷史（體系的）變遷與道德議題的敏感度，但卻扞格不入或抵觸了其它五項原則之普世性的、體系的、靜態的，與「理性的」（即唯物的）標準（參見圖2.1），這也引發了對現代民族國家是政治表現最高型式之民族主義觀念的質疑。但最重要的是，我認為動態的途徑構成了Morgenthau著作中三十一章的大部分，雖然靜態的（體系的）途徑有時也相當明顯地出現在他的書中。跟傳統理解相反的是，我的主觀解釋認為Morgenthau有兩種國家理論：一種是次要的體系途徑（如Waltz的新現實主義），它否定國家擁有任何的國際能動性；另

一種則是主要的非體系途徑，它賦予國家相當程度的國際能動力。但這卻導致了一個棘手且相互抵觸的分析，因為這兩種途徑是不可能被調和的。在檢視Morgenthau「非體系的」國家與國際政治理論之前，我們先從他靜態「適應的國家理論」開始。

Morgenthau次要的（第一種）國家「體系的」理論：「被動適應的（具有智慧的）國家」

　　Morgenthau第一種國家理論是體系的（或第三意象的），這被描繪在圖2.8的前半部。該理論認為國家的行為源自於無政府狀態的體系，國家必須要去適應以在這個充滿敵意的環境中獲取技術上的控制（這點跟Waltz一樣）。在這裡，國家擁有高度的國內能動力（內部主權），但卻沒有國際的能動力以影響國際架構或緩和它的限制性邏輯。跟Waltz的看法一樣，國家透過各種不同的適應策略來達成此項目標，雖然Morgenthau將焦點擺在「模仿」與「平衡」上（Waltz適應策略的基本面項），但他添加了一項「智慧」。智慧包括去神秘化（demystification）敵國的外交政策，並以自己外交政策的意圖與國家力量來唬弄（bluffing）對手，以及評估敵國的力量基礎。第一，國家在選擇它的外交政策時，重要的是要能夠聰明理解或弄清楚其它國家的外交政策，並在三種外交政策的類型上加以區別：「帝國主義的」（imperial）、「維持原狀的」（status quo）與「追求聲望的」（prestige）。帝國主義最具威脅性，但要注意到並非所有帝國的政策都必然會是一樣的；「帝國主義」尋求改變國際體

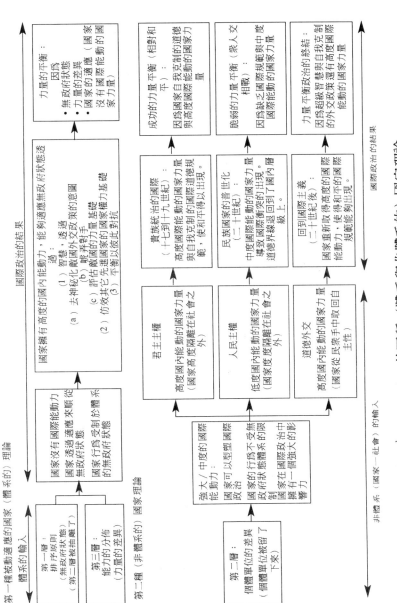

圖2-8　Morgenthau 的兩種（體系與非體系的）國家理論

系中的力量分佈，以有利於單一特定國家的外交政策。「維持原狀的」外交政策，是一個「已經滿足的」國家沒有慾望去改變有利於己的力量分佈（這通常是獨霸強權的政策）。「追求名望的」外交政策，比前兩者都來得更爲合宜，並被所有國家採用，這是透過外交儀式（炫耀與排場），以及在國內的軍力展示來對其它國家展現力量。

有智慧的國家第一個問題是要解讀這些不同的外交政策，如果政治人物選到錯誤的政策，災難將隨之而來。因此，當遭遇到帝國主義的外交政策時，「圍堵」策略是必要的，而姑息是錯誤的政策並將招致災難。在此，Chamberlain的慕尼黑協定（Munich settlement）被挑出來接受特殊的（如果不算是刻薄的）批評（Morgenthau 1948/1978：6, 70）。然而，姑息在遇到維持原狀的政策時卻是正確的策略，智慧是要來去神秘化政治人物爲其特定外交政策所披上的意識形態外衣（在帝國主義的外交政策下這最爲需要），欠缺此種能力，政治人物將被阻礙在正確的相應政策之後，如Neville Chamberlain在一九三九年對世界造成的傷害一樣。此外，政治人物最重要的是要能爲其外交政策披上一套意識形態的外衣，以「唬弄」敵國。例如在星際迷航記（Star Trek）中，令人感到驚奇的要素是，Klingon戰艦的掩飾機制一開始就讓他們擁有對Federation星艦的戰術優勢。在一個粗略的意涵下，國際政治幾乎類似一種撲克牌的玩法，在其中，所有玩家都尋求唬弄對手，以及解讀對手所做出的任何唬弄行爲。另外，政治人物並不被建議去過度唬弄對手，因爲他們的弱點最終會在戰場上被發現（Morgenthau1948/1978：68-103）。政治人物有時也需要能去唬弄他們的國內民眾，來爲特

定的外交政策獲取民眾的支持。

　　智慧的第三個面項是需要評估敵國的國家力量基礎，並透過模仿（跟Waltz的看法一樣）使自己國家的力量能趕上其它國家。政治人物必須要考慮的國家力量因素有八項：如果我們加上「地理位置」則成了九項（1948/1978：117-55）。這些包括：食物與原料的自給自足、強大的工業基礎、先進的軍事技術基礎、廣大的人口（雖然可被用來維持它的充足資源所平衡）、強健的國民精神與同質的社會（相對上可避免內部虛耗的衝突），以及最重要的是，一個強大的政府，但這個政府必須有智慧，使它能夠在付出與擁有的資源間取得平衡（跟Gilpin的看法一樣），並能評估其它國家的外交政策以成功趕上領先的強權。Morgenthau認為這些任務相當不易達成，當我們檢視他的力量平衡理論時，這變得更明顯。在他第一種（適應的）國家理論與力量平衡中，他強調國家透過智慧的適應行為（去神秘化、唬弄、評估與模仿），以及透過平衡（圖2.8的前半部）來極小化相對的力量落差。然而，他第二種力量平衡理論則是立基於他第二種的國家理論（圖2.8的下半部），現在我們開始談它。

Morgenthau主要的（第二種）「非體系的」國家理論：國家是國際政治中具有決定性的行為者

　　轉到圖2.8的下半部，Morgenthau的第二種國家理論是將焦點擺在作為國際政治基礎之不同程度的國家能動力、自主性與規範。相對於Waltz，Morgenthau：有點矛盾的：他也認為當國

家採取它們適應的生存策略時，力量的平衡並不會自動發生，這是因為力量平衡的「不足性」使然（Morgenthau 1948/1978：221-44）。力量平衡並非是自我維持的（self-sustaining），而必須要由國家有目的地建構，當國家的國內能動力是高度時，最能夠達成此項目的。在這裡，Morgenthau提出規範的重要性，包括維持與達成力量平衡的要素（讓他進入到「實際的現實主義」（practical realism））。力量的平衡是位於或鑲嵌在國際社會運行的社會規範中（在這裡，Morgenthau更往Hedley Bull與建構主義的方向移動），這些國際規範有助於國家取得高度的國內能動力。

　　Morgenthau回溯了兩段歷史時期：第一，是「貴族統治國際」（aristocratic international）下的平衡（其古典全盛期是十七世紀），以及第二，「民族國家普世化」（nationalistic universalism）的時期。力量平衡導致前者是一個和平的時期，而後者卻是一個戰爭的時期，何以如此？達成力量平衡的關鍵是國家高度的國內能動力，這接著形成一個高度國際的國家能動力以克服國家間的競爭。在君主主權（monarchical sovereignty）下，國家安好地被隔離在（即高度的國內自主性）民眾之外，這使各國君主能影響國際政治並創造出一個相對和平的國際領域（即透過高度國際的國家能動力），這組特定貴族統治的國際規範是相當重要的，因此，

　　　　歐洲（十七到十九世紀）力量平衡的動力基礎是西方
　　　文明的知識與道德。這些人〔君主〕知道歐洲擁有一個共
　　　同「禮節與文明」的標準，以及一個共同「藝術、法律與

態度的體系」之偉大共和。對這些共同標準的共同認知，「透過恐懼與恥辱的交互影響」遏制了他們的野心，並將「合宜性」加到他們的行動上，灌輸所有歐洲人「某種榮譽感與正義感」（Morgenthau 1948/1978：255-6）。

貴族君王的「道德」導致國際規範的發展（「貴族統治的國際」），這使得國家間出現一種道德共識，「沒有了它，則〔力量平衡的〕運作將是不可能的」（Morgenthau 1948/1978：221）。值得將上段的引述更進一步地延伸：

> 在建立力量平衡前，國家首先必須要作的是，把體系的平衡當成是它們努力的共同架構來克制它們自己。這個共識是……共同的道德標準與共同的文明以及共同的利益：使得無邊無際的權力慾望受到制衡……當這種共識不再存在或變得脆弱時，則它本身也不再為人所深信……力量的平衡將無法實現它穩定國際與國家互賴的功能（Morgenthau 1948/1978：226-7）。

只有當國家的國內能動力是高度時，道德界線才可能擴大到國際層級上，然而，這個階段終止於民族主義與民主革命盛行的十八世紀晚期與十九世紀，導致國家在國內能動力上的減少。群眾現在擁有一個直接角色得以影響外交政策，「在十九世紀的歷史歷程中，民主選舉與對政府官員的課責，取代了原先由貴族統治的政府，而國際社會的結構與伴隨它的國際道德，也經歷了一個根本的改變」（Morgenthau 1948/1978：252）。因此，明顯不同於新現實主義的是，個體單位本質上的

改變（即國家國內能動力的減少）將直接導致國際政治結構的根本變化。當國家的國內能動力下滑時，則國家的國際能動力也會下滑，從而導致道德界線從國際退縮到國家層級上。國際貴族統治的道德，被一個「不論對錯：都是我的國家」（right or wrong：my country）的民族主義倫理所取代（Morgenthau 1948/1978：253），國家的自我克制被一個「民族國家普世化」的運動取代，民族國家尋求強加它們的倫理到所有國家上，因此，國家的自我克制被地區性的國家衝突取代（一種「眾人交相戰的戰爭」）。我們不應忽略他的這種型式跟Kant的立場剛好相反：現代民族國家將會比它們之前貴族統治的舊制度更具衝突性。

這種以民族國家為單位而出現的新型態，基於公民權的擴大而非國際的無政府狀態，使得所有國際上的努力，都是要來抑制在新時代運作上所無法被緩和的衝突。跟Carr（1939）的觀點一樣，所有二十世紀的國際制度（例如國際聯盟與聯合國）必定都無法確保和平，因為它們若想成功達成此一目的，則必需要有一個超越國家基礎的忠誠，此忠誠之所以無法出現並不是由於國際的無政府狀態，而是因為民族國家的普世性。最終，民族國家的主權成為不可分割的：它不能為國際制度所共享（Morgenthau 1948/1978：328-34）。最重要的是，現今的「眾人交相戰」並不是無政府狀態的一項功能，或國際制度的「失能」（dysfunctional）本質，而是基於民族國家的單位型式下，大眾選舉權與低度國內能動的國家力量之產物。總而言之，雖然國內能動的國家力量會隨時間而有所改變，然而，無論何時國家都擁有能動性去型塑國際結構。國家的國際能動力

在「貴族統治的國際」下乃是非常高度的，使國家能創造出一個相對和平的國際體系，但在「民族國家普世化」（在此情形下，國家會創造出一個衝突的國際體系）的時代中，則是中度的。

高度國際能動的國家力量、道德規範與永久和平的建構

　　一般都認為Morgenthau是一位現實主義者，並尋求讓自己遠離所謂「自由主義的烏托邦」，因為國家間的權力爭奪將會永遠持續下去，因此和平被視為是一種妄想或自由主義者一廂情願下的產物。但在《國際政治》一書的最後一章，Morgenthau回到了他「實際的現實主義者」之思考理路上，並認為國家補償性道德外交（state's compensatory moral diplomacy）的「道德智慧」將有助於結構性衝突的終結，以及一個更和平世界的出現。如前所述，當一個國家的國內能動力是低度時，則它緩和國際競爭的國際能動力也會是低度的，而國際衝突也會變得是地區性的（因為二十世紀是民族國家普遍出現的年代）。這意謂如果這種衝突要被緩和，則國家需要重新取得高度的國內能動力，重新取得這種國內自主性對於有效執行Morgenthau所謂的「補償性外交」是相當關鍵的。永久和平只有當一個世界國家（world-state）能夠贏得超國家的忠誠時才可能出現，這表示創造「補償性外交」的先決條件需遵循九項規定（Morgenthau 1948/1978：551-9），前三項是：

1. 外交必須遠離民族國家普世化的獨立運動之外。
2. 在一個各國呈原子化的時代中，國家安全必須不是以犧牲某些國家的方式而被確保，而是要所有國家的安全都能被確保。
3. 外交人員必須在一個互為主體的層級上發生關係，他們自己願意為「對手」設身處地著想，並必須願意在次要的議題上做出妥協。

Morgenthau另外還規定了六項需要被達成的條件，也許最重要的是國家必須要去引導民意而非成為民意的奴隸（第九點）。這些全都認為，外交人員必須不以「力量」的觀點來定義國家利益，而應該在國家間促成一個「共同信仰與共同價值」的互賴網絡，這能讓「一個道德的共識得以出現，一個為了維護和平的外交將有機會能被發展出來」（Morgenthau 1948/1978：552）。

Martin Griffiths（1992）敏銳地將Morgenthau歸類為一位「懷舊的理想主義者」（nostalgic idealist），因為他為永久和平所開出來的處方若要被達成的話，則就要先回到原先普遍存在的「貴族統治國際」環境中。在貴族統治的國際下（十七到十九世紀），力量平衡與自我克制出現的關鍵是國家擁有高度的國內能動性，這讓國家能夠擁有高度的國際能動力，從而使國家間的競爭能被緩和。Morgenthau將君主主權的主要成分移到了二十世紀晚期的補償性外交中：需要從群眾手中取回國家的自主性。最終這會是拿破崙式的平衡作法（Bonapartist balancing act），在維持民眾支持的同時又能限制他們對軍事的影響力。

超國政府無法在一夕間成立，只能逐步透過日常外交的協調而被達成（Morgenthau 1948/1978：558-9）：這個論點跟Mitrany的論點在型式上是一致的（雖然不是在內容上）。因此，超級智慧的外交能夠創造出超國的忠誠，並在未來上促使一個世界國家的出現，「並能和當代世界的技術潛力與道德需求一致」（Morgenthau 1948/1978：10）。

總而言之，Morgenthau多數的分析都不是立基在體系的無政府狀態上，而是立基於個體單位力量的變項上。高度國內能動的國家力量，讓國家擁有高度的國際能動力去緩和無政府狀態（跟貴族統治的國際一樣）；相反地，低度的國內能動力將導致中度的國際能動力與一個相互衝突的國際體系出現。在這裡，個體單位與國家對社會的特定關係會形成決定國際政治的基礎（一個第二意象的途徑），也就是說，國際政治反映的是個體單位層級上的變化，而不是其它方面（如新現實主義所認為的）。有趣的是，這個途徑是不同於Morgenthau政治現實主義的六項原則（但這卻是他聞名的地方）：「政治現實主義者維持政治領域的自主性，跟經濟學者、律師與道德主義者維持其領域的自主性乃是一樣的」（Morgenthau 1948/1978：11），這意謂國家總是能完全自主於社會之外，但他非體系的國家理論卻根本否定這個論點，而認為國家在社會之外擁有不同的自主性。

因此從Morgenthau身上可區別出兩種國家理論，以及兩種國際政治理論：一種是體系的，一種是非體系的。然而，非體系的途徑在《國際政治》一書中被給予極大的比重，該途徑反映出一種豐富的、歷史性的國際政治理論，這顯然超越了新現實主義的靜態簡約性（原則（1），圖2.1），也指出國家是國際

政治中一名具有影響力的行爲者（原則（2）-（6），圖2.1；亦可參見圖2.7）。我認爲這種「動態的」途徑，爲傳統的看法提供了一種不同的解釋，所以對Morgenthau常見的評述可被修正成：「在時間與空間上，對權力的爭奪並不是普世的」（參照Morgenthau 1948/1978：36）；以及「所有歷史都顯示出國家〔不是〕總在準備……（或）實際要以戰爭的方式來恢復組織性的暴力（參照Morgenthau 1948/1978：42，強調處爲我所加）。除此之外，如果戰爭並非是無政府狀態的產物，而是特定型式的國家之產物的話，則這種國家要是能被改變（透過自主性的增加與超級智慧的外交），永久和平就可能出現。不幸的是，我們無法在這裡就結束我們的討論，因爲Morgenthau對於國家與國際政治的體系途徑也相當明顯，正如在他第一種力量平衡理論與第一種「適應國家」的體系理論中呈現的，但無可迴避的問題是，這兩種途徑並不能被輕易地調和在一起，因爲它們彼此互斥的。正如Ashley（1981）與Walker（1987：65）認爲的，在Morgenthau的總體途徑中，存在著相當多的緊張關係。而我認爲Carr的作品則是要棄絕體系的途徑，而想要一個非體系的理論，從而解決這種衝突。

「社會化的國家」（socialised nation）：主權的最高階段？Carr與新現實主義間的「批判性」（critical）斷裂

跟Morgenthau一樣，傳統的看法假定Carr肯定是在「體系-

現實主義」或新現實主義的陣營中（例如Smith 1986），在那裡Carr被認為是強烈反對自由主義與「烏托邦」的思維，這種觀點來自於國際關係學者對他著名文獻《二十年的危機》（The Twenty Years' Crisis，Carr 1939）的理解。Burchill對Carr的歸納乃是一個典型：「對Carr與其它的現實主義者而言，在一個沒有最高權威來管制國際關係的國際體系中，國家的衝突是不可避免的」（Burchill 1996：72），然而這種理解並非沒有價值（至少就《二十年的危機》而言），但我認為這無法反映出Carr先前在他其它更重要作品中所提出之更具實質性的論點，在那些作品裡，他發展出一個非體系的國際政治理論，該理論明顯讓他與新現實主義有所區別。如果Morgenthau的國家與國際政治理論部份是體系的，而絕大部份是非體系的話，那麼Carr應該被認為是一位採取非體系途徑的學者。因此，Morgenthau的作品在Waltz的新現實主義與Carr的古典現實主義之間提供了一座橋樑或「中庸之道」。除此之外，我對Carr的解釋也被一連串最近的出版品所強化，它們認為Carr傾向採取一個非體系或解放的（emancipatory）批判理論途徑（Cox 1986：206, 211；Booth 1991：530-2；Howe 1994；Linklater 1998：159-68；Jones 1998），或Dunne巧妙地將此標誌為一個「後現代現實主義」（postmodern realist）的途徑（Dunne 1998：37）。

借用Waltz的觀點：國際政治的基本核心是對社會公民權的適應、規範與國家的能動力

相較於《二十年的危機》，在《民族主義與之後的發展》

（Nationalism and After，1945）以及《新社會》（The New Society，1951）中，Carr提供了一個更為完整與通則化的國家和國際政治理論（這兩者實際上在《二十年的危機》中都沒被提過）。《二十年的危機》較關心的是提出一個對自由國際主義的根本批判，Carr認為這是造成一九一九年到一九三九年危機出現的原因。然而，後面的文獻則將這種危機放在歷史的觀點與過程來看，大大改變了他在《二十年的危機》中的論點。與新現實主義相比，Carr認為國際關係可分成四種不同的時期，這四種時期不是以無政府狀態的影響力或能力分配的改變作為區分，而是個體單位中的根本變遷：特定的說，是國內能動力或國家自主性的變化（接著導致了國家在國際能動力上的改變），以及規範結構位置的改變（參見圖2.9）。

　　第一時期大略包含一六四八年到一七九二年/一八一五年的期間，戰爭是被「君主國家」（等同於Morgenthau的「君主主權」）所主宰。在這裡，國家等同君主（雖然在東歐的某些國家中等同貴族），這使得「君主國際」（等同於Morgenthau的「寡頭國際」）的興起。國際法基本上被尊重，並被廣泛地用來維持秩序，因為國際社會的規範：共同的道德價值、共通的語言（法文）與共有的義務，都是基於君主他們對其遵守信諾的榮譽。跟Morgenthau第二個非體系的國家理論一樣，這裡的關鍵是高度的國內能動力。由於君主國大部分能與群眾隔離，這使它們得以強化其國際能動力，以致於能夠建構一個基於寡頭規範相對和平的國際體系。因此在君主國際中，道德的界線延伸到了國際上，國際因此相對上是和平的。這個時期結束於法國大革命之始，而此革命也擴及到了國際社會上。第二個時期出現於

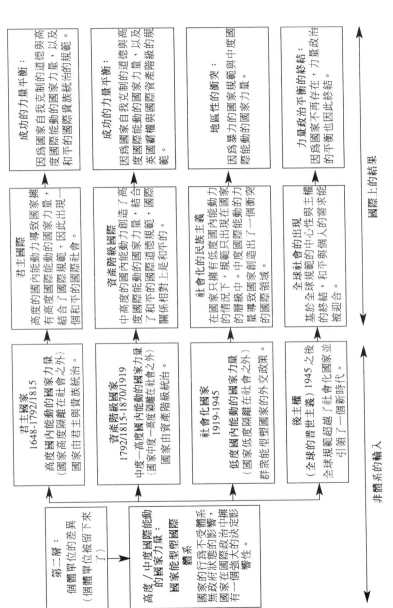

成功的力量平衡：
因為國家自我克制的道德與高度國際能動的國家力量，以及國家統治的規範，和平的國際社會。

成功的力量平衡：
因為國家自我克制的道德與高度國際能動的國家力量，以及國家霸權與國際資產階級統治的規範。

地區性的國家衝突：
因為能動的國家力量，國際能動的國家力量。

力量政治的終結：
因為國家不再存在，力量政治的不衡也因此終結。

君主國際
高度的國內能動力導致國家擁有高度國際能動的國家力量，結合了國際規範，因此出現一個和平的國際社會。

資產階級國際
中高度的國內能動力創造了高度國際能動的國家力量，結合國際霸權的國際道德規範，國際關係相對上是和平的。

社會化的民族主義
在國家只擁有低度國內能動力的情況下，規範只出現在國家的層級中。中度國際能動的國家力量導致國家創造出一個衝突的國際領域。

全球社會的出現
基於全球規範的中心性與主權的終結，和平與個人的需求來被迎合。

君主國家
1648-1792/1815
高度國內能動的國家力量
（國家高度隔離在社會之外）
國家由君主與貴族統治。

資產階級國家
1792/815-1870/1919
中度一高度國內能動的國家力量
（國家中度一高度隔離在社會之外）
國家由資產階級統治

社會化國家
1919-1945
低度國內能動的國家力量
（國家低度隔離在社會之外）
群眾能型塑國家的外交政策。

後主權
（全球的普世主義）1945之後
全球規範超越了社會國家並引領了一個新時代。

第二層：
個體單位的差異
（個體單位被留下來了）

高度／中度國際能動的國家力量塑型塑國際體系
國家的行為不受體系，無政府狀態的影響，國家在國際政治中擁有一個巨大的決定影響性。

國際上的結果

非體系的輸入

圖2.9　國際政治中Carr古典現實主義的國家理論

一八一五年並持續到一九一九年，但自一八七○年起就開始出
現崩解了。

　　漫長的十九世紀（一七九二年到一九一九年）是現代歷史
中最為和平的時期，這部份是因為「資產階級民族國家」
（bourgeois nation）的出現，或更特定的說，是「資產階級國家」
（bourgeois state）的出現，這伴隨的是公民權擴展到資本宰制
階級身上。透過一連串的妥協，資產階級民族國家逐漸升高的
經濟需求更能與國際主義維持一致性，資產階級民族國家從群
眾之中仍能維持相當可觀的制度自主性，接著使它們獲得高度
的國際能動力以緩和無政府的狀態與維持國家規範，從而導致
了一個相對和平的國際秩序。在這裡Carr亦相當強調英國霸權
的重要性，英國霸權不只主動促進世界經濟的發展，還設法促
成經濟乃是非個人的（impersonal）並與權力政治分離的假象
（Carr 1945：13-17）。但正因經濟的自由實際上與Carr所謂受英
國霸權「寡頭管理」的世界經濟緊密結合在一起，所以這個和
平體系無可避免遲早會崩解。

　　從資產階級國家到「社會化國家」的轉變並不是透過無政
府狀態的「第一層」（即Waltz的新現實主義）而顯現出來的，
也不是透過第三層的變遷：即力量分佈從英國霸權的單極改變
到多極（即霸權穩定理論認為的）：而是個體單位在本質上的
一個根本變遷（第二層）。這個改變包括了國內公民權的擴張，
這在一八七○年之後不斷發生，接著導致一個始於一八七○年
並在一九一九年完全成形的國際政治第三時期。在這個時期
中，德國的興起是相當重要的，不是因為它代表一個如新現實
主義所認為的力量分佈變遷，而是因為德國正經歷了一個社會

化國家的轉型。不是無政府狀態、也不是力量分佈的改變，更不是自由的國際主義（如Carr一開始在《二十年的危機》中認為的），使得二十世紀前半葉的國際政治成為一個危險的領域，而是「社會化國家」所造成的。隨著社會化國家國內力量的下滑，國家與社會政策（「計畫性」經濟）緊密地與世界經濟的國際主義結合在一起，之後並分裂成相互競爭的經濟民族主義。諷刺的是，國家能動力的減低是與國家控管力的增加而一同發生，這讓國家在國內扮演了一個中央計畫性的角色，並拒外國移民於門外（Carr 1939：228）。每個國家變成不斷彼此鬥爭以促進民眾排他性的國民福利利益（即Morgenthau所謂的「民族國家的普世化」）。因此道德界線從國際層級退縮到了國內層級，一個「眾人交相戰的戰爭」接踵而來。十九世紀自由放任的自由主義所形成的「夜警國家」，讓步了給基於經濟民族主義的社會化國家，形成了一個「社會福利的國家」。結果是災難性的：「總體戰爭」（total war）在這個世代出現了兩次（Carr 1945：19-27），所以雖然前面兩個歷史時期尊崇國際法並達成相對的和平，但卻在「社會化國家」興起的第三時期中被推翻了。

　　行文至此，我們已經注意到在個體單位本質中的基本非體系變遷可以用來解釋國際關係中的具體變遷，同時，國際規範在高度國內能動的國家力量之情況中變得顯著，如Morgenthau國際政治的第二個理論一樣。Carr論點的下一個部份是關於他對第四時期的分析：超越「社會化國家」的矛盾：其中全球歸範從國家獲取了自主性，並逐漸超越了主權，在此Carr特別採取了一個批判理論的途徑。

　　從社會化國家的「民族國家普世化」到一個立基於普世公
民權的後主權世界？

　　一般認為Carr作品的中心面項是存在於他對道德思維的批
評，他將此道德思維標誌為「烏托邦」。的確，Carr與
Morgenthau的「現實主義」一般可被視為反理想主義，然而，
Whittle Johnson（1967）卻認為有「兩個Carr」（跟有「兩個
Morgenthau」一樣），而且是兩個彼此相互衝突的Carr。但我認
為一般人將Carr等同於現實主義，以及Johnson認為的有兩個
Carr，都是不正確的：「只有一個Carr」，並且他有許多地方等
同批判理論。有三點可以讓這個論點更加清楚，第一，當Carr
在《二十年的危機》中攻擊「烏托邦」（即自由主義）的思維
時，他實際上並不是在批評道德思維本身，而是在批評一九一
九年到一九三九年間所出現的一個「虛假的」自由主義型式。
這個批判性分析的基礎是認為自由國際主義並非是一個真正的
道德計畫，而是用以維持強權宰制的一個保護性前緣
（protective front），這個批評等同於批判理論喜歡去翻攪某些僵
化的思維，認為十八世紀早期的自由國際主義的出現乃是強權
宰制的表現（Carr 1939：14-5, 1951：18；參照Howe 1994）。
第二，Carr根本否定新現實主義決定論的「連續性」問題分析
架構，因為它將人類行為者改變事件型態的角色予以削減了
（Carr 1951：1-18, 118-19）；這一點也跟《二十年的危機》中
的論點一致。在與新現實主義（即技術現實主義）直接的相比
下，Carr認為不可能有絕對與不變的歷史觀：「這種宏觀的歷
史評判……有時只是提供〔知識份子〕團體〔即新現實主義者〕
讓其思想得以擴散的證據而已」（Carr 1951：14,100）。第三，

在《民族主義與之後的發展》以及《新社會》中，Carr支持一個清晰且堅定的道德立場，這爲一個「新（後主權）社會」的構成提供了基礎，這種道德是基於所有男性與女性在根本上的普世需求，而不論他們的國籍爲何。此外，這個道德途徑讓Carr追溯了在民族國家與國際領域間所不斷變化的道德界線，他作品的這個面項被應用在他對一九四五年之後時期的分析上，在此時期中，社會化的國家被全球性的道德規範給超越了。

　　對Carr來說，「社會化國家是民族主義的極致表現」（Carr 1945：31-4），或如我們在這裡所說的，是「主權的最高階段」。在與新現實主義的強烈對比下，Carr認爲一九四五年後的時期正在目擊一場「主權國家的衰落」，社會化國家在道德上的破產，是當它達到最爲極權與軍國主義的型式時：民族的單位「只能以一個異例與一個落伍的事物存在於世界中，必須繼續前進到……〔政治〕組織的〔新〕型式上」（Carr 1945：37,1939：229-30）。Carr規範性的道德計畫極力反對國家是在不斷適應無政府狀態（如新現實主義認爲的），而是支持對世界上個人道德與普世需求的尊重。因此可透過一種基於普世公民權的後主權全球社會來超越民族國家的型式，從而達成對所有人的軍事與經濟安全（如批判理論認爲的）。Carr「解放的現實主義」出現在《民族主義與之後的發展》一書中的第二部份：

> 我們所關切的並不是將阿爾巴尼亞與中國或巴西放在相同的立足點，而是將每個阿爾巴尼亞人的個人權利與機會，與每個中國人或每個巴西人放在相同的立足點……男

人或女人的平等……是一個理想……能被當成一個人類不
斷努力的目標……在推動任何未來國際秩序背後的力量都
必須是一個信念……即重視個別人類的價值，而不問他們
的民族是否為我們民族所親近，或為我們的盟邦，而是我
們彼此有一個共同義務要來促進他們的幸福（Carr 1945：
43-4）。

　　跟後現代主義的立場一樣，Carr認為只要主權式的民族國
家若仍是基本的政治型式，則和平是不可能出現的。在這裡
Carr賦予相當大的自主性給第四時期的全球規範，該時期始於
一九四五年（正如國際規範在第一二階段是重要的，以及在第
三階段的民族國家規範是顯著的一樣）。全球道德規範，是立基
於對所有個人的非剝削關係上，這需要超越社會化國家與終結
主權國家。社會化國家必須要被解散，方得有利於一個後主權
的普世公民社會之出現，因為在道德上民族國家的型式（相對
於無政府狀態與力量的分佈）是過時的，該型式最終會造成國
際失序的情形出現，這是他在該書後半段所不斷提出的論點。
「一個國際組織如果想成功的話，那必須仰賴於能贏得世界所有
男性與女性同意與忠誠的共同原則」（Carr 1945：61ff.，強調處
為我所加）。因此，新的國際秩序在根本上是要由真實的全球道
德而非全球強權所塑造，然而，這會錯誤地假定Carr的批判性
分析只存在於一九四五年之後的時期中，因為通觀他這兩本主
要的著作，他所關切的是追溯道德界線的結構位置變遷：從一
九六八年擴展到國際層級，到一九一九年退縮回國內層級，以
及在一九四五年後又向外擴展到全球層級上。

　　這個例子正是Carr有所困難地想要指出全球道德界線與政治界線所必須含括的正確政治型式，他似乎想指出的是，某種區域性的型式存在於國際與國內之間的政治權威型式，而這種基於「社會化國家」的國際政治之衝突本質，只有透過一種重疊與結合忠誠之一種更高的體系才能被超越。除此之外，他也致力一種（改革式的）社會主義社會，其中的勞工不用被「經濟之鞭」（或飢餓），而是被一種更具包容性的社會義務與自由意識所驅策著，在之後才會出現真正「民有、民治與民享的治理」（Carr 1951：111）。所以總結來說，Carr根本不是一位「對理想主義批判的現實主義者」，他提出的並不是一種靜態、簡約、體系與科學的國際政治與國家之研究途徑。我們有很好的理由可以認為，Carr所發展的是一種相當複合與豐富的歷史社會學之國家與國際政治理論，他最後是傾向作為一位「理想主義者」來對新現實主義提出批判。

問題討論

關於Waltz的新現實主義

- 什麼是「連續性」的問題分析架構，以及這如何導致國家被否定擁有國際能動力？對Waltz來說，什麼是他所謂「化約式」理論的問題？
- 為什麼Waltz要抽離國際政治結構的第二層；換句話說，

為什麼國家在功能上都是類似的？

- 何以「撞球的」比喻能如此貼切地掌握住新現實主義的國家理論？

- 什麼是國家所採取的兩種「適應」策略，以及在這個過程中，無政府狀態是如何不經意地被再生？

- 基於何種理由，某些學者宣稱Waltz賦予了國際能動力給國家，那這種觀點如果有所限制的話，那這些限制又是什麼？

關於「修正式的」新現實主義

- Gilpin如何帶回國際變遷的架構，但卻不再生Waltz「連續性」的問題分析架構？這是否有所矛盾？

- 雖然Gilpin開啓了國家的「黑箱」，但為什麼他無法賦予國家某種程度的國際能動力？

- 適應／適應不良的國家理論是如何形成強權興衰的循環動力？

- 為什麼國家能不自發地解決「集體行動的問題」？

- 為什麼新現實主義者認為建制比新自由制度主義者認為的還要更不強健？

- 什麼是對霸權衰落的傳統看法？以及為什麼它是有問題的？

關於古典現實主義

- 對古典現實主義與新現實主義的傳統理解是什麼？如果有的話，什麼是傳統觀點的問題？
- 為什麼在早期，國家高度的國內能動力會導致國家高度的國際能動性，以及低度能動的國家力量在晚期導致國家擁有中度的國際能動性？
- 為什麼我們能夠宣稱Morgenthau是一位準建構主義者，以及Carr是一位準批判理論者？
- 為何我們能宣稱Morgenthau在Waltz與Carr之間提供了一座橋或「中庸之道」？
- 對Carr與Morgenthau來說，什麼樣的過程告訴了我們道德界線的擴張，以及它自一六四八年之後的退縮？

建議進一步閱讀的書目

　　一般讀者可從Smith（1986）開始讀起，此書呈現了傳統對主要現實主義者的看法。近年重要的分析是Schweller and Priess(1997)、Guzzini（1998）以及Donnelly（2000）。也許重新思考現實主義的最好起點是從那些敏銳的後結構主義者之作品開始，如Ashley（1981）以及Griffiths（1992）。Griffiths（1992）提供了一個對Morgenthau與傳統理解不同的看法（跟本文呈相同的方向），而Booth（1991）、Howe（1994）、Dunne（1998）、Jones（1998）與Linklater（1998：159-68）則提供了

對Carr不同的觀點看法，這跟我也呈一致的方向。瞭解Waltz作品的一個好方法是從他一九七九年作品的第五章以及他的辯解（Waltz 1986）開始。除此之外，瞭解由Cox（1986）與Ruggie（1986）對他提出的批評也是不可或缺的（雖然Ruggie的作品需要再三的咀嚼：亦可參見Ruggie（1998））。一旦我們能完全吸收Waltz的東西之後，讀者可再去閱讀關於Waltz是結構主義者還是能動者-中心的辯論；後者的立場可見Wendt（1987, 1991），而前者可見Hollis and Smith（1991）。瞭解之後，可繼續閱讀「結構現實主義」的文獻（Buzan、Jones and Little 1993），基本上這是藉由提出一個較爲複合與歷史社會學的現實主義途徑，來發展出一個對國際結構的「厚實」（thick）說明，以試圖更新後冷戰的Waltz理論，這個途徑又被「新古典現實主義」所補充；參見Rose（1998）有一個傑出的介紹。最後，對霸權穩定理論與新現實主義國際政治經濟學的最佳介紹乃是Gilpin（1987：72-80，123-42，343-63），至於一個批判性的介紹，則可參見Guzzini（1998：第十章）。

第三章 自由主義

　　我認爲有可能將自由主義區分成五種不同種類並置於兩大範疇中：個人中心的自由主義（individual-centric liberalism），包含了古典自由主義（classical liberalism）、新自由主義（neo-liberalism）與功能主義（functionalism）；以及國家中心的自由主義（state-centric liberalism），包含了英國學派的理性主義（English school rationalism）與新自由制度主義（neoliberal institutionalism）。我並認爲新自由主義（而非功能主義）在古典自由主義與現代「國家中心」的自由主義之間，構成了「中庸之道」（via media）。也許，自由主義的國家與政治制度理論其原理核心或本質可用三個特徵來定義：

1. 適應社會（socially adaptive）的國家理論：國家行爲的主要方向是要迎合個人的經濟與社會需求，而非必須要適應無政府狀態（如新現實主義認爲），國家最終必須要順從個人的需求：國家必須是適應社會的。

2. 適應社會的國家擁有高度的能動力，並能夠衝撞無政府狀態的邏輯：經由順從個人的經濟與社會需求，弔詭地，國家能衝撞無政府狀態的邏輯與國際競爭，並能創造出一個和平的世界。在此過程中，國際領域被重新定義成一個可能性的領域（a realm of possibility），它使國家能極大化全球利益並創造出和平。但新現實主義卻認爲，國家主要應該關心的是在一個充滿敵意的無政府狀態中獲得「技術上的控制」（technical control）。然而自由主義者認爲國家應該追求「實際的」理性，透過這種理性，國家將會創造出一個和平、合作與有秩序的世

界。

3. 只有「合適的」（國內與國際）制度，才能達成可欲的全球福祉與和平結果：不合適的國內與國際制度將導致全球與國家福祉的減少以及戰爭的出現。至於國家的兩項主要特徵：**國際的能動力**（即國家可以不顧國際限制，制訂外交政策與型塑國際領域的能力），以及**國內能動的國家力量**（即國家可以不顧國內非國家行為者的影響力，而去決定內政或外交政策與型塑國內領域的能力），自由主義者不只得出一個非常不同於新現實主義者的公式，而且還宣稱在他們的變項間有著非常大的內部差異。如果Waltz的新現實主義代表國家擁有高度的國內能動力與毫無國際能動力之弔詭的話，則古典自由主義則有國家擁有「低度的國內能動力與高度的國際能動力」之弔詭；新自由主義認為國家擁有「中度的國內能動力與高度的國際能動力」；理性主義與新自由制度主義（如國家中心的自由主義）則認為國家擁有「高度的國內能動力與高度的國際能動力」；然而功能主義根本將主權國家視為是一個實現個人經濟需求的阻礙，並賦予國家中度而非高度的國際能動力。總而言之，相對於新現實主義而言，多數的自由主義都只賦予國家較為低度的國內能動力使它們必須要注重其國內的利益，但卻給予國家較高程度的國際能動力得以重新建構與型塑國際結構。

但這種傳統看法是來自第一次國家論戰的那個被扭曲的鏡

頭，認為自由主義低估了國家，而新現實主義卻高估了國家，但透過第二次國家論戰的鏡頭來看，我認為新現實主義在國際政治中低估了國家的能動力，而自由主義卻賦予國家相當程度的能動性去決定國際政治並在國際競爭中取勝。

「個人中心」的自由主義：適應社會的國家

古典自由主義

古典自由主義的國家理論有三個根本的弔詭：

1. 國家存在的本質是為了經濟成長，但國家卻是人為經濟衰退的源頭（North 1981：20）。
2. 為了維持在社會上的中立，國家宣稱它只有少量的制度自主性，但這種少量的制度自主性對於確保國家維持一個極簡式（minimalist）的自由放任立場乃是必需的。
3. 在扮演一個自由放任的「最小政府」角色上，國家能夠產生高度的國際能動力以緩和無政府狀態與國際競爭。

瞭解到這三種弔詭後，可以引領我們走向古典自由主義的核心，以及它的國家理論。

Adam Smith的巨著《國富論》（An Inquiry into the Nature and Cause of The Wealth of Nations）（1776/1937），系統化了一個高度簡約與經濟論的國家途徑。Smith主要是在分析國家「財

富」（opulence）的來源（即「國家」生產有利益的財富），但這與「現實主義」的重商學派有明顯的差異。Smith認為自主且自構的經濟體（autonomous self-constituting economy）是國家財富積累的秘密，也就是說，當經濟體能在不受國家或政治力介入的情況中運作時，它就能發揮最適的功能。個人則是Smith基本的分析單位，當他（he，女性則被忽略了）被允許能自由選擇從事何種產業或活動領域時，則社會資源的最適分配將會被確保。實際上，Smith對人類所持的觀點構成了「買賣、以物易物與交換物品的習性」（1776/1937：13）。但重要的是並非「善意的合作」確保了社會境遇的改善，而是透過個人自利行為的「一隻看不見的手」（an invisible hand）造成「最後沒有一部份是他原先所意圖達到的」（1776/1937：423，421），結果則形成整個社會的經濟過程。「我們有晚餐可吃，並非來自屠夫、釀酒人或麵包師傅的仁慈，而是來自他們對自身利益的考量」（1776/1973：14）。

　　這個論點是基於我所謂的「自發性命題」（spontaneity thesis），該命題認為如果將經濟置於政治之外，則經濟就會自行運作，因此「那些試圖指導私人運用資本方式」的政治人物，將會快速破壞國家的「財富」（1776/1934：422-3）。也就是說，當國家從事一個積極的干預角色時，經濟的自我管制之手就被切斷了。「偉大的國家從未被私人的錯誤行為拖累，而是被公共的〔即國家的〕錯誤行為所拖垮，其中很大一部份的年歲入〔即國民生產毛額〕，被用來維持無生產性的手（unproductive hands）」（1776/1937：325ff）。簡言之，積極介入的國家乃是問題：而極簡式國家則是解決之道。

問題是「適應不良的國家干涉主義」與「中度國際能動的國家力量」

　　從圖3.1的上半部開始，古典自由主義認為政治經濟的中心問題在於國家干涉主義的扭曲效果，在其中，適應不良的國家無法適應或迎合個人經濟需求的條件。關於這一點，沒有人比Smith在著作第五卷討論的關稅保護主義之「惡」，還要來得清楚（1776/1937：397-652）。關稅保護主義在短期也許可以促進特定產業的私人利益，但就長期而言，它會傷害到國家的經濟。關稅會提高特定商品的國內價格，並為某個特定產業領域創造一個「獨佔的超額利潤」（monopoly rent），而將資源從原先在經濟上擁有自然優勢（natural advantage）的生產領域移轉而出（1776/1937：421）。

　　David Ricardo的名著《政治經濟與稅賦的原理》（The Principles of Political Economy and Taxation）（1817/1969），系統化了他的比較利益（comparative advantage）理論，在一個特別的例子中，Ricardo認為英格蘭在紡織品的生產上擁有比較利益。為了論證的方便，我們假設生產紡織品每年需要一百人的勞力，如果英格蘭試圖生產酒類，酒類的生產每年則需要一百二十人的勞力（才能創造與紡織品相同的價值），所以酒類對英格蘭來說不具比較或自然利益的，因此，對酒類課徵關稅將使資本從原先具有自然利益的領域中（即紡織品的生產）移轉而出，從而造成國民財富的減少。所以對國際貿易課稅是有害的，因為會扭曲商品的「自然價格」並因此妨礙資本的最適分

問題：積極但卻是適應不良的國家介入

◄———————— 經濟與政治的融合 ————————►

國家資本積累的衰減

因為無視於價格訊號，個人被給予了錯誤的訊息。

國內經濟無法自由地自我管制，因此資本被以次佳的方式分配，從而減少了國家的財富。

全球經濟福祉的衰退

由於關稅，使得一個擁有比較利益的國家無法去專精化某些商品的生產，從而扭曲了國際價格。

國家所製造出的商品是以次佳資源分配的方式來進行貿易。導致了全球福祉的減少。

經濟上適應不良的國家介入主義

國家否定了自由放任政策，並透過對經濟的介入而減少了國內與全球的福祉。

（國家不具生產性並耗盡了國家財富）

中度國際能動的國家力量

保護主義與國家的介入導致國際經濟的緊張關係不斷上升，這回頭又導致軍事上的緊張關係與戰爭。

因為無法順從個人的需求，所以國家創造出一個競爭的國際體系。

不自由的資本主義與適應不良的國家介入，侵蝕了高度國際能動的國家力量，而無法緩和無政府狀態。

解決之道：自由放任與適應型的國家

國家財富的強化

只有當國家能透過供給與需求法則來自我管制，一國的經濟才能最適的運行。此法則不是由國家的介入來主導，而是由價格機制或價格選擇器。

全球經濟福祉的強化

只有當比較利益與國家生產專精化出現，而且沒有外部（即國家）的介入，國家經濟才能最適的運行。

經濟上適應的極簡式國家之國內能動的國家力量

在經濟上適應（管家）的國家必須採行自由放任的姿態，不介入國內與國際經濟，國家必須要為資本主義設定適當的背景環境（即管制性的司法機構、低稅率和和平）。

只有透過對抗宰制階級的競租壓力與維持階級中立的立場，國家才能有效地維持一個極簡的自由放任角色。

高度國際能動的國家力量

透過對個人需求的順從，國家才能透過自由貿易來發展完全自由的資本主義。

自由資本主義與適應的極簡式國家強化了國際能動的國家力量，從而緩和了無政府狀態。

吊詭的是，低度國內能動的國家力量與高度國際能動的國家力量。

◄———————— 經濟與政治的分離 ————————►

圖3-1　古典自由主義「適應社會」的極簡式國家理論

配，「只有當每種商品都自由位於自然價格，並不受任何人為限制的束縛時，適當的經濟調節才會出現」（Ricardo 1817/1969：98；Smith 1776/1937：848-9）。商品的「自然價格」是由用來支付各種不同生產要素與勞務報價的金額所決定：也就是支付地租、勞工薪資與資本利息的金額，而這些乃是用於進行商品的生產（Smith 1776/1937：55）。商品的「市場」價格透過價格機制（price mechanism）而由供給與需求進行調節，因此當需求超過供給時，市場價格將會超越「自然」價格，這會吸引對土地、勞工與資本更多的投資以擴大生產，使得能以高於市場的價格來獲取利益，但當供給增加時，價格也將逐漸下滑，最後使供給趨近於需求。當供給最後超過了需求時，市場價格將會低於自然價格，使生產者離開對這種商品的生產，並再次導致一個新的均衡，將市場價格恢復到自然價格上。因此價格機制是生產資源最適分配的「信號」或「選擇器」（selector），「所以自然價格是中間價格（central price），所有商品的價格都會持續不由自主地移到自然價格上」（Smith 1776/1937：58）。

國家介入主義是不好的，因為透過對價格的扭曲，它使價格機制無法最適地分配資源，因此對一項特定商品課徵稅金與關稅，會為該商品的生產者提供一個「獨佔的超額利潤」。由於賦予那些受保護的生產者一個永久的利益，所以會破壞價格機制自發地將市場價格恢復到自然價格的能力，這為生產者創造了一個誘因從原先存有比較優勢的區域移轉到這個受保護的區域上。至於海關稅（關稅），Ricardo認為它們「將一部份的資本移轉到一個在自然上不會去追尋的活動中……這是最糟的一

種稅賦」（1817/1969：211；Smith 1776/1937：420-522,
821ff.）。因此干預價格訊號的國家介入行動最後將會破壞國家
經濟的發展前景，但關稅糟糕的不只是它們重新將資本分配到
次佳的活動上，關稅也是一種稅賦的型式，如果將它的額度提
高，則會扼殺經濟的「供給面」。高額的稅賦會「排擠」（即減
少）個人所會增加的儲蓄數目，由於儲蓄是投資的軸根，所以
這必然會破壞經濟的成長：「沒有一種稅賦不會削弱儲蓄能量
的趨勢」（Ricardo 1817/1969：97）。這個論點的基礎決定在
Smith對於生產性與非產性勞力的區別上（第二卷），生產性的
勞力增加了資本積累（即製造生產），而非產性的勞力不會增加
價值且會構成一個對資源的耗盡，非生產性的勞力以「服務」
的型式出現，像是歌劇演員、裁縫師與教師，而且Smith指出，
國家尤其不具生產性。在談到國王與他的大臣時，Smith寫到：
「他們本身總是毫無例外地，是最大的揮霍無度之人在……社會
上」（Smith 1776/1937：329）。除此之外，「他們的服務……為
一個之後能被製造的服務數量什麼也沒有提供……今年他們勞
動的效果不會為即將來臨的一年購買……保護、防衛、安全與
國防」（1776/1937：315）。

　　該論點形成了之後由Richard Cobden、Herbert Spencer與
Joseph Schumpeter所發展的商業自由主義（commercial
liberalism）之基礎：以及Immanuel Kant的共和自由主義
（1795/1914）。在本質上，干預式的（威權或專制的）國家有朝
向關稅保護主義的自然傾向，這會破壞國際的互賴，惡化國家
間的緊張關係與猜忌，導致關稅戰爭以及軍事衝突的出現。此
外，跟自由國家不同的是，威權國家有一個發動戰爭的傾向，

這也會破壞經濟的成長，因為它們傾向把儲蓄轉化成稅金與債務，以去支付不具生產性的軍事支出。總言之，積極介入的國家擁有的是中度而非高度的國際能動力，也就是說，國家-社會複合體能自主地型塑國際體系（即中度的能動性），但沒有充分的能動力以克服國家間的競爭。

「適應經濟的極簡式國家」與「高度的國際能動力」乃是解決之道

往下看到圖3.1的下半部，古典自由主義者倡議一個非介入式的自由放任的國家立場，這能使整個社會都蒙受其利，並回過來強化國家的國際能動力以克服國家間的競爭。回頭看Ricardo提出的例子，英格蘭在紡織品的生產上（每年花費一百名的人力）比在酒類的生產上（這要花費一百二十名的人力）擁有一個比較優勢。然而，葡萄牙也許只需使用八十個人就可製造出相同數量的酒類，因此，葡萄牙的利益在於將紡織品的生產移轉到酒類的製造上，並透過自由貿易來交換英格蘭生產的紡織品。同時，英格蘭若從製酒轉移到生產紡織品，並自由地將紡織品與葡萄牙的酒進行貿易，情況也會變得更好（Ricardo 1817/1969：82-3）。「如果外國能提供比我們所能製造的還要更便宜的商品，則最好是以我們產業得到的報酬來購買這些商品，並投入在我們擁有某些優勢的產業上」（Smith 1776/1937：424）。

古典自由主義堅稱國際經濟應該要專精於它們具有比較優勢的領域上，在這些領域中得到的報酬，之後能被用來交易不

在國內生產的外國商品，透過自由貿易與專精化這兩種方式，所有國家都會獲得最適的利益。雖然新古典自由主義的經濟學家完全承認各國來自於自由貿易的利益並不會是相等的，然而這不會造成問題，因為極簡式的自由主義國家彼此不會嫉妒（也就是說，它們不會感覺到利益的不平等），並只會尋求以合作的貿易協定來強化它們的利益。更重要的是，在這過程裡會擴散出一個「普遍利益」，「在整個文明世界中，透過共同利益與交流的一個共同連結，將聯繫成一個全球的國際社會」（Ricardo 1817/1969：81）。這形成了商業自由主義的一個理論，其本質是「自發性的命題」，指出不受阻礙的資本主義天生本質將會是和平的，一個更進一步的版本則是由Immanuel Kant所發展，之後成為所謂的共和自由主義（republic liberalism）。

在他一七九五的論文「永久和平」（Eternal Peace）（或「持續和平」（Perpetual Peace）與其它關於國際關係學的作品）中，Kant提出我們需要一個共和國家的邦聯（a confederation of republican state）才能確保和平。跟Bull以及其它同意Waltz與Rousseau立場的人士一樣，Kant宣稱國際的本質狀態就是戰爭的狀態，但不同於Waltz的是，他認為國家沒有必要去適應無政府的國際狀態，而是必須要超越它。Kant的焦點主要集中在國家的型式：戰爭是一個高度國內能動的國家力量之功能，尤其可在獨裁國家中發現，但和平能透過擁有低度國內能動力的共和／自由國家而被實現。根據他首篇「定義性文章」，一部共和憲法能實現和平，因為它的基礎是在成員的同意上，而這些成員本質上都是厭惡戰爭的（1795/1914：76-81）。這是因為戰爭的成本大於所能獲得的利益，牽涉到不斷增加的國家債務，還

有因戰爭而來的生命損失，以及戰爭造成的自然與物質破壞。相反地，威權國家經常訴諸戰爭，這是因為其人民無權在外交政策上置喙，也就是說，高度的國內能動力是戰爭的根源，因為獨裁者不用面對在共和政府的型式下，因人民批評其作為所帶來的人身攻擊成本，「他能以不重要的理由來決定發動戰爭，彷彿戰爭不過是一項打獵的支出」（1795/1914：78）。

Kant第二篇的「定義性文章」指出「國家法則（law of nations）應立基在一個自由國家的邦聯上」（1795/1914：81-6），然而他不認為會出現一個國際國家，並認為永久和平能透過一個和平自由的國家邦聯而被確保；「我們要的不是一個積極的普世共和（universal republic）理念：如果這完全無法被達到的話：因此，我們所要的只是一個能夠避免戰爭的國家邦聯之替代物，並讓這個永久聯盟能持續存在」（1795/1914：86，以及81, 97-8；亦可參見Hurrell 1990）。因此透過順從個人的政治需求，國家將獲得可觀的國際能動力去緩和無政府狀態的衝突面。

古典自由主義國家理論中的三種弔詭

改編自North所提出的弔詭，我們指出：

1. 極簡式的國家對於經濟成長是不可或缺的；積極介入的國家則是人為經濟衰退的來源：如Locke與Hobbes獨創提出國家的首要之務是要確保充分的秩序或安定，缺乏這些，資本主義就無法生存。借用柴契爾夫人的說法，國

家必須要作為一個管家：它要提供的只有使資本主義發展所需的背景條件，這些包含了私人財產權的建立、有效的司法與公司法體系，以及警力與陸軍／海軍以確保秩序和安全，這些制度有效地創造出「信心」，缺乏信心則經濟想要平順運轉是不可能的。除此之外，國家必須要使稅賦盡可能地降低，尤其是關稅，Smith曾說過，「商業與製造業在一個沒有正規司法行政的國家中，很少能長期繁榮下去，在此國家中的人民，在財產的持有上感受不到自身的安全、契約的承諾得不到法律的支持，國家的權威不被認為是被正當地應用在執行上（在高稅賦的國度中）」（1776/1937：862）。或如Smith傳記作者Dugald Stewart所言，「多數為促進公共財富增長的國家管制都是非必要的，一個國家要從最低等的野蠻國家轉變成一個最高等的繁榮國家，所需要的只不過是可以忍受的稅賦、公平的司法行政，以及和平」（引用自 List 1841/1885：120）。然而如果國家跨越了極簡式的自由放任角色並積極介入而切斷經濟的自我管制之手，則國家很快就會破壞了經濟，透過「旋轉陀螺」的比喻也許能讓我們更瞭解經濟。跟陀螺一樣，當沒有外部的（國家）干預時，它能夠完美地旋轉，一旦國家那隻看得見的手介入時，那個陀螺即便被一根人類手指頭溫柔地碰觸，也會旋轉不均並以次佳的方式運行著，甚至停止（如介入式社會主義國家的例子）。國家適當的角色是創造一個完美、沒有摩擦力的環境，在那裡，陀螺能自由旋轉，但在此極簡角色之外的範圍，國家必須不能侵犯。

2.為了維持中立，國家顯露出少量的制度自主性，但這種
自主性對於確保國家一個極簡式的自由放任立場乃是必
要的：傳統看法假定古典自由主義沒有賦予國家任何的
制度自主性，此外就不作任何討論了。但在這裡，自由
主義立場的弔詭是，一個極簡式的國家需要少量的制度
自主性，這是Smith完全承認的，並作了許多分析。也就
是強勢的製造商團體通常會追求獨佔的超額利潤，諸如
關稅保護以及限制競爭的法律等（1776/1937：118-43）。
在當代公共選擇的理論中，這種由私人團體所從事的行
為被稱作「競租行為」（參見，如Ekelund and Tollison
1981）。因此，國家必須要擁有足夠的國內能動力以對抗
從強勢經濟利益團體而來的競租行為壓力，使經濟能夠
自我管制而不受獨佔的扭曲。然而，這個國家自主性的
觀念不等同於國家介入主義，因為這是一種「消極」的
力量型式，以對抗私人團體分配那些獨佔的超額利潤。

因此雖然國家能抗拒具宰制性的生產者團體之要求，然而
如果國家想要維持一個極簡式的自由放任角色的話，則這種自
主性有其功能上的必要：這是讓經濟能平順運轉的先決條件，
是經濟指定了一個極簡式國家所要採取的立場：因此國家被解
釋成，或被化約為市場的「基本」結構，這類似於Waltz的公
式，也就是國家需要適應或順從市場的邏輯，或承擔某些後果
（不景氣、經濟衰退與戰爭）。這形成了古典自由主義國家理論
的第三個弔詭。

3.在扮演一個自由放任的「極簡」角色時，國家就能強化

它的國際能動力以緩和無政府的狀態：跟Waltz不同的是，古典自由主義雖然沒有很明顯地賦予國家能動性去衝撞或緩和無政府狀態的邏輯，但經由形成一個自我管制、自構的經濟體，國家自然會逐漸在國際上合作，並因此同時確保了全球福祉與國際和平（「自發性命題」）。

在這裡，第二個與第三個弔詭纏繞在一起：我們弔詭地發現，低度的國內能動力必然會形成一個高度國際能動的國家力量來緩和無政府的狀態。總而言之，當國家成功順從或適應了個人的經濟需求，它將得到非常高度的國際能動力以克服國家間的競爭，從而確保和平。

所以在古典自由主義中，國家在制度上的定義也許可被歸納成：具有少量國內能動力的極簡式適應型國家（minimalist adaptive state），其適應乃是透過順從自由市場與個人經濟需求的邏輯，而此過程強化了國家的國際能動力並讓全球福祉的極大化與國際和平得以出現。簡單的說，極簡式國家是經濟與政治內聚力或穩定性的一個要素。

自由制度主義（Liberal institutionalism）

商業自由主義：當然也就是古典自由國際主義（classical liberal internationalism），在第一次世界大戰的前幾年就已到達了它的高峰，這時的國際互賴也很高；如大家都知道Norman Angell（1912）曾指出，當時的國際互賴已使戰爭成為過往雲

煙。對這些「新自由派」而言，第一次世界大戰的爆發反而使古典自由派的國際主義成爲過往雲煙，國際無政府狀態並不能被極簡式的國家與自由貿易所緩和，如果和平與全球福祉想被實現的話，則積極的國家介入主義是必需的，而且不只在國內層級上如此，在國際層級上也是一樣。

新自由主義

John Atkinson Hobson也許是「新自由」學派最理想的代表了，對多數的國際關係學者而言，他們嘗試以一個單面的觀點來處理Hobson在兩個關鍵面項上的複合理論：第一是將其視爲一個純粹國內（第二意象）的國際關係理論，第二把它視爲一個專門處理帝國主義的國際關係理論（如Waltz 1979：第二章；Gabriel 1994：59-65）。但我卻認爲這是被扭曲的觀點，很有可能是源自那些過份誇大Hobson經典之著《帝國主義》（Imperialism：A Study，1902/1968）的國際關係學者，並且他們會貶低Hobson其它許多同等重要的著作。Hobson的國家與國際關係理論超越了粗糙的第二意象理論（並援用「弱的第一意象途徑」），在其中，國內力量是主要的，但增加了國際制度的這個中介變項。Hobson的著作位於兩種主要國際關係領域的分介面上，它透過在國內領域給予國家一個積極性的角色，代表一種超越Smith與Ricardo的「新自由」政治經濟學途徑：這個理念之後被凱因斯所發展（他公開承認），它也代表了一種「新自由派的國際主義」：這是Long所謂，或Hobson所稱的「建構式國際主義」（constructive internationalism），在其中，國

家成立國際政府是用來確保國際的合作與和平。但在這裡我卻認為Hobson處在古典自由派的國際主義與新自由制度主義間的一個「中庸之道」上（參照 Long 1996：第九章，173-4）。

Hobson帶來的主要創見是將古典自由派的國際主義轉變成更具現代化的面貌，而此面貌源自他對「自發性命題」的否定。他認為資本主義並非是自構與自我管制的，而必須要由國內與國際層級上積極的政治介入所支持，如他所言：「由〔新自由主義〕揭露的完整國家概念……是一個對個人與社會生活新需求的經濟與道德環境之積極適應手段，藉以確保所有公民的自我發展與社會服務的完整機會。但最後一代的〔古典〕自由主義已無法適合這種情況……舊一代的自由主義已死」（1909：3）。

比較圖3.1與3.2，明顯可看出Hobson將傳統問題與解決之道給加以顛覆了：現在，極簡式國家乃問題所在，而積極型國家才是解決之道。

適應不良的極簡式國家與中度的國際能動力才是問題

從圖3.2的前半段開始，我們注意到有一連串的東西：一個具有中度國際能動力之脆弱的極簡式「自由放任」國家無法防止收入的不均分配，這將導致消費不足的危機，接著又導致帝國主義的出現：即戰爭的「軸根」。由於Hobson反對古典自由主義的看法，所以他認為經濟並不是由一組自我管制的供需法則決定，因為經濟的實際運作一直受到特權菁英的扭曲：尤其是地主與資本家的利益。

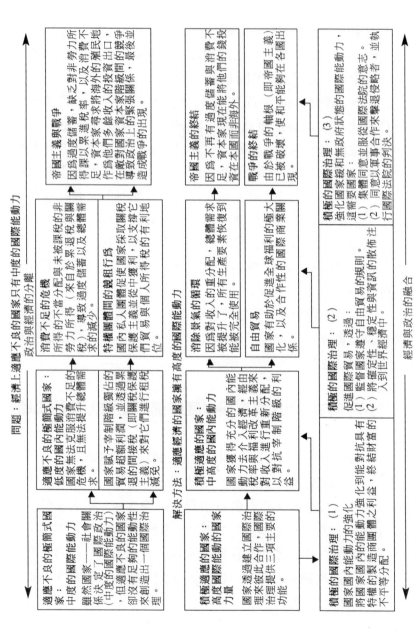

圖3-2 John A. Hobson「適應社會」的介入型國家之「新自由派」理論

　　古典自由主義所忽略的是非生產剩餘（unproductive surplus）與收入的不均分配，這些現象源自於非勞力所得（unearned income），而這又來自於那些存在自然或合法獨佔的領域。非勞力所得來自於某些領域，如土地所享有的地租增值或價格增值，增值的發生並不是透過地主的辛勤工作或儲蓄，而是經由整個社會創造的總體財富程度。所得分配並非如古典自由主義所設想的是自然發生的，在古典自由主義中，所有自助的個人在他們的努力上都能獲得公平的酬勞給付，但這卻被「非自然所得」，與相較於一般大眾擁有較高談判力量的菁英給扭曲了（Hobson 1900：295-361, 1909：162-75）。非勞力所得或剩餘構成了超額利潤，而此超額利潤不會被花費或被再投資，而只是被儲蓄起來，這種由富人階級所做的「過度儲蓄」是消費不足與就業不足的軸根。當所得不平均地只對富人增加時，多數人民就只會獲得越來越少的收入，之後將會限制大眾購買產品的能力（即整體或總體需求減少的問題）。因此，所得或非生產性剩餘的錯誤分配將導致經濟的衰退，因為對原先需求的趨勢降低了，造成經濟在結構上無法吸收消化那些被製造出來的商品（Hobson 1896：88-93, 98-111）。

　　這種由菁英造成的過度儲蓄，能被投資在兩種地方其中的一種：國內或國外，但若國內是消費不足的情況，則資本家和地主就會尋求將他們的資金投資到國外（即帝國主義），以獲取一個更佳的利潤。而帝國主義，Hobson認為是戰爭的源頭或「軸根」，起源是因為國內資本家階級獨佔投資的出口，所以他們與其它國家的資本家階級開始競爭時，不同國家就會被它們個別具有帝國主義心態的菁英們要求去捍衛他們的獨佔利益，

這在最後將外溢成戰爭（1902/1968：第七章）。不論這個論點：在一九○二年寫成的：是對或錯：已被證明是一個神奇的預言！帝國主義是自我強化的（self-reinforcing），因為具帝國主義心態的菁英雖然能確保他們將來的利益，但這卻使得母國消費不足的情況日益嚴重（1902/1968：第七章）。首先，為了要捍衛投資的出口，帝國主義所造成的鉅額軍事開銷排擠了福利的支出，又由於低度的福利支出，使收入重分配的政策手段被刪減了。如Hobson所言，「軍備上的鉅額開銷、昂貴的戰爭……阻礙了英國國內的政治與社會改革，雖然對這個國家造成許多傷害，但卻提供良好的商業利益給當前特定的產業與行業」（1902/1968：46）。第二，為了要支付這些非生產性的軍事開銷，菁英說服政府去依賴累退的間接稅（regressive indirect taxes），尤其是關稅保護主義，與富人的利益相比，這會不利於低收入的團體。這兩個帝國主義的面項特別具有破壞性，因為它們在根本上去除了以累進稅來將收入重新分配給勞動階級的手段，因此使消費不足的問題更為惡化，所以Hobson的消費不足理論是由許多部份所構成的，可被簡化成：

消費不足＝極簡式適應不良型的國家＋（非勞力所得＋非自然所得＋過度儲蓄）＋間接稅＋關稅保護主義＋軍事支出。

簡言之，適應不良的國家，無法符合所有個人的經濟需求，只能得到一個中度的國際能動力，並因此會創造出一個競爭與衝突的國際體系。

「介入的適應型國家」與積極的國際政府介入才是解決之道

移到圖3.2的下半部，Hobson認為這個問題的解決方法需要由國家在國內與國際層級上執行一組組合性的積極政策。如果投資能為國內所吸收的話，則就不需要對國外進行投資，帝國主義的軸根也因此被切斷了（1902/1968：85-9）。他認為若要達成此點，則必須捨棄自由放任的政策，並賦予國家一個積極介入或中度的國內能動力以及一個介入或高度的國際能動力，這種積極的介入首先必須要由「社會民主型」（social democratic）的國家來執行。

明確的說，在國內領域中，需要國家的介入並對所有非勞力剩餘的所得課以累進稅，並透過累進稅與福利支出來對窮人階級進行收入的重分配，從而讓消費能被提升並因此促進總體的需求，以形成跳脫景氣循環的經濟情勢之盤整（1896：88-92, 98-111）。多數論者都假定只有金融階級（financial class）是帝國主義的基礎；但並非如此。所有享受到非勞力所得的階級，尤其是地主，之所以應被責難，乃是因為菁英較為廣泛的分佈立場（譯按：也就是說菁英不只出現在金融階級中，在各行各業都有享受非勞力所得的菁英）有效促成了消費不足的情形（1902/1968：48ff., 97）：這是帝國主義的軸根。有趣的是，注意到在他一連串作品的系譜上，貴族遭到特殊與持續的攻擊（參見特別是Hobson 1909的第一到二章）：這解釋了為何他否定騎士精神（knighthood）。Hobson喜愛引用John Stuart

Mill的著名格言並非是沒有原因，該格言是殖民主義構成了「一個廣大的戶外休閒體系（a vast system of outdoor relief）給上層階級」（1902/1968：51）。因此他所開出的政策處方是土地稅、遺產稅與累進的所得稅，透過消除非生產性剩餘與過度儲蓄來恢復經濟的調和。在這一點上，新自由主義的立場是徹底反對先前的大師們，因爲對Smith與Ricardo而言，累進稅幾乎跟關稅是一樣地壞，功用只是在破壞儲蓄並因此排擠投資與經濟增長。

對國家來說，長期的解決之道乃是積極的介入，首先是透過累進稅，其次則是透過福利改革主義（welfare reformism），也就是把財富從富人手中重新分配到窮人身上來恢復總體需求，並因此降低國內消費不足的情況。雖然Smith與Ricardo的確有想到一個微量的國家制度自主性，但Hobson卻把它在程度上提高了許多，並堅稱國家必須要一致對抗宰制階級廣大的財政利益，並爲了要支撐經濟而透過重分配來積極促進勞工階級的利益。所以經濟對Hobson而言，具有一個「非自我平衡」（non-homeostatic）的趨勢：如果讓它用自己的機制運作，則它易於發生崩潰。適當高度的國內能動力是適應的社會民主型國家的基礎，回過頭來又是經濟成功再生的先決條件，這是由於Hobson看到自由放任的國家政策可能會被扭曲成支撐宰制階級的利益，此論點代表由古典自由主義者發展的一個更具階級敏感性（class-sensitive）的國家理論。但Hobson卻比列寧或馬克思賦予國家更多的國家能動性，他也賦予國家更高程度的國際能動力來緩和無政府狀態：與馬克思主義的所有次理論類型相比，Hobson的基礎論點是國家擁有顯著，但非完全足夠的國內

能動力或自主性來介入社會，以對抗宰制階級並成為勞工階級的利益代言人。對列寧來說，國家沒有這樣的一種能力，因爲國家在結構上受到資本家的限制，但對Hobson而言，資本主義能被國家改革：這個立場在與馬克思—列寧主義嚴格比較後，維持了自由主義的基本面項。雖然諷刺的是，他的國家理論並非不同於新馬克思主義的「相對自主性」觀念，也就是國家會去對抗資本家階級的短期利益，以提供經濟長期運轉的所需條件，但仍存在兩種主要的差異，第一，Hobson賦予國家更大的國內能動力或自主性，因爲他認爲國家最終能調和階級間的鬥爭：這個論點是馬克思主義者在其「相對自主性」途徑上所缺乏的，第二，Hobson透過提出社會民主型的國家擁有高度的國際能動力並能創造國際和平，因爲國家能夠調和階級間的鬥爭，從而與馬克思主義和新馬克思主義分道揚鑣。

一個新的「建構式國際主義」（constitutive internationalism）

傳統對Hobson理論的詮釋，結論是以社會民主型國家的介入主義作爲影響收入重分配之政策處方來切斷帝國主義與戰爭的軸根（例如Waltz 1979：第二章；Gabriel 1994）。但現在我們發現這只是Hobson整體論點的一部份，細心的讀者會想到先前的論點：即社會民主型的國家並未擁有充分的國內能動力或自主性以對抗宰制階級並成為勞工階級的利益代言人，這樣的自主性需要被國際治理強化：這是他國家與國際關係總體理論的第二部份。

Hobson的「建構式國際主義」理論：或Long（Long，1996）巧妙將之稱爲「新自由派的國際主義」（new liberal internaitonalism）：不只在後來，而是在他之前的許多作品中都被提過，例如《邁向國際政府》（Towards International Government，1915）與《經濟國際主義的原理》（The Morals of Economic Internationalism，1920）。國際治理扮演起三種基本的角色（參見圖3.2的底端）：

1. 強化國家的國內能動力以對抗社會菁英的利益；這是源於第二與第三種的角色：
2. 形成普世性的自由貿易。
3. 造成普世和平的出現。

因爲第一種角色是源自於第二與第三種角色，所以我們從後者開始談起。

在《經濟國際主義的原理》一書中，J.A. Hobson接受了Cobden認爲國際自由貿易可以促進國際和平與全球福祉極大化的論點（Hobson 1920：14），但只透過極簡式國家遵循比較利益的理論，自由貿易並不會自然發生，因爲「國家的懷疑、嫉妒與敵意更多是由製造商團體誤把私人的利益當成是代表他們個別國家（即國家利益）好處之趨向所引發的，而非由任何其它原因造成的」（Hobson 1920：14-15）。Hobson認爲，雖然國際自由貿易是和平必需的條件，但它並不會自然發生：它必須要被國內的國家介入主義與積極的國際治理之「鉗型攻勢」（pincer movement）所鍛鍊或建造。在這一方面，J.A. Hobson的自由貿易理論發展了John Reggie（1998：62-84）在之後提到

的「鑲嵌的自由主義之妥協」（the compromise of embedded liberalism）（Long 1996：142-3），並附和了Karl Polanyi的著名論點，即邁向自由貿易的路途只能被國家積極的介入主義所確保。

Hobson洞察到國際經濟管理機構（authority）的兩種角色，這比Keohane（1984）的建制理論（theory of regime）要來得更早。第一，這些機構維持與監控國家對自由貿易規則的遵守，它們處理許多事務，像是貿易航線的使用自由與對所有投資者提供均等的機會。第二，它將確實性與穩定性逐漸灌輸到世界經濟中，將資訊散佈給各國，因此減少它們在合作中欺騙對方的意圖。個別國家因為全球消費不足的問題，並不能導致國際自由貿易的出現，因為所有先進國家都在經歷消費不足的問題（所以全球消費不足），各國帝國主義者間的敵對也接踵而來，即使英國單方面地改革帝國主義使之不再出現，但在其它較不民主的國家（尤其是德國與俄羅斯）仍維持著帝國主義，因此戰爭持續出現。解決這個國際問題所需要的不只是國內改革（如同多數論者對Hobson論點所做的不正確推論），而是要在國際上進行全面的改革（亦可參見Long 1996：第六章）。事實是，普世性的自由貿易只有透過積極的國際政府才能被實現。

第二個的角色則是被第三個角色所補充：緩和無政府狀態的能力。在《邁向國際政府》一書中，Hobson駁斥了集體裁武的論點，因為如果某個國家背叛了這個協定，則戰爭的問題仍會出現（Hobson 1915：19-23）。事實上，Hobson認為集體安全的政策處方是約定成立一個聯盟或國聯（confederation of states），並盡可能廣泛地納入會員國，如果每個會員國都願意一同加入去驅除或對抗侵略性的武力，則和平就能出現。除此之外，道德制裁是不夠的；強權必須要服從國際仲裁法庭或委員會對它們的衝突或抱怨做出的裁判，強權必須要接受委員會的意志與決定（1915：第二章）。還有無論在何種狀況下，當某個國家拒絕接受遵守某個特定規範時，其它國家必須要準備執行國際法。第二與第三的角色使第一個角色成為可能，因此藉由將它們綁在國際自由貿易與和平的協定上，國家就能夠強化它們的國內能動性，以執行改革來對抗菁英的利益，而不只是抵擋朝向往保護主義、間接稅與軍國主義的發展。

最後，雖然Hobson的途徑賦予國家相當可觀的國內能動力，但國家自主性仍是一個中介變項，經濟的再生需要適當高度的國家介入主義，這在許多方面等同古典自由主義，即經濟需要的是一個極簡式的國家。因此，國家的國內能動力被化約為個人需求的「基本」結構，但這卻促成國家擁有非常高度的國際能動力去緩和無政府狀態的邏輯。所以相對於新現實主義而言，國家並不是無政府狀態下的被動犧牲者，而是擁有充分的國際能動力與能力去創造出一個和平的世界。總言之，Hobson對國家開出的政策處方就是國家要擁有「中度的國內能動力與高度的國際能動力」。

功能主義（functionalism）

積極型的國家與積極性的國際制度之主題，在第二次世界大戰之前與期間，於Mitrany功能主義的文獻中被給予了一個獨

特的轉折。Mitrany關於國際關係的作品有兩個主要面項；第
一，一個「功能主義」的規範性藍圖在其經典文獻《一個運作
的和平體系》（A Working Peace System，1943/1966）中被描繪
了出來，他也因此聞名。然而，這個論述根本沒有談到國家，
或只稍微的帶過。除此之外，對國際關係而言，他也只是提出
一個「研究途徑」，而非一個完整的理論（Taylor and Groom
1975：1；Tooze 1977）。但在Mitrany的作品中還有第二個、較
少為人所知的面項呈現在《國際政府的進程》（The Progress of
International Government，1933）一書中，以及散見在他各篇
文章裡。在那裡他發展了一個國家與國際關係的歷史—社會學
理論。對其它作品的檢驗並不會破壞我們對於Mitrany的傳統理
解，並且能將焦點帶到他作品中的重要面項上，這些面項在過
去一直是不受重視或被忽略的。這些歷史—社會學的面項能幫
助我們更為完整地理解他對「能運作的和平體系」之特定條
件：重要的是，它們要放在他特定「政治」藍圖的脈絡中才能
被理解。

基本的歷史觀念

雖然實際上他從未使用這些標題（labels），但我認為有三
種可能的分類能讓我們更瞭解Mitrany歷史與規範的途徑
（historical and normative approaches），在有更好的字眼出現
前，可先將此稱之為：包容／排它模式（mode of inclusion/
exclusion）、經濟／社會過程（economic/social processes）以及
辯證的進化論（dialectical evolutionism）。

包容／排它模式的政治制度：政治制度可能可以被概念化爲「包容」或「排它」的，一個越具包容性的政治制度，就有越大的適應力去迎合個人的經濟與社會需求，也會變得具有更高程度的國際能動力。隨著時間，政治制度使自身適應於逐漸提升的個人經濟需求，這些需求一開始是隱沒的，但透過經濟過程的促進之手被「帶出了表面」。然而，在國家對國際體系的型塑上，Mitrany最後只賦予國家中度的國際能動力，所以國家沒有足夠的能動性來克服無政府狀態的競爭性邏輯。

經濟／社會過程：這個過程包含了「經濟的互賴性」，特別是隨著全球科技的發展與公民權在各國間的變化。隨著歷史的進展，在此過程中有一個「促進效果」（enabling effect），施壓力於國家與國際制度上，使它們順從個人的需求。

辯證的進化論（*Dialectical evolutionalism*）：含蓄的說，這存在一個觀念是歷史的進展乃透過辯證的過程，因此原先是個人需求實現「束縛」的那些歷史政治制度，隨著時間將會被更高、更不具排它性或更具包容性的適應型式取代，當「促進過程」發展時，制度型式也隨時間而更能適應。更特定的說，Mitrany的歷史途徑呈現的是一個五階段的「辯證-進化」模式，在其中，制度一開始是排它的，但隨時間而變得越來越具包容性，此過程最後是以完全滿足所有人類經濟與社會需求的全球社會之出現而告終（Mitrany 1933：52）。Mitrany一方面有效檢驗了政治制度間（包含／排它的模式）界線的移轉或「互動的隔閡」（interaction cleavage），另一方面則檢驗了經由全球互賴「過程」與國內公民權擴張所促成的個人經濟與社會需求。制度性的變遷將逐漸適應或往實現潛在個人經濟需求的方

向去發展（1933：48）。

　　規範性（功能主義者的）藍圖透過指出當前時期（第五或最終階段）「適當的」制度型式而補充了這個歷史藍圖，而這將能導致對全球人類經濟與社會需求的完全滿足。如Mitrany所言，今天「我們已經達到一個位置，在這裡，物質力量雖為人類所恣意使用，但卻威脅要逃脫我們的控制並扭曲文明，然而物質力量原本是要用來強化文明的。為了要發現我們如何能使這些物質要素被用來滿足人類的需求，並不讓它們的使用受到政治界線或政治觀念的扭曲，這是政治學的當務之急」（1933：17），但只有透過先前對Mitrany歷史—社會學理論的討論才能被理解。

歷史—社會學途徑

　　Mitrany認為，自西羅馬帝國衰亡後（西元第五世紀），人類世界經歷了五個階段，其中個人的經濟與社會需求一開始是未浮現與未被實現的潛在邏輯，但當歷史前進時，則逐漸被迫浮現出來。隨著歷史，國家的國際能動力逐漸增加，但最終仍缺乏高度的力量以緩和無政府狀態。

　　第一階段：中世紀的一統性（medieval unity）：從圖3.3的底端開始，第一階段涵蓋了西元第五世紀到一六四八年，此階段包含構成適應不良與排它模式的中世紀封建制度，在其中個人需求是無法被實現的。雖然歐洲的國際社會被超「國家」的教皇與神聖羅馬帝國的制度取代，但由於出現在這兩種制度間的持續衝突，所以這樣的一統性是不穩定的。宗教改革和文藝

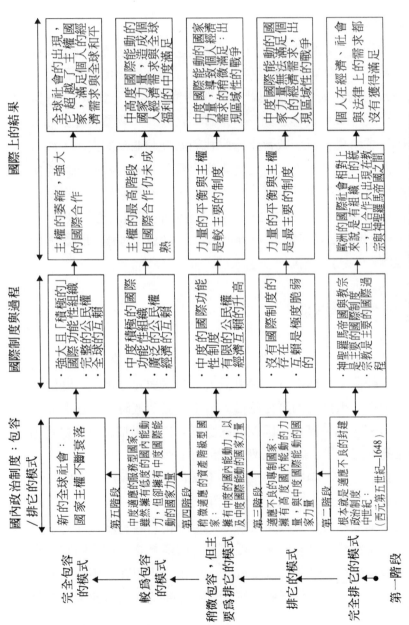

圖3-3　Mitrany「適應社會」的國家在國際變遷中的歷史–社會學模式

復興打破了這個脆弱的一統性,並釋放出一種新的個體式(主權)與競爭的國際體系(1933:20-5)。

第二階段:絕對的主權(*absolutist sovereignty*):封建制度脆弱的國內政治制度被絕對主權的國家取代了,但這也是一種適應不良的排它模式,出現了兩個問題:主權創造了一個零碎化的多國體系,在其中,主權國家的力量與力量平衡先於人類的個別需求,此階段的國際政治特徵可適切地用現實主義來標誌,「在後來的世紀中,可以適切應用Hobbes的格言,也就是每個人對彼此而言都是兇狠殘暴的人……〔存在著〕一個無政府的狀態,沒有秩序或道義」(1933:23)。此外,Machiavelli與Bodin的作品也爲絕對主權的國家提供了正當性。第二個問題是,專制的政權型式與國家高度的國內能動力與自主性,不只讓大眾遠離於政治領域,並根本阻礙了人類經濟需求的實現。因此,國家被剝奪擁有足夠的國際能動力去緩和國際衝突。

第三階段:憲法/資產階級的主權(*constitutional/bourgeois sovereignty*):在法國大革命後,資產階級的經濟、社會與政治需求,導致國家型式從絕對專制變成了憲法或資產階級的國家,即使雖然國內能動的國家力量是中高度,但國家的國際能動力卻是中度的,但仍存在某些進展。資產階級的國家只具有最低限度的排它性,它引進了個人主義,個人主義的進步性功能是以三種主要的型式出現。第一,「消極權利」相當重要,其主要政治目標是確保免於被專制國家專橫介入的自由(即自由放任的政治經濟學),第二,資產階級的國家也開始試驗性地提出民主的國際觀念,第三,它被用來釋放過去一直

被壓制的個人創造精力。在國際上，資產階級的國家被鑲嵌在一個更大的國際經濟體系中，逐漸升高的經濟互賴過程迫使國家要適應與順從經濟需求。在這個方面上，國家不再能活在「光榮孤立」（splendid isolation）中，合作的需求導致國際制度的出現，在一八七四到一八八三年間，有將近九百項的條約被簽訂，這個過程的目的是要建立國際功能組織：例如國際郵政聯盟（International Postal Union），而這些都有助於創造一個初步組織上的統一：即一個國際社會。隨世紀的交替，如在兩次海牙會議（Hague Conferences）中呈現的，互賴已將人類帶進了「一個真正國際社會的門檻內」（1933：45）。

然而，個人主義也具有兩個負面或排它的面項，最後超過所帶來的利益。第一，雖然一個自由放任的政治經濟學，如前所述，有一個良性的正面功能，但也有一個負面的功能，因為它會阻礙真正的國內參與。第二，在國際領域中，它重申了國家間的政治個人主義（即維護對外主權）（1933：19, 35），雖然資產階級的國家比前面的專制國家更具包容性與適應性，但基本上它的作用仍在阻礙個人需求的實現，因此國家的國際能動力依舊只是中度的。

第四階段：服務型國家（*service state*）是主權的最高階段：資產階級的國家讓路給了計畫型或服務型國家，或他將後者稱作「無所不包型」（comprehensive）的國家（Mitrany 1975）。它比前面的國家類型有一個更明顯進步，雖然它更能適應個人的社會需求，但弔詭的是，它也同時代表主權的最高階段（負面阻礙的面項）。它以三種主要方式將經濟需求搬上檯面，第一，它促進了基於個別社會福利權國家間的一個共同社

會願景。第二，它跨越了國際社會導致了一個共同結構性或行政性的架構，透過此架構，經濟需求能開始被滿足。第三，它是好的，因爲它侵蝕了被加諸在資產階級自由放任國家上，因經濟與政治領域分離所帶來的負面功能，在這裡，公民權的擴張是相當重要的（1933：47），但弔詭的是，國家的角色第一次在歷史中成爲「正面的」；又弔詭的是，因爲國家必須要失去很大程度的國內能動力或自主性以成爲「正面的國家」。無所不包型的國家代表一個國家角色徹底轉變的分水嶺或門檻。服務型國家是最先進的：即最具包容性的：從適應個人社會需求的觀點來看。並且是過去一千五百年以來，擁有最高程度的國際能動性之國家型式（雖然只擁有最低程度的國內能動力或自主性）。

　　雖然有以上這些現象，但國家仍被剝奪了用來克服無政府狀態與滿足個人經濟需求所必須程度的國際能動性，因爲服務型國家在國內與國際層級上運作時會存在兩個中心矛盾。在國內，雖然國家比先前的政治型式更具有包容性，但仍存在明顯的排他性痕跡。服務型國家最終會稀釋人民的參與，因爲它尋求對它的人民進行過於嚴密的控制（透過強大的「監視」力量）；因此Mitrany另一個在之後所使用的字眼：「無所不包型的國家」，「政治民主的所有目標是要控制政府；社會民主的所有目標最後則都爲政府所控制」（1975：31）。無所不包型的國家無法充分滿足個人的需求，因爲它無力調和其它國家的政策，它們有時會抵銷某個特定國家迎合其社會需求的國內能力，之所以這會發生，部份也是因爲服務型國家的第二個根本弔詭。

　　服務型國家第二個，也許也是最根本的弔詭，是當國內能動力下滑時，則緩和無政府狀態的國際能動的國家力量就遇到了阻礙，也就是說，無所不包型國家是用來釋放舊有的經濟民族主義／重商主義的趨勢，該趨勢再生了國家個人主義（即對外部主權的維持），並使國際衝突成為不可避免的。民族國家，即使在它中度進步的「社會服務」型之表現上，最終將會是「非自然的」（un-natural）：它代表主權的最高階段或「最後的喘息」，人類之後所需的是一個較不具僵固性與在政治上具有包容性的政治容體（political container），其中個人的經濟、社會與法律權利能被完全實現。這進一步地又被盛行的國際制度所強化：國家聯盟（League of Nations）：它藉由對主權的重申而構成了一個「阻礙」或負面功能（1933：47），它沒有建立起積極權利，反而提供了消極權利：「你不是」（thou shalt not）這類的權利。

　　雖然無所不包型國家具有這種精神分裂的（schizophrenic）性質，但它是被鑲嵌在一個基於經濟互賴與新全球科技的全球社會中，目的是要解除國家負面的排它性功能，「如果當前很有可能被證明是一個歷史的轉捩點，〔即將是〕因為這種在科學—技術領域中的激烈改變……特別是因為每種新發明……現在都傾向產生第一次出現在歷史上的新問題，其本質與規模都是全球性的」（1975：30）。這些全球科技與全球進展（如衛星、傳染病、核子武力、對海底的探勘等等），在全球的層級上都需要技術性或功能性的解決方法，它們需要新的國際組織，「它們不只是要被任何關於政黨政治自決的理論型塑，還要被每個包含於其中的事務之技術性自決型塑」（1975：30）。為了要

處理這些技術，許多的國際法被發展了，它們試圖去超越舊有的「外交法」（diplomatic law），並以一個「國際政府的真正發展」來取代（1975：30），在這個方面，經濟過程需要新的國際治理型式。

第五與最後的階段：國際功能主義與主權的消逝：跟Carr（1951）一樣，對Mitrany而言，「無所不包型」國家或「服務型」國家代表「主權的最高階段」，在這一點，Mitrany規範的（功能主義的）政治藍圖出現了。為了要迎合個人的經濟、社會或法律的需求，服務型國家與國家聯盟：最後會被視為「阻礙」的制度：必須被功能主義者的國際組織克服，因此引領第五與最後的人類發展階段。這個Mitrany作品中的規範性／功能主義的面項廣為人所知；事實上這乃是他成名之處，並被完整呈現在《一個運作的和平體系》（A Working Peace System）（Mitrany 1943/1966）一書中，他根本否定了正式的國際政府，無論是以國家聯盟或地區性、州際性的單位型式出現，他也反對所有激進的政治計畫。在這裡，他與馬克思主義者間的主要差異變明顯了，他的目標是要盡可能貶低「政治」與「政治意識形態」，以致於能極小化主權國家之間與內部的摩擦，但認為Mitrany的技術性途徑沒有政治意識形態是錯誤的：它基本上仰賴一個尋求促進並滿足個人需求的自由主義意識形態（Tooze 1997）。除此之外，他從John A. Hobson改革主義的政治上學到了更多，Hobson認為若人類需求要被適當滿足，則積極的國際制度是相當重要的。但跟Hobson不同的是，Mitrany否定正式的國際政府角色，並偏好一組非正式的功能性國際組織／制度，在更進一步的比較下，他認為主權國家最終將對全球社會的發

展構成一個阻礙或束縛，因此他認為當國際功能性組織發展時，主權國家會逐漸萎縮。

一個清晰的國家（與國際關係）研究途徑則源自Mitrany的歷史社會學理論。第一，國家必須擁有相對較低的國內能動力，因為它們必須要順從個人的需求，然而，國家即使是以社會服務的外表也無法充分滿足人類的需求。隨著時間，Mitrany含蓄的「辯證-歷史」途徑顯示出國家的國內能動力如何倒退，以及國際功能主義的制度如何逐漸戰勝國家的主權，並逐漸移除障礙與制度束縛，直到人類需求的完全實現。然而，對人類歷史的大部分而言，國家一直擁有中度的國際能動力，因為它創造了一個衝突的國際領域，但服務型或無所不包型國家，比歷史上的任何國家都擁有最高程度的國際能動力，在這個程度上，它能創造出一個和平與合作的全球社會的國際功能性組織。然而，Mitrany無法賦予國家高度的國際能動力（跟Keohane、Bull與Hobson一樣），因為國家最終會對一個全面和平的世界構成一個阻礙或束縛。

國家中心的自由主義

英國學派的理性主義

「理性主義」的自由派理論是由「英國學派」所發展的，並由Martin Wight、Hedley Bull、Charles Manning、Adam Watson

與John Vincent引領著。本段所探討的最著名與最重要的該學派作品也許是：Hedley Bull的《無政府狀態的社會》（*The Anarchical Society*，1977），雖然某些國際關係學者經常將Bull標誌為一名「現實主義者」，但在這段我將顯示出為何Bull顯然不是一名現實主義者，並且為何理性主義更應被當成是一個自由主義的理論（可參見Dunne 1998與Wheeler 2000，有一個對英國學派之建構主義的解讀）。Bull一開始跟Wight一樣，會去區分理性主義者、現實主義者以及普世主義者之間的觀點：以Wight的話來說，在現實主義與革命主義（revolutionism）或普世主義之間，理性主義乃位在「中庸之道」上（即康德的自由主義）。

　　跟Mitrany的自由制度主義強烈不同的是，Bull提出了一個基本上是國家中心的自由主義理論：「國際關係的起點是國家或獨立政治社群的存在，並擁有一個宣稱握有主權的政府」（Bull 1977：8, 24-6）。Bull根本否定了激進普世主義者的信念，也就是秩序只能透過超越或推翻主權國家的體系才能被達成。Bull認為實際並非必然如此，因為主權國家能夠形成一個合作的國際社會，它能確保秩序會隨時間而被達成或維持。跟新現實主義者一樣，Bull為主權國家提供了一個非常強烈的規範性辯護，又跟新現實主義者一樣的是，Bull本質上將國家視為「黑箱」，並賦予它高度的國內能動力或自主性，使國家可以不受非國家行為者的影響。但重點是，在與新現實主義的嚴格比較下，Bull是以社會進步的理由（socially progressive grounds）來為主權國家進行辯護：也就是主權國家是創造國際秩序的最適當政治制度；國家擁有一個高度的國際能動力去衝撞無政府

狀態的邏輯，因此新現實主義與理性主義之間的主要差異有兩個：第一，理性主義賦予國家相當程度的國際能動力去型塑國際體系與緩和無政府的狀態，第二，理性主義暗中將無政府狀態以不同的方式加以概念化，並視國際領域為可能性，而非純粹必然性。透過長期的合作，國家能逐漸能在無政府狀態下形成一個「國際社會」；以Bull最常被引用的話來說，「一個國家社會（或國際社會）的存在，是當一群國家認知到某種共同利益與共同價值時。在此種意涵下，它們相信該社會的形成是因為它們相信本身是被共同的規則所約束……並在共同的制度下一同運作」（1977：13）

　　Bull反對新現實主義者利用Hobbes思想脈絡所做的「國內類比」（domestic analogy），其中國際的無政府狀態將伴隨一個「眾人交相戰的情況出現」。Hobbes理論的基礎是（而新現實主義者也是）將秩序視為可能的，但這只有當一個世界國家或更高的權威存在時才有秩序可言，這使法律得以透過強制力而被執行。總而言之，沒有強制性（或更高的）權威：就沒有秩序。為了要反駁這個強制性的命題，Bull提出「對最高權威的敬畏並非是現代國家裡秩序的來源……個人能擁有秩序是因為他們珍惜它」（1977：48）。與新現實主義「Hobbes的國內類比」相比，理性主義援用了一種「Locke的國內類比」型式，此種型式指出，在國際的自然狀態下，基本或原始的秩序能以許多相當類似的方式存在著，也就是在自然狀態下的基本秩序也能在無國家的原始社會中被發現（參見Suganami 1986）。所以回過頭來說，在自然狀態中由規定（rules）所形成的秩序，並非是由國家形成或執行的，這些規定通常是以規範與習俗的型式存

在著，它們是基於道德、習慣與宗教之上（Bull 1977：53-60）。重要的是基本「憲政」條文或規範的角色（1977：4-5，17-8），這使三方面的基本秩序能被確保，分別為：

1. 生命得以遠離於暴力之外（安全）
2. 協議會被遵守（契約）
3. 物品的持有相對上是穩定的（財產權）

這三方面的基本秩序最終都會被達成，因為國家將這些價值依附在秩序之上，若少了這些，則國家的作為將會被嚴格限制在只有設法保護個人的安全而已（1977：8，47-8）。在這裡Bull正好顛覆了Waltz的看法，對Waltz而言，國家是被動適應無政府狀態的命令，從而無意識再生了一個無政府的國際體系。但對Bull而言，國家擁有高度的國際能動力以促進基本的國際秩序，因此有意識再生了一個國際社會（此立場是與Morgenthau「貴族統治的國際」，以及Carr「王權國際」的觀念有所重疊）

高度國際能動的國家力量與國際制度是國際秩序的提供者

Bull 將主權國家視為能夠提供國際秩序的中心制度（1977：71-4）（參見圖3.4），一個世界國家並不需要國家，因為國家的角色是國際秩序的守護者。跟Hobson一樣，Bull否定了古典自由主義對「自發性命題」的信念，因為基本的秩序只有透過四項國際規範的組織制度（international normative

國際社會的再生
擁有主權，且「非隨位置而改變」的理性國家會重視國際秩序，並放棄採取自力救濟的行為，以及遵守有秩序的憲政原則，從而有意識地再生了國際社會。

國家有意識地再生國際社會，乃是透過：
整合：國家有意識地建立憲政的原則、規範與非正式的規則，促成了基本秩序的出現，這些包括：
(1)力量平衡/體系戰爭：國家有意識地自我克制，形成了權力平衡並從事體系戰爭，以(A)防止主權的國家體系被化約成一個普世性的帝國，以及(B)執行國際法。
(2)外交：這是一個非常關鍵的制度，使國家能相互瞭解與溝通，並讓磨擦極小化。
(3)強權的管理：強權與它們的盟國確保了秩序，並在衝突浮現前解決了問題和化解了差異。
(4)國家與國際法：國家創造國際法以重視主權國家，並將其建構成國際社會中心且合法的制度。

高度國內與高度國際能動的國家力量
國家擁有高度國內與高度國際能動的力量以緩和無政府的狀態，從而放棄採取自力救濟的行為，國家透過對三種基本秩序規則的遵守（並被整合到國際社會的規則上），就能夠衝撞無政府邏輯的狀態。
(1)安全
(2)契約
(3)財產權
對這些基本規則的遵守，國家創造出「憲政的國際規範性制度」（而非正式的組織）。

第二層：
高度國際能動的國家力量
國家是國際政治中的一個個體單位，能夠影響國際政治，國家擁有高度國內與高度國際的能動力，並能衝撞無政府狀態的邏輯。

基本的非體系變項 　　　　　　　　　結果：國際社會的再生

圖3-4　Bull國家與國際秩序的理性主義理論

constitutional institutions）之建立，才能夠被有創意地（creatively）與有目的地被設計，這四項包括：

1. 力量／體系戰爭（systemic warfare）的平衡：與Waltz相比，該平衡是有意識地爲國家所維持以維護國際社會，它並非是自發或毫無目的地出現以作爲國家短期適應生存需求的一項功能。但對Bull來說（跟Waltz不同）力量的平衡是不可或缺的，仍是維持國際社會的關鍵，所以歐洲的國際社會很大一部份是由平衡所維持，因爲有時候當一個有野心的帝國強權試圖破壞這個多國體系，並建立一個帝國層級體系時（例如哈布斯堡王朝、路易十六、拿破崙、希特勒），歐洲國家就會聯合起來對抗它，以維持多國體系或國際社會的存續，這個平衡與體系戰爭的積極角色攜手並進。體系戰爭在維持一個有秩序的國際社會上，弔詭地扮演了一個重要的角色，它之所以對秩序有所功能，是因爲它確保了具有野心的帝國主義者能被壓制，因此維護了多國體系的完整性。爲了要取得力量與體系戰爭間的平衡，Bull加上了核武嚇阻的角色，他認爲一九四五年以後，核武嚇阻在對於和平的確保上已扮演了一個重要的角色（Bull 1977：第五章、第八章）。

2. 外交：外交的功能是爲了達成秩序，不只因爲它強化了國家間的溝通，還有便於協議的達成與摩擦的極小化（Bull 1977：第七章）。

3. 強權的管理：Bull認爲國家間的不對等，在功能上可以維

護國際社會,因為「除了求助會引入不平等人為成分的同盟之外,我們很難見到國際衝突如何能被解決且不再復發」(1977:205-6)。強權相當重要,因為它們有助於維持力量的平衡、使它們之間避免發生危機與戰爭,並能將衝突控制在它們個別的同盟中(1977:208-29)。

4. 國家與國際法:雖然新現實主義者將國際法貶抑為無用的,因為它無法被一個世界國家所執行。但Bull堅稱國際法是由個別國家本身的強制力所支撐的,國家執行國際法是透過戰爭與報復(1977:129-32),所以對國際法違法者的戰爭,並不是一個無政府狀態的症狀(如新現實主義者假定的),反而是國際社會有效運作的一個象徵。但重點是,國際法之所以受尊崇只是因為它被強制力所支撐,而不是國家自願喜歡去遵守國際法。附和著Louis Henken的說法,Bull認為「如果有可能的話……從事一個對國家遵守國際法的量化研究,我們也許會發現,在多數時間,多數國家會遵守國際法中的那些最被同意的規則」(1977:137)。國際法尤其被國家所重視,因為國際法尊重主權的方式是藉由將國家規定為國際政治中的一個中心行為者,即使在二十世紀末,也持續如此(1977:139-61)。

國際關係中理性主義的國家理論

Bull的理論(參見圖3.4)不同於Waltz的理論(參見圖2.2)。如第二章呈現的,對Waltz來說,無政府狀態是主要的,

而國家是次要的。但對Bull而言，國家是主要的：它擁有高度的國際能動力，並有目的地透過自制來創造秩序與維護國際社會的存在。雖然Bull與Waltz都賦予國家高度的國內能動力或制度自主性，然而，Bull還賦予國家高度的國際能動力去緩和無政府的狀態（這跟Waltz就不同了）。對新現實主義來說，國家完全獨立於外部或內部行爲者的偏好之外，但卻沒有國際能動力，並被無政府狀態的手緊緊圍繞。然而在理性主義中，國家一直是在克制自己，弔詭的是，這反而強化了它緩和無政府狀態的國際能動力，因此Bull賦予了國家「高度國內與高度國際能動的國家力量」。

Bull暗中對Waltz提出了攻擊，他反對新現實主義「功能」或「結構」的理論架構，因爲此架構規定了無政府體系乃是自構的（self-constituting），並將國家的行爲定義成對於無政府狀態的維持，「國際社會並沒有展現出一種〔體系的〕整體性與統一性，指向那種……功能主義者的解釋」（1977：75）。相較於Waltz「由上而下」的途徑，Bull有效援用了一種「由下而上」的途徑，該途徑是以國家意圖是要作爲國際社會的一名基礎行爲者開始。在許多主要的面項上，Bull超越了Waltz，第一，國家無法被化約成無政府狀態，但能夠積極避免順從受制於該狀態的限制性邏輯，它們透過創造規範的國際或組織制度來達成此目的，所以這些制度不能自主於國家之外；它們只擁有一個「相對的自主性」，因爲它們最終還是受國家與爲國家（for state）所影響。跟新自由制度主義的（非正式的）國際組織性制度一樣，這驅使國家跳脫短期的（適應性的）「自力救濟行爲」，而朝向長期「集體性的自助行爲」。雖然這些組織性的制度不能獨

立於國家之外，然而，它們卻能獨立於無政府狀態與力量的分佈之外。簡言之，Bull貶低了結構與位置的重要性，並將焦點主要集中在國家的國際能動力上。

借用Ashley（1981）的觀念，理性主義與新現實主義間的差異，等同於「實踐的理性主義」與「技術的現實主義」間的差異，因此對理性主義來說，國家實際上能透過溝通與共同的瞭解來致力發展共識與秩序，但當不同的全球危機打破了國際體系時，對國家在二十世紀末本身處在的問題狀態，「實踐的理性主義」有著直接的後果。新現實主義通常以Ashley（1981）所謂的「不可能定理」（impossibility theorem）來處理任務，也就是雖然在主權國家間的眞誠合作是不可能的，從而使得主權國家無法克服全球性的挑戰，但理性主義指出，主權國家能逃脫「不可能定理」，它們可以克服集體行動的問題並創造一個具有功能與秩序的世界，因此，主權國家並沒有搞砸合作；擁有力量的制度是合作得以出現的原因，這意謂著全球性危機的解決，並不需要一個激進的超越國際社會與主權的國家（Bull 1977：223-320）。

總而言之，理性主義的國家理論能夠歸納成：具有高度國際能動力的主權國家，有目的地創造非正式的規範性或組織性的國際制度，以促進長期的基本秩序，這個秩序接著導致國際國家社會的發展與再生，並因此使得國家能夠避免順從國際無政府狀態的短期適應性或技術性的制約。

國際建制理論的興起

　　國家中心的自由主義其第二種路線可在新自由制度主義中發現，矛盾的是，該理論的起源是以新現實主義的霸權穩定理論（hegemonic stability theory；HST）為開端；「矛盾的」是因為霸權穩定理論是要發展來打擊自由主義與互賴理論（在第一次的國家論戰中）。Krasner一開始就針對霸權穩定理論提出許多不同的問題，霸權穩定理論最引人注目的就是預測一九七〇年代後自由貿易的建制將會消亡，但此預測卻從未實現。為了試圖解釋這個異例，Krasner引用國內政策之利益團體會持續偏好自由貿易的延遲效果（lagged effect）（Krasner 1979：342-3），但當美國國內利益團體轉向偏好保護主義時，這個預測就被推翻了。到了一九八三年，Krasner在他開創性的編著《國際建制》（International Regimes，1983a）中，轉向提出一個新的「延遲」變項：也就是貿易建制本身。然而，由於無政府狀態與力量分配，他只賦予建制一個相對的自主性，因此仍維持了新現實主義的整體性（參見Krasner書中對構造基地隱喻的討論，1983b：357-8）。因此短期間內，建制是「延遲的」或「步履蹣跚的」，並不受霸權的保護，使建制非常容易受到一個外部隨機震盪的攻擊，但問題仍然存在：也就是自由貿易的建制仍會存續下去。然而，新現實主義卻無法解釋此一論點，因此新自由制度主義則被創造來填補這個空白。

新自由制度主義與國際建制理論

在這裡，最重要的作者或許是Robert Keohane，他的先驅之作《霸權之後》（After Hegemony，1984），將新自由制度主義者的理論帶到了國際關係研究議程的前面。透過與新現實主義的一個「創造性對話」（creative dialogue），Keohane試圖超越自由制度主義（因此這是新自由的），藉此將它與新現實主義結合以發展出國際政治中的一個非現實主義的合作理論。認知到新現實主義者會誤解自由制度主義只是在否定該途徑所指出的國家行為之前提，Keohane則試圖要使新現實主義者不要攻擊他的途徑（Keohane 1984：66-7），為了達成這個目的，他公然向新現實主義借用了三種關於國家行為的基本假定。

第一，與「自由制度主義」相比，他認為國家並非受自制（self-abnegation）或「與他人有關的」（other-regarding）理想主義式動機所驅使，反而國家是理性的自我主義者（rational egoists），試圖要極大化它們的效用利得（utility gains），雖然之後在其著作的第七章中他放寬了這個假定（參見他對於「有限理性」的討論），但關鍵是，他試圖要建立即使在效用極大化的理性條件下，建制仍是有效的。第二，藉由宣稱世界政治是不受和諧與合作主導的看法，他嘗試要更進一步抹煞自由制度主義的理想性與規範性基礎，但這個衝突常常出現，如新現實主義者所認為的。實際上，在他的理論中衝突是非常重要的，因為衝突首先創造了建制的需要，「沒有對衝突的畏懼，就沒有合作的需要」（1984：54）。第三，Keohane恐怕是採用了一個「體系的」途徑並將國家予以「黑箱化」（把國家視為常

數），使國內的國家-社會關係與非國家的行為者被排除在他的解釋模型之外，因為他的前提是非國家的行為者「仍持續臣服於國家之下」（1989：8）。這讓他發展出一個「國家中心」的途徑，在其中，主權國家是世界政治的主要能動者。因此總而言之，他宣稱藉由「從相同動機的前提開始，我試圖顯示出〔新〕現實主義過份誇大對於合作無法帶來福利極大化的悲觀看法」（1984：29，67）。

理性選擇／建制與合作的功能主義理論

依前所述地向新現實主義借用了國家理性的前提（稍後將再以批判性的方式重新檢討），Keohane接著對新現實主義進行了三項基本的修正（圖3.5），在這個過程中，他反對古典自由主義的「自發性命題」，從而提出合作是不會自然發生的：而是透過國際建制的成立以創造性的方法來被設計出來。

（一）建制是全然獨立於無政府狀態與力量分佈之外，但它對於國家卻只有相對的自主性

基本上，對新現實主義而言這是「集體行動的問題」，無政府狀態讓國家放棄或背叛合作，而偏好採取適應競爭邏輯的自力救濟行動。霸權穩定理論雖然認為集體行動的問題能被霸權克服，但只是在短期。而新現實主義則仍維持它假定的完整性，也就是國家不會自願與自發地合作，因為只有在壓力與一個強大霸權的強制力下，才能促進國際的建制出現與合作的執行，因此合作絕非是自發的，而總是被外力施加的（參看

新現實主義（霸權穩定理論）

國際無政府狀態：「集體行動的問題」以及沒有任何國際能動的國家力量	霸權建制：建制在權力的分佈之外缺乏自主性	無政府狀態的國際體系是「必然性的領域」：
無政府狀態與力量差異創造了「集體行動的問題」，其中國家偏好採取欺騙的行為，並極大化它們短期相對利得（自力救濟的行為）。國際政治類似於一個只玩一次的囚犯困局。	國家無法自願地創造出建制，只有霸權能夠成立其它的建制，並防止由其他國家採取的欺騙行為，只有霸權能在短期間內克服集體行動的問題。國家沒有任何的國際能動力。	就中期而言，國家的適應不良與「搭便車」問題導致霸權的衰落，在力量的分佈之外，霸權缺乏彈性與強健性。但就長期而言，國家會順從無政府的狀態並採行「天生的」自力救濟政策，因此它們無法解決「集體行動的問題」。

基本的因果變項　　　　　中介變項　　　　　結果

新自由制度主義

國際無政府狀態與缺乏資訊/高度國際能動的國家力量：	國際建制：建制在權力分佈之外擁有完全的自主性，但在國家之外卻只擁有相對的自主性	無政府狀態的緩和：國際是「可能性的領域」
無政府狀態、衝突與資訊的缺乏，導致了「集體行動的問題」以及國家採取短期的欺騙行為，這促使國家尋求合作而非欺騙的方法來強化它們的長期利得。國際政治類似於重複實行的囚犯困局。	國家是理性的、不會隨位置而改變立場的利己主義者，會自願地成立國際建制以極大化它們的長期絕對（效用）利得。國家擁有高度的國際能動力。	因為國家重視以建制來極大化它們絕對的效用利得，最終建制仍能被成立，因此建制是高度彈性與強健的，所以無政府狀態被緩和了，而國家會採取合作以解決「集體行動的問題」。

基本的因果變項　　　　　中介變項　　　　　結果

圖3-5　新自由主義與新現實主義的國家與國際建制理論

Young 1983：100-1）。合作也不會長期持續下去，跟霸權不可避免地會逐漸衰亡一樣，建制也是，也就是說，建制無法從力量分配中（即從霸權的單極體系中）擁有完整的自主性。

相反地，Keohane認為雖然霸權與力量的單極分配，在開始建立國際建制與制度之際會是重要的，但這並不是一個充分變項（a sufficient variable），身為能動者的國家能夠去協商或自願達成設立與維持制度的協議，是因為它們重視這些建制所能提供的長期利益（亦參見Young 1983）。接著，建制授予力量給國家去克服無政府狀態下的集體行動問題，在這裡主要的變動是從無政府狀態與力量的分佈中，賦予建制一個完全的自主性，而因此在概念上切斷了建制與霸權間的關係。這有兩個根本上的後果：第一，新自由主義能夠：跟新現實主義不同：解釋在美國霸權之後的建制存續，以及第二，對新自由主義者而言，他們比新現實主義者更認為建制是「彈性的」或「強健的」（Hasenclever, Mayer and Rittberger 1997：86-7）。透過在概念上切斷建制與霸權的關係並將它們鑲嵌於國家力量中，新自由主義者就夠賦予建制更大的「彈性」。

然而，如前所述，建制在國家之外並沒有擁有一個完整的自主性，建制在國家之外只有一個相對的自主性，因為是國家在國際上創造了建制以避免順從短期相對利得的邏輯（the logic of short-term relative gains）（跟無政府狀態有關），使國家能強化它們長期的絕對利得（absolute gains）。在這個重要的面項上，建制只是一方面存在於國家，而另一方面存在於國際結果（international outcome）之間的中介變項（即使在這裡，還是比新現實主義賦予更多的力量給建制）。

（二）合作是國家利益長期效用極大化的根本

　　新自由主義的一個基本面項是它對囚犯困局（prisoner's dilemma，PD）的使用，其中兩個行爲者可以合作或「欺騙」（棄對方不顧）。在一個只玩一次（single-play）的囚犯困局中，新現實主義者認爲在理性的自利者間，主要的策略是彼此欺騙與背叛（dob）：因此合作無法出現。但關鍵是在重複出現的（repeated）囚犯賽局中（「重複」賽局），透過以牙還牙的方式，兩位玩家將會學到合作，因爲這提供了比欺騙還要更多的長期利益（Axelrod 1984）。相對於新現實主義，Keohane認爲世界政治的特徵應該是重複出現的囚犯賽局，因爲隨時間的經過，國家會持續與其它國家進行互惠的接觸，因此合作的確保，不只是因爲道德或理想主義的動機，而是因爲合作滿足了自我中心的國家其力量極大化的長期利益（Keohane 1984：第五章）。

　　建制或制度藉由延長「未來的幻影」（shadow of future）（Axelrod and Keohane 1993）來防止欺騙或舞弊，這可由許多方式來被達成。第一，報復與互惠，或「以牙還牙」都對欺騙提供了一個主要的反誘因。重複出現的囚犯賽局之本質是隨著時間兩位玩家都學到要合作，也就是說，他們知道欺騙將被報復，合作則會得到互惠。這導致國家以未來的（絕對）合作利得之觀點去進行思考，而非採取欺騙來獲取短期的相對利得。「未來越多的報償會比現在所能獲得的報償更能得到重視，使現今國家從事欺騙行爲的誘因減少，因爲每個國家都可能在未來遭到報復」（Axelrod and Keohane 1993：91；Axelrod 1984）。

弔詭的是，遭到未來「報復」的機率對建制的有效運作是相當關鍵的；第一，說是「弔詭的」乃因為報復提供了新現實主義者在背後否定國際建制效能的基本理由。第二，「議題連結」（issue-linkage）的觀念也防止了欺騙，建制是「巢狀的」或鑲嵌在許多政策領域中：在安全、貿易、金融等領域（Keohane 1984：89）。因此在一九四五年之後的自由貿易建制下，一個國家可能會遭到其國內製造商施加在進口配額政策上的壓力，但國家也許能抗拒這種國內競租的壓力，因為其所帶來的負面後果有能會波及到其它的貿易領域上（其中國家偏好的是自由貿易），或因為國家並不希望面對來自其它國家政府的報復。簡而言之，跟J.A. Hobson一樣，國際建制透過國內行為者，而強化了國家的國內能動力。除此之外，藉由對貿易規範的遵守，國家能維持在其它非貿易領域中的利得，例如安全或金融領域。第三，國家希望建立與維持「好名譽」，這需要它們不去採取欺騙的行為而進入長期的合作，國家若只有不好的名譽，則會危害長期利得的極大化（1984：103-6）。這些全都立於一個基本假定：國家對長期（最佳的選擇）合作的遵守，比從事短期的欺騙（次佳的選擇）策略能夠過得更好。

（三）　以資訊不對稱分配的觀點來定義無政府狀態

Keohane接受無政府狀態是會增加國家是否要繼續維持承諾的不確定性，但對他來說，造成無政府狀態下的集體行動問題的原因並不是力量的不平均分配（如新現實主義認為的），而是由於資訊不對稱的分配，或資訊的缺乏，導致國家的欺騙與舞弊，因為國家並不清楚對方的意圖，所以無法彼此信任，因

此國家創造了國際建制，目的是要強化資訊的密度與散播，減少欺騙與舞弊的趨勢（1984：第六章）。在這個面項上，建制能夠減少「協議的交易成本」（transaction costs of agreements），因為它們減少了國家監督協議是否會被其它國家遵守的需要，並因此促進了信任與合作，如我們所見，這個立場認為國際的無政府狀態是高度可塑的。

新自由主義者／新現實主義者在「第二次國家論戰」中的辯論

許多國際關係理論者通常將Keohane描繪成一位新現實主義者：或更精確地說，是一位「新現實主義的修正派」，本段要說明為何這個觀點在根本上是有瑕疵的。Keohane研究計畫的設計潛在上是相當巧妙的，透過使用現實主義者對國家動機所提出的前提，他希望將他本身抽離於新現實主義者的攻擊之外。但這裡的問題是他無法正確地採用新現實主義的前提，而我認為在這裡Keohane提出了一個非現實主義的國家理論，並可被簡化成一個非體系的途徑。

如新現實主義者Joseph Grieco指出的，新現實主義者實際上並未將國家視為在體系的無政府狀態下，一位追求極大化絕對利得的理性自利者，國家是「被動的風派」（defensive postionalist），尋求維持相對的位置：也就是說，它們比較看重短期的相對利得，而非長期合作的絕對利得（Grieco 1993a, 1993b；亦可參見Waltz 1979：105-6；Mastanduno 1991；Krasner 1993）。此外，某些新現實主義者甚至更進一步提出國

家試圖要在其它國家身上極大化他們的相對利得：即國家同時是積極與「被動的」風派（Gilpin 1975：23, 34-6, 85-92；Mearsheimer 1995：11-12）。對新現實主義者來說，國家對於合作下的利益分配是高度「敏感的」，但這並非因為缺乏資訊與不確定性，或是欺騙和舞弊構成了合作的問題，而是第一，問題存在於合作的「誘因」中，如果B國的相對利得超越了A國，則A國會樂於放棄任何透過與B國合作所能得到的利益，因為B國也許之後會將這些利得用在強化它侵犯A國的軍事力量上。謹慎的政治手腕支配了嫉妒，因此在無政府的狀態下，國家無法無視或不對它國的利得保持敏感度（Grieco 1993a：128-31）。如Krasner所言：雖然新自由主義者強調國家有興趣到達「柏瑞圖邊線」（Pareto Frontier）：在該點上所有國家都能透過合作來極大化它們的利得：但對新現實主義者而言，問題「不是如何到達柏瑞圖邊線，而是要選擇邊線上的那一點」（Krasner 1993：234-8, 235）。對新自由主義來說，正因為無政府狀態，所以國家採取合作去極大化絕對利得，並無視或對國家間利得的不平等分配沒有感覺，因此A國樂於跟B國合作，只要A國能過得更好，即使B國的利得超過了A國也沒關係。差異是，新現實主義者是以相對的觀點來定義力量，而新自由主義者則是採取絕對的觀點，導致了一個非體系與非現實主義的國際能動的國家力量理論。

一個非體系／非新現實主義的國家與國際關係研究途徑

　　實際上Keohane並未如許多人假定的，採用一個純粹體系（pure systemic）的理論（參見如Keohane 1984：26-9；1993：

294）。一個「純粹體系」的途徑認為國家源於體系的制約，並認為國家必須要順從國際的制約；若國家無法達到則會受到體系的懲罰。但與Waltz將國際視為是「必然性領域」的體系觀點比較，Keohane則將國際視為一個可能性領域，Keohane所呈現的不只是國家能夠衝撞體系的邏輯，更重要的是，它們能改造與重新型塑國際體系，使體系能符合它們的利益並不被體系懲罰：這個論點在根本上抵觸了Waltz的結構途徑。Keohane並未將無政府狀態概念化成牢不可破且難以改變的，而是暗中將它視為是柔軟且能被改變的，透過國際制度來強化國際層級上的資訊密度與分配，國家就能緩和無政府的狀態並符合它們的利益。雖然Waltz和Keohane都賦予國家高度的國內能動力，但跟Waltz做了一個嚴格比較後，我們發現Keohane卻賦予國家高度的國際能動力去克服集體行動的問題，因此國家不再被認為要適應一個外生的無政府狀態環境，而是能在實際上將自身抽離於此一環境，甚至逃脫它的制約。弔詭的是，透過制度的合作並不會使國家如新現實主義認為的更容易受到攻擊，而是讓國家更強大。經由防止國家進入短期相對利得偏好的「欺騙大道」上（次佳的權力策略）和促使它們強化其長期利得，建制能使國家極大化它們的利益。所以對新自由主義來說，國際體系的「第二層」：個體單位（即國家）：並未被排除在外而是停留在內，這因此導致了一個清晰的非體系與非現實主義的世界政治理論。跟Bull一樣，Keohane提升了國家的國際能動力，並明顯降低國際結構的重要性。

新現實主義者對新自由主義的批評焦點集中在批判國際制度在國家上的自主性，並堅持國家高於制度，並且國家比建制

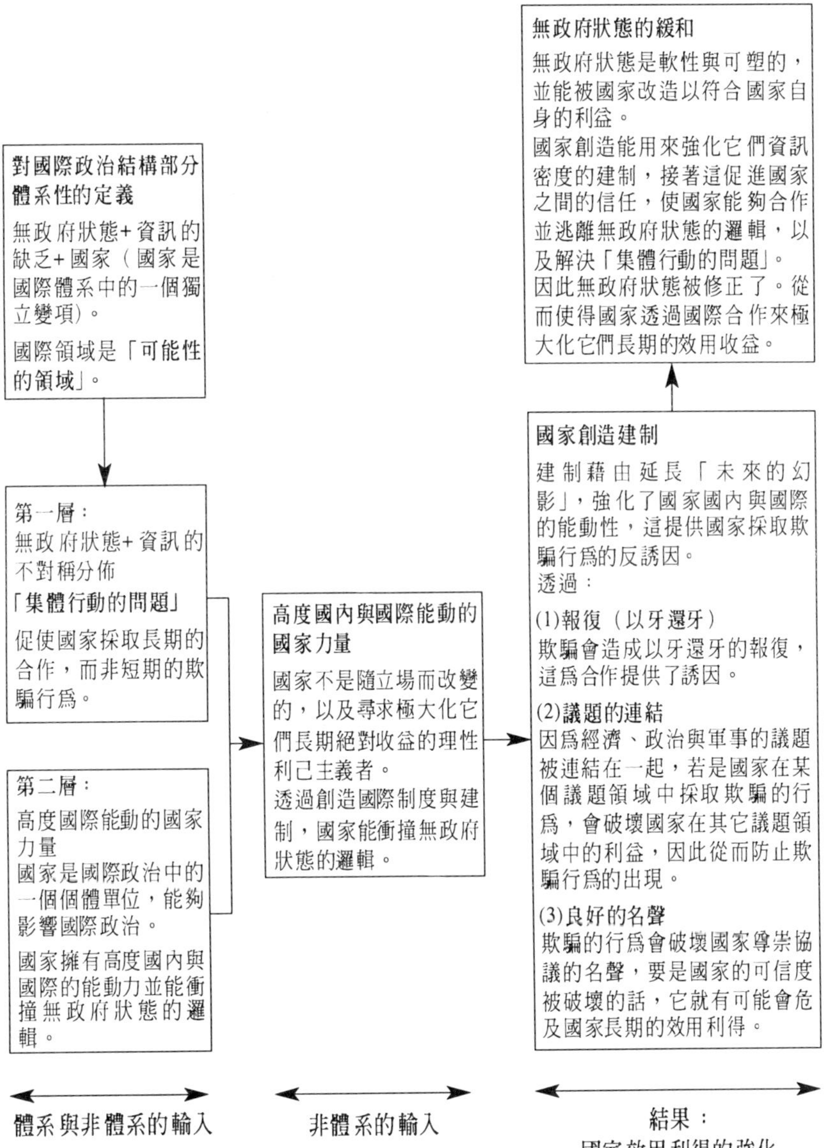

對國際政治結構部分體系性的定義

無政府狀態+資訊的缺乏+國家（國家是國際體系中的一個獨立變項）。

國際領域是「可能性的領域」。

無政府狀態的緩和

無政府狀態是軟性與可塑的，並能被國家改造以符合國家自身的利益。

國家創造能用來強化它們資訊密度的建制，接著這促進國家之間的信任，使國家能夠合作並逃離無政府狀態的邏輯，以及解決「集體行動的問題」。

因此無政府狀態被修正了。從而使得國家透過國際合作來極大化它們長期的效用收益。

第一層：

無政府狀態+資訊的不對稱分佈

「集體行動的問題」

促使國家採取長期的合作，而非短期的欺騙行為。

第二層：

高度國際能動的國家力量

國家是國際政治中的一個個體單位，能夠影響國際政治。

國家擁有高度國內與國際的能動力並能衝撞無政府狀態的邏輯。

高度國內與國際能動的國家力量

國家不是隨立場而改變的，以及尋求極大化它們長期絕對收益的理性利己主義者。

透過創造國際制度與建制，國家能衝撞無政府狀態的邏輯。

國家創造建制

建制藉由延長「未來的幻影」，強化了國家國內與國際的能動性，這提供國家採取欺騙行為的反誘因。

透過：

(1)報復（以牙還牙）
欺騙會造成以牙還牙的報復，這為合作提供了誘因。

(2)議題的連結
因為經濟、政治與軍事的議題被連結在一起，若是國家在某個議題領域中採取欺騙的行為，會破壞國家在其它議題領域中的利益，因此從而防止欺騙行為的出現。

(3)良好的名聲
欺騙的行為會破壞國家尊崇協議的名聲，要是國家的可信度被破壞的話，它就有可能會危及國家長期的效用利得。

體系與非體系的輸入　　　　非體系的輸入　　　　結果：國家效用利得的強化

圖3-6　Keohane國家與國際建制的理論

擁有更多的力量。這個觀察的角度有很大一部份是源於第一次
國家論戰，但我們可以藉由應用「第二次國家論戰」的詮釋性
批評來重新認識這個理解角度。從這個角度，我們可以見到新
現實主義者對新自由主義的批評嚴重誤解了新自由主義的論
點，誤解甚至可在非現實主義者對新現實主義的討論中發現。
對新自由主義者來說，建制是被，且是為了擁有自主性的國家
所創造的，目的是要增加它們在無政府狀態下的力量
（Keohane 1993：273-4）：「制度是必要的……是為了要達成
國家的目的」（Keohane 1984：245，強調處為原著所加）；並
且「制度是要賦予政府力量，而非阻撓它們」（1984：13，強調
處為原著所加）。建制並不會限制國家能動性／自主性的本身：
它們只會限制次佳的短期國家行為（即欺騙），讓國家以最適當
的方式來實現長期的效用利得。我認為，國家對新自由主義者
而言，在概念上等於新馬克思主義者的宰制階級觀念，實際上
存在一個「集體行動的問題」；它有內部的分裂並傾向採取短
期的欺騙而非長期的合作（Poulantzas 1973；Offe 1974）。對
Poulantzas與Offe來說，資產階級需要並創造一個「虛擬的集體
資本家」國家（ideal collective capitalist state），並在短期的資
本利益之外擁有相對自主性。國家的功能是要將短期資產階級
的衝突前景延展成一個長期合作與統一的立場（在面對無產階
級時），以便強化資本的力量。同樣地，對新自由主義者來說，
國家傾向從事短期的欺騙並因而創造出「理想的集體制度」（即
建制），而建制在國家之外擁有一個「相對自主性」，能夠將國
家採取短期欺騙的傾向轉變為長期的合作，以便極大化國家的
力量。的確，跟J.A Hobson新自由主義的理論一樣，Keohane認

為國際制度能強化國家的國內能動力，使它能抵抗既得利益團體，例如要求對它們特定產業採取保護主義的團體。因此，國際制度對Keohane而言只是中介變項（Keohane 1984：64），所以雖然新自由主義者認為建制在無政府狀態與力量的分佈之外擁有完全的自主性，但在國家之外只擁有一個相對的自主性，在建制的範圍內能去對抗國家短期的（欺騙）行動以維護長期的利益。

相對於新現實主義者的理解，新自由主義並沒有誇大制度在國家上的自主性；實際上，它們的分析方式是將制度化約成國家效用極大化的利益。建制根本鑲嵌於高度國際能動的國家力量中，弔詭的是，國家創造建制正是便於強化它們的能動力以衝撞無政府狀態的邏輯；但諷刺的是，這個立場卻比新現實主義賦予更多的國際能動力給國家，意謂著新現實主義對新自由主義的批判不應該將焦點置於新自由主義的的建制觀念上，這造成了在「國家中心性」與「國際社會中心性」間一個貧乏的第一次國家論戰。然而主要的差異在於，相較於新現實主義被動的國家理論，新自由主義者則賦予國家高度的國際能動力。因此，在將這個辯論定位到第二次國家論戰的架構中時，變得相當清楚的是，新自由主義將非常高度的國際能動性賦予給國家，而新現實主義卻弔詭地將國家「力量」給邊緣化了。總而言之，Keohane所採用的理性自利假定，不只導致了一個關於合作的不同理論，並產生了一個截然不同的國家與國際關係理論。

我們現在則位於一個比較新現實主義與新自由主義國家理論的位置上。新現實主義的國家理論能被定義成：適應「立場」

（positional-adaptive）的主權國家，具有高度的國內能動力，藉由極小化它們與其它國家的相對力量落差（或甚至強化它們對其它國家的相對力量），來極大化它們短期的生存利益。但國家沒有國際能動力，因此必須要順從無政府狀態的適應條件。

相反地，新自由主義指出：「理性自利」的主權國家，具有高度的國內能動力，藉由創造「相對自主的」國際建制來極大化其長期的利益，而國際建制扮演的是一個「虛擬的集體國家」，強化了國際能動的國家力量，並因此使得國家去衝撞，或免於順從短期的（次佳的）國際無政府狀態的適應條件。

在這個辯論中，某些主要的學者要求對這兩種理論進行一個「大綜合」（例如Keohane 1984：135, 1993：273, 291-3；Grieco 1993b：328-35；Powell 1993；Hasenclever, Mayer and Rittberger 1997：59-68, 134-5），雖然他原先宣稱新現實主義與新自由主義是不同的思想學派（Keohane 1989：8），但Keohane目前越來越認為新自由主義者／新現實主義者的辯論並非是不可共量的典範：「我們百分之九十是一致的，剩下的部份本質上則是一個實證問題」（引用於Waever 1996：166）。但對這兩種途徑作綜合是有問題的，不只是因為它們的無政府狀態與國家理論根本是不同的，在賦予國家高度的國際能動力上，新自由主義者在實體上貶低了國際結構；相反地，新現實主義者卻只將焦點擺在無政府狀態上，使得新現實主義者無法賦予國家任何的國際能動力。然而，綜合這兩種理論的許多創見仍是有可能的，但要注意到，最終的產物必定會全然不同於這兩種原先的理論（參見第七章，有一個對這種理論的樣貌描述），並且許多觀察者也越來越將新自由主義／新現實主義的辯論視為是

貧乏與疲困的（例如Waever 1996；Moravscik 1997）。我認為將此辯論重新在第二次國家論戰中進行定位與調和，能提供一個有希望可以繼續前進的研究路線，不只是為特定的論戰，更普遍是為了國際關係理論。

問題討論

- 為何所有自由主義的研究途徑（除了功能主義與多元主義之外）都賦予國家高度的國際能動力？它們如何在賦予國家的國內能動力之程度上作變化？
- 為何對古典自由主義者而言，國家介入經濟是不好的？
- 為何對新自由主義者而言，自由貿易是好的，但極簡式國家對國內經濟的介入卻是不好的？
- 為何對新自由主義者而言，具有中度國內能動力的社會民主型國家，在促進全球和平上，是一個必要但非充分的因素？
- J.A Hobson與馬克思的國家理論，其相同與相異處為何？
- Mitrany與馬克思的歷史理論，其相同與相異處為何？
- 為何對Mitrany而言，現代「服務型」國家是國家在歷史中的最高型式，但最終仍是一個對和平的全球社會之發展束縛？
- 雖然Bull與Waltz兩者都對國際關係的研究提出了國家中心的途徑，但以他們賦予國家國際能動力的觀點來看，

他們有何不同？

- 將Keohane的新自由制度理論等同一個新現實主義的修正型式之觀點出現了什麼問題？基於何種原因，本書認為將新自由主義與新現實主義予以調和是有問題的？

建議進一步閱讀的書目

關於古典自由主義，一個很好的起點是從David Ricardo（1817/1969）相對上較短的論述開始讀起（因為Smith的《國富論》，雖具高度的可讀性，但卻相當冗長）。對自由主義國際政治理論的傳統評論，可在Kant（1795/1914）精簡又具可讀性的文獻中找到。對自由主義國際關係理論的傑出介紹，可在Zacher and Matthew（1995）以及Dunne（1997）中發現。對J.A Hobson的國際關係理論之最佳入門方式是從Long（1996）與Gabriel（1994）提出的傳統見解著手，而Hobson的《帝國主義》（1902/1968）則是一個傳統的起點，他關於國際關係篇幅精簡的著作是理解他國際關係總體途徑的基礎（Hobson 1915, 1920）。Mitrany的經典文獻《一個運作的和平體系》（1943/1966），依舊是功能主義的必讀文獻，但他完整的理論則是呈現在《國際政府的過程》（1933）；他的文章（1975）對讀者們也多所裨益，收錄於Groom與Taylor所編一書中（1975）。一個對自由制度主義內戰的極佳介紹是Long and Wilson（1995）。至於英國學派，特別可參考Bull（1977）、Wright（1977）與Vincent（1986），次佳的介紹則是Dunne（1998）。新

自由制度主義的經典陳述可在Keohane（1984）中找到，但亦可參見Axelrod and Keohane（1993）有一個很好的扼要說明，而新現實主義／新自由主義辯論的主要文獻是在Baldwin（1993），此書包含該辯論所有主要的文稿。

第四章

馬克思主義

前言

　　馬克思主義顯然不是一個「新近」的理論，但它直到最近才被整合到國際關係的理論中（主要是在國際政治經濟學），跟它的對手現實主義與自由主義一樣，馬克思主義也不是一個單一的思想體系，而是含有許多不同的次理論類型。至於在關於國家的能動力上（參見第一章，有一個完整的定義），我認為馬克思主義的國家理論大致具有三種立場：

1. 古典馬克思主義認為國家具有低度的國內能動力，但卻擁有中度的國際能動力。
2. 雖然古典馬克思主義的某些部分認為國家具有中度的國內能動力，以及中度的國際能動力，但這種看法大多存在於「正統」的新馬克思主義中。
3. 世界體系理論（WST）認為國家只有低度的國內能動力，並毫無國際能動力。

古典的馬克思主義

　　馬克思主義者通常認為馬克思從未發展出一套完善的國家理論：這個任務大概是被保留在那原本預計要出版的《資本論》第六卷中。著名新馬克思國家理論者Bob Jessop甚至認為不可能建構出一套「完整的」馬克思國家理論（Jessop 1984：29,

211-13）。然而馬克思的確成功地提出了一套國家理論，雖然有時被認為是模糊不清與有待商榷的。令人驚訝的是，如果在他那預計出版的《資本論》第六卷中放入了許多他在一八四三年到去世的一八八三年間所完成的那些廣泛作品的話，則也許社會科學界就沒有一位理論家比馬克思更能在學者間引起如此根本的解釋差異了。一方面，多數新馬克思主義者，他們堅稱馬克思已發展一個非化約論的國家理論，但相反地，另一方面，許多馬克思主義者卻批評馬克思的國家理論是經濟化約論或經濟先決論的理論。在下面的段落中，我將提出馬克思的國家理論有兩種細微差異：一種是主要的途徑，它賦予國家低度的國內能動力（即低度的自主性），另一種則是次要的途徑，它賦予國家中度的自主性（參照Held 1987：113-21）。馬克思的基本論點乃是當代「自由主義式」的國家並未代表社會所有人民的一般利益，反而是用來維護少數特權階級者的利益，然而在解釋這點之前，我們必須從馬克思總體或一般的歷史理論談起。

馬克思唯物辯證的國家與歷史理論

在馬克思的總體途徑中有三個主要的面項或觀念：辯證法、生產模式以及「唯物辯證」的歷史理論。

「辯證法」

辯證法為馬克思「科學的」途徑提供了一個實質內涵，在辯證法中，馬克思在「表象」與「物質現實」（material reality）

間作了一個根本區別，他認爲我們面臨或受到一個似乎是極端複雜的世界所迷惑，但關鍵在於，我們必須要追溯或揭露出隱藏在這複雜性之下的本質。透過馬克思的辯證或「科學」的階級分析方法就可達成這項任務，透過這種方法，日常事物的表現與事件都可被化約成，或被解釋成，存在於社會基礎上的階級矛盾（即「階級鬥爭」），如他在《資本論》（第三卷）中寫下的，「如果事物的表象與實質都直接一致的話，那我們將不需要任何的科學」（1867/1959：817）。

　　這裡的重點是，若無法以「科學的方式」去追溯「事物」的階級根源，則必然會落入資產階級的「拜物心態」（fetishism）陷阱：在《資本論》以及馬克思「成熟」作品的組成原則上，這個概念扮演了一個中心角色。馬克思認爲古典自由主義的政治經濟學，其任務是用來將表象的世界賦予相同的「實在」，因此這些「資產階級」的理論家不正確地假定，例如商品，天生就具有屬於自身的價值或力量，所以黃金比白銀有更高的自然價值是因爲它有較高的需求量。但根據馬克思的觀點，一個特定商品的價值並非是固有的，而是由生產它所需的平均時數與勞力所決定：「就其價值而言，所有商品都只是一定勞動時間的凝結塊」（Marx 1867/1954：47）。因此，例如「對商品的拜物心態」（commodity fetishism），會發生在觀察者錯誤假定商品自身就擁有天生的力量或價值，所以也就無法發現實際銘刻在某特定商品價值中的潛在社會剝削關係，以致於在自由主義的政治經濟學中，「人類之間有一個明確的社會關係……將所有事物間的關係都假定成一個不切實際〔虛構〕的型式」（Marx 1867/1954：77, 54-88）。

在此又浮現了兩個重點。第一，拜物心態是危險的，因為它模糊了階級衝突的鬥爭，它又造成一個假象，也就是資本主義是自然、和諧與不朽的。但和其他任何的體系或生產「模式」一樣，資本主義注定會經由階級鬥爭而被推翻；一旦我們揭露出在資本主義基礎上的階級衝突辯證，某些事情將只會變得更明顯。第二，拜物心態可以應用在所有事物上，不單只是國家，因此辯證法顯示出國家並非獨立於社會之外並擁有自主的力量與利益：而是根本受制於階級的勢力。這形成馬克思著名的「下層基礎—上層結構」模式（base-structure model），該模式認為「生產模式」中的階級關係會形成下層基礎或因果本質（causal essence），而這又導致上層結構的出現，國家只是其中的一個部份（Marx 1859/1969）。在我們能大致理解馬克思的上層結構理論，特別是國家之前，我們必須先瞭解「下層基礎」（base），或馬克思所謂的「生產模式」（mode of production）。

生產模式是社會與政治變遷／發展的本質

複雜世界的表象只有透過生產模式的概念而被理解，而生產模式是由兩種現象構成的：

1. 生產力（the force of production）：這些是技術、工具或「手段」，透過它們生產得以實現（例如資本主義體系中的機器、或封建體系中的犁與風車）。
2. 生產關係（the relation of production）：這指的是下層階級（或生產者階級）與上層階級／宰制階級（或非生產

者階級）間的矛盾或辯證關係。在任何一種生產模式
中，後者透過「剝削」（稍後會討論到）來榨取前者的剩
餘價值。這種矛盾關係是對立的，以致於在宰制階級以
犧牲下層階級來獲取經濟利益的情況下，這兩個階級會
進行一個零和的權力鬥爭。階級鬥爭的觀念是馬克思所
有理論的重點，如《共產黨宣言》開頭首句所明白表露
的：「從古迄今，所有社會的歷史都是一部階級鬥爭史」
（Marx and Engles 1848/1977：79）。馬克思並將他生產模
式的概念與「辯證法」結合在一起，創造了一個辯證或
「唯物史觀」的歷史發展觀念。

唯物辯證法（唯物史觀）

這是用來取代黑格爾的「唯心辯證法」（dialectical
idealism）。唯心辯證法斷言，歷史的發展是由各種衝突的觀念
相互作用所造成的，而馬克思則是以實際物質取代了觀念，所
以是生產者階級與非生產者階級間的矛盾關係造成歷史的發展
（Marx in Marx and Engels 1859/1969：503）。黑格爾的原始
「概念」（命題）被一個「對立的概念」（反命題）所否定或抵
觸，最終導致了一個「合」，從而居於一個更高的發展階段。透
過「利用黑格爾」，馬克思試圖表現出觀念是次於物質的生產
（Marx 1867/1954：29），所以在每個生產模式中，命題（非生
產者階級）被它的反命題（生產者階級），以一個最終的合（推
翻原先生產模式的革命）所否定，並導致一個新的且更為成熟
的生產模式。為了要推翻黑格爾的自由主義，馬克思堅稱「勞

動的前提」高於德意志的意識形態（*The German Ideology*），也就是說，在人類能思考與創造觀念前，人必須先要吃得飽、穿得暖和住得好，為了要達到這些目的，人類必須從事勞動。因此，人類從事勞動是歷史第一也是最重要的事實，而觀念則是次要的，並被限制在「上層結構」中。那馬克思如何將唯物辯證法應用到歷史發展的理論化上呢？

馬克思特別認為有兩種矛盾的物質型式能預示出歷史與政治的活動：第一是生產模式中的階級社會衝突；第二是社會束縛（social fetters），那這些又是如何預示著歷史的發展呢？在人類歷史中，有四種接續的生產模式，每一個都有自身的「運動定律」（law of motion）（或發展定律），歷史是從原始共產主義（*primitive communalism*）開始，在其中所有人都是平等的，也沒有階級鬥爭的存在，但隨著時間，一小部份人控制了成為奴隸的多數人，這是第一種生產模式：古希臘與羅馬的古代模式：開始出現之時。在此，生產階級是奴隸，而剝削階級則是奴隸主，第一種的一般衝突型式，即「社會衝突」，也因此出現，並伴隨一個導致持續階級鬥爭的剝削關係，當剝削隨時間增加時，階級鬥爭也逐漸加劇，直到生產模式最終由被宰制階級透過革命給推翻。這種模式在之後的每種生產模式中都不斷被重覆著，因此古典模式將會演進到封建主義，也就是在貴族與農民之間的階級鬥爭，最終則是透過資本主義的興起而被化解。在資本主義下，資本家（資產階級）與工人（無產階級）間的階級鬥爭，最終則會導致社會主義的生產模式出現，並透過「無產階級專政」的方式，資產階級的社會將被夷除以幫助共產主義的興起，直到國家完全萎縮為止。共產主義代表「歷

史的終結」，因爲階級已不再存在，這種歷史發展也宣告了透過「社會束縛」的衝突，生產模式的發展會隨時間而達到與社會的生產關係和生產力形成衝突，也就是說，一組既定的社會關係最後將對持續發展的生產／技術力形成一個束縛，例如封建的社會關係不適合資本主義的生產技術，在這一點上，社會束縛會「爆裂開來」，並透過革命形成一種新的生產模式，在這種新的生產模式中，生產力仍繼續發展成下一個新的生產模式（Marx and Engels 1848/1977：55）。

瞭解這個基本理論後，對於我們更進一步檢視特定生產模式的運動定律是很重要的，馬克思對運動定律的最詳盡分析則是保留給資本主義的生產模式，並被充分闡述在其「成熟」作品：《資本論》中。

資本主義生產模式的「運動定律」

馬克思在他的經典作品，《資本論》第一卷中，開宗明義地指出「該作品的最終目標是赤裸地呈現出現代社會經濟的運動定律」，他有時也宣稱這是「以一個朝向必定結果的鐵定必然性來從事研究」（Marx 1867/1954：19, 20）。那這些定律是什麼呢？馬克思以一個資本主義的假定爲開端，也就是工人除「勞動力」之外什麼都沒有，因爲與封建主義相比，在資本主義中，宰制階級控制了生產工具。馬克思指出「資本主義其社會關係不明顯的壓抑性」或「受薪奴隸」，使工人不得不爲擁有與控制生產工具（如工廠、機器設備等）的資產階級工作，一旦工人在資本主義的企業中工作時會發生什麼事？雇主主要關心

的是創造利潤，所以工廠要維持競爭力，那這些利潤從何而來？資本家的利益來自於對勞動力的剝削，在資本主義中則成為「商品化」：也就是說，勞工（無產者）在資產階級不斷拼命追求利潤時，只被當成一項物品對待，馬克思透過勞動價值理論（labour theory of value）來解釋這種現象。勞動價值理論認為，利益僅源自於對勞動力的剝削，但機器無法被剝削，只有工人可以，那如何剝削工人？

　　馬克思指出，工作日可粗略地被分為兩段時間（1867/1654：222-3），前半段的工作日跟他所謂社會必要的勞動時間（socially necessary labour time）有關，在此段時間，工人花費在生產的時間能得到完全的報酬，而後半段的工作日則與剩餘的榨取或「剩餘價值」（或所謂的剩餘勞動時間）有關，在其中，工人無法得到任何的報酬，而剩餘乃是利潤的根源，利潤隨後用於對機器的重新投資上，但隨時間的經過，對利潤的榨取將成為資本主義的中心矛盾。

資本主義特定的矛盾

　　隨著時間，資本家會面臨到利潤率的下滑，何以如此？關鍵是資本有機組成上升的長期趨勢（long-run tendency for the organic composition of capital to rise），資本有機組成表現在「固定」資本（fixed capital；FC）（即機器設備）與「變動」資本（variable capital；VC）（即工人）間的一個簡單比率，也就是FC：VC。隨著時間，資本家將會解雇勞工以達削減短期成本的目的，因此勞工被機器取代，這導致FC的提升與VC的減

少：所以資本有機組成將提升（以變動成本為代價）。這種發展基於資本主義的中心矛盾，因為解雇勞工，資本家將逐漸損害他們長期的獲利率（因為勞工也是一種利潤的來源，譯按：因為資本家可從勞工身上榨取剩餘價值，但資本家逐漸以機器取代勞工後，FC與VC的比值會越來越大，所能榨取的剩餘價值也會越來越小），因此資本有機組成的增加在邏輯上意謂獲利率會隨時間而呈下滑的趨勢（Marx 1867/1959：211-21）。短期內，資本家透過採取「反作用-影響力」（counteracting-influence）或反-趨勢（counter-tendencies）來試圖抵銷這種趨勢，也就是透過增加工作的天數（絕對的剩餘價值）或減低社會必要的勞動時間（相對的剩餘價值）以提高剝削的比率（參見Marx 1867/1954：299, 177-500, 1867/1959：232-6）。但這些都是短期的緩和手段，只有助於進一步異化勞動階級，從而加速算總帳的那一天到來（即社會革命）。

但這些東西跟馬克思的國家理論又有什麼關係？兩個重點：第一，在他的總體理論中，資本主義與歷史的運動定律是由生產模式被何者所獨佔而決定的，因此國家並非跟歷史發展有直接關係：國家只是一個次級或衍生的「實體」。第二，某種程度上詳細分析其基礎與運作後，現在我們已經可以瞭解馬克思的國家途徑核心，正是他在著名的「下層基礎—上層結構模式」中呈現的。

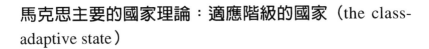

馬克思主要的國家理論：適應階級的國家（the class-adaptive state）

　　馬克思「主要」的（即唯經濟論）文獻，被具體寫在《政治經濟學批判》（A Contribution to the Critique of Political Economy）（1969）一書的前言中，在裡面他提出著名的「下層基礎-上層結構」模式，我們有必要完全節錄相關的段落：

> 　　大致上我所達成的，也是作為引導我研究思路的結論，能被簡單地如下表達：在人類的社會生產中，人類進入到了一個明確的關係，該關係是絕對必要且獨立在他們的意志之外。生產關係乃相應於他們物質生產力的一個特定發展階段，這些生產關係的總數構成社會的經濟結構、實際基礎，在此基礎上出現了一種法律與政治的上層結構，並會相應於一個明確型式的社會意識。物質生活的生產模式大致決定了社會、政治與知識生活的過程……隨著經濟基礎〔即下層基礎〕的變化，整個廣大的上層結構〔包括國家〕或多或少地也會迅速作出改變。物質生活的生產模式大致決定了社會、政治與知識生活的過程……由於考慮到這些轉變應該要跟生產經濟條件的物質轉變之間作出區別，所以我們可用自然科學的精確性來決定法律、政治〔即國家〕、宗教、美術，或哲學〔即整個上層結構〕：簡單的說，意識形態的型式讓人們知道其間的衝突，並為之奮戰。（Marx 1859/19569：503-4，強調處為我所加）。

　　學者們將「下層基礎─上層結構」視爲是馬克思總體理論途徑的中心，並認爲因爲這是源自於他的「辯證法」，所以世界的表象（上層結構）必須被洞察瞭解或「化約成」生產與階級鬥爭（下層基礎結構）的社會關係。因此所有的現象：它們的存在與功能：都是由生產模式中的階級鬥爭決定。就功能上而言，上層結構的存在是要維持經濟宰制階級對被宰制階級的權力，最重要的是，馬克思科學或辯證的途徑否定國家能擁有獨立於社會生產之外的力量：之所以要作這樣的假定是爲了避免落入「國家拜物心態的」（statist fetishism）資產階級陷阱，在其中，理論者被國家自主性的表面假象所矇騙，這使他對黑格爾的政治現實主義（political realism）提出批評，如果黑格爾認爲國家是社會必須順從的「外部必然性領域」（the realm of external necessity）的話（參見Marx 1967：153, 153-64）。但馬克思卻認爲國家是「無能的」（impotent）（Marx 1967：349），國家擁有主權、自主與統一的表象乃是一個幻覺：是「資產階級拜物心態」的一個產物（Marx1967：164-177）。這點馬克思跟黑格爾剛好相反，他還認爲公民社會中的私人利益領域是「必然性領域」，是國家必須適應或順從的。因此，國家（在階級力量之外）只被賦予低度的國內能動力或制度自主性，如他在《資本論》第三卷中宣稱的，「生產條件的擁有者與直接生產者之間的直接關係……揭露出最私密的秘密，即整個社會結構沒有被看到的基礎，而這乃是主權與互賴關係的政治型式基礎，簡言之，這相應於國家所具有的特定型式」（Marx 1867/1959：791）。

　　我們最後來看馬克思對國家所做的正式定義，這被寫在他

著名的《共產黨宣言》中：「資產階級最後……在現代代議式的國家中取得了勝利，獨佔支配了政治，**現代國家的行政機構只是管理所有資產階級事務的委員會罷了**」（Marx and Engles 1848/1977：82，強調處為我所加；亦可參見Marx 1845/1967：470）。這裡主要的焦點並非在國家的型式上（即會隨時間而改變的國家制度與領土面項），而是在於國家的功能：也就是說，國家乃是作為一個經濟宰制階級的代表（參照 Lenin 1917/1932）。雖然我認為馬克思主要的國家理論只賦予國家低度的國內能動力（即國家制訂政策而不受國內限制的能力是有限的），但我卻認為古典馬克思主義賦予了一個中度的國際能動力給國家（即制訂政策而不受國際限制的能力）。並且出乎大家意料之外的，我還認為雖然古典馬克思主義比新現實主義與第一波新韋柏論賦予國家更少的國內能動力，但卻賦予國家更大的國際能動力。

古典馬克思的國際關係理論

馬克思並非一位國際關係的理論家，在這主題上他也沒有作什麼論述，他論述的範圍只限定在一些短暫且零碎的論點上，事實上，恩格斯比馬克思更持續的研究國際關係，最明顯的就是在其重要作品《歷史中的力量角色》（The Role of Force in History）中（in Marx and Engles 1970：377-428）。然而，若假定馬克思的作品對國際關係的理解是毫無關連的看法乃是錯誤的（而恩格斯的確忠實地應用先前我們所節錄的內容）。馬克思的總體理論無論如何都是一種「無所不包的理論」（theory of

everything），因此能逐步被應用到國際關係的研究上。馬克思
強調生產模式是國際關係的組成原則，這表現在他一些偶發的
論述中，尤其在《德意志的意識形態》（The German Ideology）
一書中，他說：「各個國家跟其他國家的關係，是基於每個國
家所已發展的生產力、勞動分工與國內商業之程度上……一個
國家跟其他國家的關係……是基於其在生產上所達到的發展階
段」（Marx 1845/1967：410）。我認為他提出了一個「強的」第
二意象途徑，在其中，國內經濟或階級力量是國際關係的主要
決定因素，而此洞見也忠實地被列寧應用在他的國際關係理論
中。

列寧的戰爭與帝國主義理論

在原標題為「帝國主義是資本主義最高的發展階段」
（Imperialism as the Highest Stage of Capitialism）的小冊子中
（1916/1933），列寧尋求創造一個關於戰爭與帝國主義的唯經濟
論點。與新現實主義與世界體系理論相比，列寧顯然對於國際
關係的研究發展了一個「強的」第二意象解釋。列寧依循
Hilferding的看法，認為「獨佔式資本主義」（monopoly
capitalism），與特別是「金融資本」宰制的興起，是帝國主義
或殖民主義最終的軸根（tap-root）。列寧接著沿著馬克思的唯
物辯證途徑，認為資本主義生產模式的基本運動定律，將無可
避免地造成獨佔式資本主義的興起。當自由市場或「自由競爭
資本主義」的階段（一直持續到一八八〇年）立基在商品的出
口或自由貿易上時，則之後的獨佔階段將會立基於把生產「集

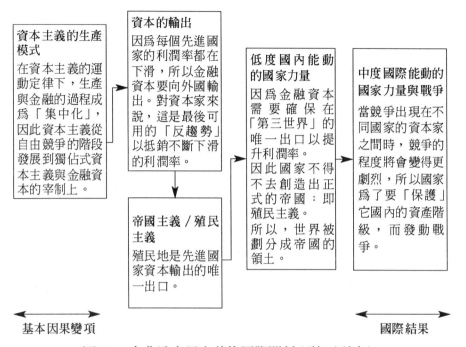

圖4-1　古典馬克思主義的國際關係理論（列寧）

中」到「金融資本」的獨佔合併或宰制上。列寧將「金融資本」
定義為工業獨佔體與銀行／金融業獨佔資本的聯盟，這種聯盟
一旦形成，則金融資本必須要輸出資本，這接著將導致帝國強
權瓜分世界上的土地，並最後會在它們之間引發戰爭，殖民地
不過只是資本獨佔者輸出資本的出口。但重點是，這為什麼
會發生？

　　下面的句子相當重要：「在少數國家中的資本主義造成資
本輸出的必要性，但這逐漸會變得『萎縮』，並由於其農業發展
的落後階段與多數人仍處在貧困中，使得資本缺乏機會能創造

有利潤的投資」（1916/1933：58）。列寧在這些句子中要表達的是什麼？這裡，我將採取一個正統的解釋，認為列寧的焦點是擺在先進資本主義國家中，那些有問題的經濟狀況是資本輸出的原因（亦可參見Roxborough 1979：55-7；Gilpin1987：37-4），而「萎縮」似乎是指獲利率的下降與資本有機組成的上升：即工廠有必要將資本輸出。列寧尋求揭露出金融資本若想要維持利潤，則不得不將資本輸出的情況，因為國內經濟不再能提供一個可直接獲利的環境，相反地，在落後國家中的獲利率則是高的，因為它們缺乏資本（Lenin 1916/1933：58）。Hobson認為，發生這種現象的原因是因為國家無法採取積極的行動，更由於國家容許國內總體需求程度的下降，使資本家尋求將殖民政策當成一項維持所希望的獲利率之手段。然而列寧卻試圖揭露資本的輸出（帝國主義）根本不是國家一項誤導的政策（Hobson認為可經由社會民主式的國家透過適當的干預政策而被修正），反而是資本主義生產模式的一個必然結果。跟J.A Hobson剛好相反，列寧似乎認為多數人之所以貧苦，是因為資本有機組成結構性與不可逆性（non-reversible）的上升效果所導致，並隨著獲利率的下降，無法透過先進國家提升總體需求的干預政策而被修正。正因為國家在結構上需要追隨金融資本的利益，使國家將清楚地選擇採取帝國主義而非在國內進行改革。

也許最關鍵的是，因為在先進的經濟體中，剝削率已達它的最高點，帝國主義是資本家最後一個可行的「反潮流」，以用來抵銷不斷下降的獲利率，帝國主義也是資本主義生產模式在它最高或最後階段的一個必然產物，然而列寧也跟Hobson一

樣，意圖要揭露出帝國主義對母國持續發展的資本主義是一個
「最終」的束縛，列寧將此稱爲「寄生狀態」（parasitism），但
跟Hobson不同的是，列寧強調帝國主義不只構成資本主義的最
高階段，而且還是資本主義的「最後喘息」。用他的話來說，
「帝國主義是『瀕死的』資本主義」（Lenin 1916/1933：114），
所以對列寧而言，帝國主義的作用只是將資本主義的矛盾給提
前呈現，因而也將算總帳的那一天提前（即邁向社會主義的革
命）。除此之外，這本小冊子其中一個潛在主題是列寧對所謂超
級帝國主義（ultra-imperialism）其「社會民主」理論的刻薄批
評：超級帝國主義是一種情況，帝國強權共同合作以榨取世界
其他非帝國主義的地方，這又必然會使帝國主義的強權間不再
有戰爭。但對列寧來說，帝國主義與戰爭根本是糾結在一起
的，一旦世界完全被劃分爲由先進資本強權所佔領的殖民地
（這在一九一三年被實現了），則不同國家的金融資本家會彼此
聯合以強化這種競爭，最終還是會導致戰爭的爆發：「一九一
四年到一九一八年間的戰爭，一方面是帝國主義者的戰爭（是
一場擴張主義式、掠食式與掠奪式的戰爭），也是一場瓜分世界
的戰爭，以追求殖民地的分配與重分配，亦可說是金融資本其
『影響領域』的戰爭等等」（Lenin 1916/1933：9, 9-14）。至於帝
國主義的掠奪品或列寧所謂的「戰利品」是「由兩個或三個主
宰世界的武裝海盜所分享⋯⋯他們將世界捲入在他們瓜分戰利
品的戰爭中」（Lenin 1916/1933：11, 強調處爲原著所加）。簡言
之，當國家尋求保障金融資本的階級利益時，國家就會發動戰
爭，因爲它們必須維護經濟宰制階級者的利益。因此，總的來
說，列寧顯然清楚地朝向一個正統馬克思「第二意象」的途徑

來分析國際關係，之所以說這是第二意象，是因為在每個先進的經濟體中，資本主義生產模式的根本矛盾乃是資本輸出的最後軸根，這將造成帝國主義與戰爭。

Kenneth Waltz的新現實主義途徑，藉由指出帝國主義實際上並非是後期資本主義的唯一現象，在古希臘與羅馬時代中就以一種惡性的型式存在著，來試圖反駁列寧的說法，因此資本主義並未構成十九世紀後期帝國主義的「軸根」。但列寧卻預先排除這點，認為現代帝國主義在性質上不同於古典帝國主義，並且不只在型式上，也在其所依恃的事實上。在一九一四年，整個世界的土地已被資本主義瓜分完畢，他用這點來宣稱當代帝國主義與古典帝國主義在性質上的不同（Lenin 1919/1933：75）。因此列寧跟Waltz的觀點不同，列寧認為並不是國際體系的力量為帝國主義與戰爭提供了基礎，而是先進資本主義國家內的社會─階級力量才是帝國主義與戰爭出現的基礎。

列寧的國家與國際關係理論

列寧完美再生了馬克思關於國家低度國內能動力的主要理論，國家當面對金融資本的經濟需求或晚期獨佔式資本主義的指令時，國家就會發動戰爭。如他所說，「非經濟的上層結構（如國家）……是在金融資本的基礎上成長」（Lenin 1919/1933：77），所以國家的政策根本是由支配社會的資本所決定，但這其實也意謂國家在國際體系中擁有中度的能動力，為什麼？

我們在第三章提過，在古典自由主義裡，國家只擁有低度

的國內能動力，但在國際領域中卻擁有高度的能動力，因此透過迎合個人的社會需求，國家變得可以創造出一個互賴與和平的世界。但對列寧與馬克思而言，國家迎合的並不是大眾的一般利益，反而是經濟宰制階級的特定利益，國家創造的世界是以國際衝突，以及帝國主義國家的敵對與窮兵黷武為前提，這呈現出國家只有中度的國際能動力，跟自由主義認為國家擁有高度的國際能動力之看法恰好相反，因為就古典馬克思主義來說，當國家回應國內經濟宰制階級的剝削需求時，它必然會創造出一個衝突的世界。國家無法創造一個和平的世界，因為這需要它們壓制或調解國內的階級鬥爭（因為國內的階級鬥爭會外溢成國際衝突），在馬克思主義的邏輯上這是不可能的，因為這代表階級力量並非存在於國家與國家政策的基礎上。回想一下，馬克思認為國家不是社會衝突的化解者，而是它們的反映物，在這個基本論點上，列寧也相當認同馬克思，在《國家與革命》（*State and Revolution*）一書中，列寧提到「國家是階級敵視不能被化解的產物與象徵，國家源於階級敵視無法被客觀化解的時間、地點與程度。所以反過來說，國家的存在證明了階級敵視是無法被化解的」（Lenin 1917/1932：8，強調處為原著所加）。這強化了在馬克思的途徑中，國家擁有低度國內能動力的觀點，而這也顯示出在國際領域中的國家只擁有低度而非高度的能動力，然而馬克思主義認為國家所擁有的國際能動力之程度，顯然要比新現實主義與第一波新韋柏論者認為的還要來得高，他們兩者全都忽略了決定國際關係的國內力量。

正統的新馬克思主義

　　雖然馬克思主要的關切是要揭露出國家只擁有低度的國內能動力，或在經濟宰制階級之外只擁有低度的自主性，但新馬克思主義者的國家理論則主要試圖超越這種「經濟化約論」，並顯示出不能只將國家單純地化約成階級力量，為什麼呢？一般來說，新馬克思主義者都強烈地抗拒對馬克思主義經濟或「階級化約論」的指責，但卻經常被這些批評擊倒。由於化約論的批評對馬克思主義造成了許多傷害，至少在學術圈中，許多新馬克主義者透過發展國家實際上確實擁有某些自主性或國內力量的論點來對這些批評進行反擊，此論點回頭又使他們能完整保護馬克思主義免於受到化約論的批評。尋求一個非化約論的國家理論對新馬克思主義者而言，也有「政治」的重要性，因為可以使他們驅除史達林主義在政治上無法被接受的一面。由於史達林主義包含了一個純粹唯經濟論的途徑來將歷史理論化，因此對馬克思主義者來說，顯示出國家在實際上的確擁有某種程度的國內自主性或能動力則是相當重要的。

　　由於新馬克思主義者追尋的一個非化約式的馬克思國家理論，則三個基本任務因此隨之而來：第一，掘取出在馬克思的途徑中，某些面向符合，或隱含著對國家一個非化約論的途徑；第二，在他們的作品基礎上發展一個大抵是非化約論的馬克思理論；以及第三是，特別要去發展一個非化約論的國家理論。但新馬克思主義者在這個目的上，存在著許多細微的差

異，他們的差異從新Gramsci的馬克思主義（如Hall and Jacques 1984；Cox 1986, 1987, 1996；Gill 1990, 1993；Murphy 1994；Rupert 1995）、政治馬克思主義（如Mooers 1991；Brenner 1982；Rosenberg 1994；Wood 1995），一直到Althusser的或「結構的」馬克思主義（如Althusser 1969；Poulantzas 1973），以及其他許多的類別，但他們都利用了來自許多廣泛來源的種種要素（如Anderson 1974；Trimberger 1978；Mouzelis 1986；Block 1987；Jessop 1990）。在分析他們的國家相對自主性之概念前，我將先檢視「正統的」新馬克思主義者已如何發展這三項特定的任務。

馬克思與恩格斯「中度的國內能動力」或「國家相對自主性」的途徑

「新馬克思主義者」的第一項任務是要粹取出在馬克思與恩格斯作品中的某些地方是在暗示一個非化約論的國家理論，而新馬克思主義者通常能掌握到馬克思某些偶爾提出的論點，最明顯的是，所有新馬克思主義者幾乎都會提到的常見要素，即「拿破崙式」國家的觀念（參見如Althusser 1969：第三章；Poulantzas 1973；Perez-Diaz 1978），該論點的核心可在馬克思的《路易拿破崙的霧月十八日》（*The Eighteenth Brumaire of Louis Bonaparte*）一書中找到。一八四八年，當法國資產階級在面對無產階級的嚴厲挑戰時，國家是脆弱且毫無組織的，為了要化解這個危機，資產階級必須要「捨棄」（abdicate）他們所直接掌握的國家機器並聽從一位強人，即路易拿破崙：參見

Perez-Diaz（1978）與Elster（1985：411-22）有一個完整的討論。如馬克思所言，「只有在拿破崙二世的統治下，國家似乎才能使它本身成為完全獨立的」（1852/1969：478）。馬克思指出，國家與資產階級間的關係充滿著緊張，接著他又提出對國家工具式或化約論的定義：這尤其可在《共產黨宣言》中發現：但這需要一個修正，根據新馬克思主義者的看法，馬克思顯然察覺到國家不單只反映經濟支配階級者的需求，但也並非是：這點需要被強調：國家能完全獨立於資產階級之外（亦可參見McLellan 1983：148）。誠如馬克思說的：「在拿破崙統治時期中，官僚體制是準備讓資產階級進行階級統治的唯一工具，至於在路易拿破崙的統治時期中，〔國家〕……仍是統治階級的工具，但在許多地方卻為國家自身的力量而奮鬥」（Marx 1852/1969：477-8）。這個態度成功賦予了國家一個「相對自主性」，最後也維持了馬克思主義的完整性。因此雖然國家短期內會與資產階級發生衝突，然而國家根本的功能仍是用來支持統治階級的。

這個論點在別的方面被進一步發展，恩格斯在其「階級均衡」（class-equilibrium）的理論中，創造了一個著名的「相對自主」國家之初步理論，這可在其《家庭、私人財產與國家的起源》（*The Origins of the Family, Private Property and the State*）一書中發現。此書中他認為，「透過一些出現在敵對階級間相互平衡的例外時期中，偽裝成一名仲裁者的國家力量，差不多與此同時，也獲得某種程度可自外於這兩者的時刻」（Engles in Marx and Engles 1970：328）。對恩格斯而言，這種自主性是「例外出現的」，並只發生在階級均衡的特殊時刻中：顯然，這

些轉型期是發生在舊的生產模式轉變爲新的生產模式之際（例如在專制統治下，拿破崙的第一與第二帝國以及俾斯麥時期的德國）。

　　在《資本論》第一卷的一個很少被引用的段落裡，馬克思發展了他最成熟的國家自主性論點，這構成後來新馬克思者「相對自主性」理論的近似版本，該論點可在關於十九世紀中葉英國將工作時數縮短爲十小時的階級鬥爭之段落中發現（即十小時法案）（Marx 1867/1954：226-81）。資本家階級強烈反對十小時法案的通過，資本家甚至尋求在法院挑戰這項規定。但到了一八五〇年，財政法庭（the Court of Exchequer）廢除了這項法案，這次「資本家的造反」（revolt of capital）最後獲得了勝利，但資本家的勝利是短暫的，重點在於，當面對勞動階級的反抗時，國家的工廠督察「警急警告政府，階級間的仇視已到了一個難以置信的緊張局勢，某些雇主也私下抱怨：「由於〔法院的判決〕所有事物的情況都變得異常且無法無天」（Marx 1867/1954：276）。因此，原先法院的判決被國家撤回，並達成了許多不利於資產階級的協議。換句話說，國家準備要對抗資本家立即能夠取得的利益以避免社會革命爆發，從而使資本主義的生產模式能夠持續或長期的再生，即使國家最後仍受限於生產模式的長期需求。這表示國家擁有「某種」自主性以及與經濟宰制階級的短期關係（雖然是在例外的情況下）：但這個論點卻被新馬克思主義者修正成一個通則。

新馬克思主義「非化約論的方法學」

　　新馬克思主義者的第二項任務是要提出一個非化約論的歷史理論，然而要在馬克思主義的架構中拒斥唯經濟論，並非是一項簡單或小型的任務，這不僅需要面對馬克思理論宏偉架構中的某些經濟論支柱，還要使它們能得到實質的修改。新馬克思主義者的基本立場是堅稱在經濟（生產模式）與政治（國家）間，不存在任何「一對一的相應關係」（one-to-one correspondence）；政治不能只單純從經濟來「理解」。為了要提出這種論點，新馬克思主義者需要對馬克思的「下層基礎-上層結構模式」進行實質修改，為了要取得正當性或權威性的基礎來修改下層基礎-上層結構模式，許多新馬克思主義者引用了恩格斯寫給J. Bloch信中的一段話：

　　　　根據歷史的唯物觀，歷史**最終**的決定因素乃是實際生活的生產與再生產，除此之外我和馬克思從未提過別的。因此如果某人要將經濟因素曲解成**唯一**的決定因素，則他就將這個命題變成了一個……無意義的說法。經濟情況是下層基礎結構，但上層結構的不同因素……也會在歷史鬥爭的過程中施展影響力，在許多情況下甚至還能決定它們的型式。（Engels in Marx and Engels 1970：487，強調處為原著所加）。

　　依循上述的觀點，新馬克思主義者採取了兩種基本的策略：首先他們認為有兩種馬克思：一種是「早期的」馬克思，

他是化約論的，以及一種「成熟的」馬克思，他擺脫了簡化的或「粗糙的」唯經濟論，這種說法大家都知道是由Louis Althusser（1969；以及Jessop 1984：第一章）提出的，這讓新馬克思主義者採用的第二種，以及也許是最常見的修正方法：試圖一併擺脫馬克思的下層基礎─上層結構模式。新馬克思主義者對下層基礎─上層結構模式施加的唯經濟論外衣的不高興，被某位重要的馬克思主義者適切地用以下的話表達。「下層基礎-上層結構模式麻煩的地方一直比有用的地方要來得多。雖然馬克思本人很少使用下層基礎─上層結構模式……但它一向承擔起遠超過其有限能力的理論比重（theoretical weight）（Wood 1995：49；但可參見Cohen, 1978：216-48的不同觀點）。第二種修正策略有效地使上層結構崩塌為生產模式。

Perry Anderson典型地寫到，

> 先前的〔前資本主義的〕剝削模式的運作是透過超經濟約束（extra-economic sanction）：親族、習俗、宗教、法律或政治。因此原則上，總是不可能將像是這些的超經濟約束從經濟關係中省略。親族、宗教、法律或國家的上層結構必定會進入到前資本主義社會型式的生產模式之結構構成上（Anderson 1974：403）。

Cohen巧妙將此途徑歸納為：「如果經濟結構是由財產……關係構成的，那它何以不同於它所要解釋的法律上層結構？（Cohen 1978：217-18，強調處為原著所加）。

Althusser和他的朋友們（Balibar與Poulantzas）認為，生產模式要比生產的社會關係來得簡單：生產模式包含三種層級或

區域：經濟、政治與意識形態（例如Poulantzas 1973：13-18）。基本上他們宣稱在任何特定的生產模式中，經濟層級對其它層級「指派了」（assign）特定的功能或力量。藉由馬克思在《資本論》第三卷中的討論（1867/1959：790-3），他們認為例如在封建主義中，經濟的層級指派了「宰制性」給政治層級，從這種意義上來看，政治獲得了宰制力，而必須要對生產者階級所榨取的剩餘價值負起責任。因此，他們認為國家能獲得某種特定的力量或自主性，但生產的社會關係並不是「自構的」，也不是獨立存在於政治或意識形態的層級之外。這些論點也被整合到「政治馬克思主義」（political Marxism）上，其中某些部份也被Gramsci的馬克思主義所利用，即使在這些學派間存在某些重大的分歧處。

然而，這裡出現了一個明顯的問題，馬克思的基本論點認為生產模式是「自構的」：也就是說，在它的再生上，不需要非經濟型式的力量（non-economic forms of power）介入，換句話說，若生產模式無法被隔離在上層結構外，則馬克思的辯證法就被否定了，這必然會使我們回到「資產階級的理論」。為了要維持或挽救馬克思主義的完整性，結構馬克思主義（structural Marxism）加上了一個重要的說法：「最後是由經濟決定的」（Althusser 1969：110-28）。這也許是國家「相對自主性」的最重要面項，而這能以其他的方式來說明。如果一端是「粗糙的」馬克思主義，只強調一個獨立變項：生產模式；另一端是Mann的新韋柏式理論，強調四個自變項：意識形態（ideology）、經濟（economy）、軍事（military）與政治（politics）力量（IEMP模式）：則新馬克思主義乃位於兩端的

中間立場上，而如非新章柏論者賦予相同的比重給這四個變項。新馬克思主義者提出了一個層級結構，其中經濟（階級關係）位於頂端，並擁有完全的自主性，而軍事、意識形態與政治的變項則位於經濟之下，並被賦予相對的自主性（即E$_{IMP}$模式）。

新馬克思主義與國家的「相對自主性」

雖然對新馬克思主義者來說，經濟與政治之間不會有「一對一的相應關係」（one-to-one correspondence），但同樣地，這兩者間也不會完全「沒有相應關係」（non-correspondence），特別是要在生產模式與國家之間，以及在馬克思主義與資產階級理論之間達成這種極端棘手的平衡。解決這個問題的方法是國家「相對自主性」，以及「最後仍是被經濟決定」（determination by the economic in the last instance）的觀念。古典的論述包含在Poulantzas的《政治權力與社會階級》（1973：255-321）一書中，基本原理如下。因為資產階級的成員一心一意在他們之間進行每日競爭性的爭奪，產生了一個集體行動的問題，所以身為一體的資產階級必定會分裂，使他們在面對無產階級者的挑戰時不能團結。而國家的角色是作為一個「虛擬的集體資本家」（ideal collective capitalist），以確保身為一體的資產階級能夠長期存續下去。由於遠離每日剩餘價值的榨取過程，並在宰制階級之外擁有一個「相對自主性」，所以國家能忽略或對抗資產階級的短期需求以確保長期生產模式的再生。因此，「在最後的情況下」（即最終）經濟仍是決定性的因素，使

國家必須順從生產模式的長期生存需求。因此停在賦予國家一個完全自主性的前頭，Poulantzas能夠經由宣稱最終，或在最後的情況下，生產模式或階級力量仍是決定性的因素以維持馬克思主義的整體性。那國家是如何對抗宰制階級的短期利益呢？

國家對抗資產階級短期利益的方法，其中一個最常見的例子是透過福利政策，因此舉例來說，資本家也許會強烈抗拒提高個人所得稅以支付勞動階級的福利支出，但透過這種改革，國家能安撫勞動階級並防止他們出現革命意識，從而大致確保資本主義的長期再生，並如前所述，這個方法的一個例子可在馬克思對英國十工時法案的討論中找到。在這種相對自主性途徑之下是國家的**正當性**，國家必須要看起來像是在致力於所有人民利益的中立權力，即使實情並非如此（例如Offe 1974）。這最大是表現在Gramsci（1971）的**霸權觀念**，一個宰制的經濟階級在某種程度上是「霸權的」，因為在其中宰制階級的經濟力量高於勞工階級被視為正當的，這能確保國家賦予福利政策給勞工階級，但卻妨礙了一個無產階級革命意識的滋長。當然這種步數危險地接近於國家能調和階級鬥爭的看法：這是馬克思，特別是列寧告誡不可能的。然而，馬克思主義者的一致性還是被維持了下來，因為階級間的調和不過只是暫時的，最終仍無法不讓勞工階級朝向最後的社會主義邁進。

雖然Althusser主義（Althusserianism）在馬克思主義者的圈子中遭到了質疑，主要是因為它的「反歷史主義」（anti-historicism）與「反人道主義」（anti-humanism）（參見Thompson 1978），然而國家「相對自主性」的基本理論仍被維持了下來。的確，這已成為社會民主或「歐共」（Eurocommunist）

政治運動的基本面項：這跟Gramsci的馬克思主義關係最為密切。雖然有著一九七○年代Miliband-Polantzas「炙熱」的論戰，但國家相對自主性的觀念仍為新馬克思的國家理論者提供相當程度的團結與共識（例如Miliband 1973；Poulantzas 1973；Anderson 1974；Offe 1974：46-54；Perez-Diaz 1978；Trimberger 1978；Brenner 1982；Hall 1984；Block 1987；Mooers 1991；Wood 1995）。除此之外，即便有少數的新馬克思主義者對此途徑表示批判（例如國家管道〔Staatsableitung〕或「資本邏輯」學派），但其結論繞了一條遠路後仍是確認了這一點，不只是因為他們認為國家是一個「虛擬的集體資本家」，所必須確保的不是再生特定的資本家，而是再生一般的資本（Hirsch 1978：66；Holloway與Picciotto 1978a）。總而言之，清楚的似乎是新馬克思主義者盡可能地在馬克思主義的論述中將「國家自主性」的界線往外推，但停在賦予國家一個完全的自主性之前，目的是要拯救自己陷入所謂「資產階級」理論的界線內。

　　在這一點上，值得注意的是國家主義與新韋柏論的批評者認為「相對自主性」途徑，並沒有賦予國家足夠的國家自主性或國內能動力（例如Krasner 1978；Parkin 1979；Mann 1993）。但新馬克思主義者的回擊卻相當正確地提出許多新韋柏論者、國家主義者與新現實主義者雖然將國家的自主性予以具體化，但卻也無法檢視國家在社會中的起源（例如Cammack 1989；Jessop 1990：283-8）。然而，在之後的第六章，我卻認為新韋柏論者近來的分析：在Mann與Hobson的「第二波」途徑：堅稱國家的國內自主性是鑲嵌於社會中的社會集團內，因

此雖然許多新馬克思主義者現在承認國家擁有某些自主性，而新韋柏論者也越來越承認國家是被鑲嵌在社會中，所以我們的結論是馬克思主義與韋柏論間的傳統「大區別」（great divide）在相當大的程度上已被縮小。

正統新馬克思主義的國際關係理論

現在我們終於要進入到「正統」新馬克思主義的國關理論中了，這個途徑最重要的例子可在國際關係的「新Gramsci」學派之興起上發現（例如Van der Pijl 1984；Cox 1986, 1987, 1996；Gill 1990；Augelli and Murphy 1993；Gill and Law 1993；Murphy 1994；Rupert 1995）。在這個段落裡，我把焦點主要集中於Robert Cox的作品上，尤其是《生產、權力與世界秩序》（Production, Power and World Order，1987）一書更能呈現出他的理論。

一開始，我們必須注意到Cox在「批判理論」與「問題解決」的理論（'problem-solving' theory）之間作了一個重要區別。問題解決理論（新現實主義就是一個突出的代表）是保守的，因為它將世界當成實然的，所以其理論的所作所為都試圖要發現問題解決的方法以盡可能平順地管理國際體系。相反的，批判理論並非將現存的制度視為理所當然，而是透過檢視現存制度的起源、限制與矛盾來將它們給問題化，以揭露出能夠超越它們的過程，並驅使人類邁向一個更高的發展階段。在許多方面，這對新現實主義提出了一個相當有力的批評，不只揭露出新現實主義是「價值滿載的」（value-laden）而非「價值

中立的」；而且新現實主義接受無政府狀態的國際體系與主權國家乃是自然的、必要的，以及永恆不朽的。經由對批判理論的應用，Cox超越了「問題解決的理論」（Cox 1986：207-17），這之所以能被達成，乃是因為他將Gramsci的國內社會概念應用或移植到了國際領域上，因此從討論Gramsci的主要概念開始是有意義的。

　　Antonio Gramsci（1971）認為有兩種主要的國內社會秩序型式：分別是「霸權」（hegemonic）與「非霸權的」（non-hegemonic）。如前所述，在一個霸權的秩序中，經濟宰制階級的「經濟統治」被下層階級接受成具有正當性的；也就是說，下層階級對資產階級的統治存在某種程度的「相對共識」（relative consensus）。但重點是，霸權的統治是一個意識形態的掩飾用以隱藏資本的剝削力量。這種剝削力量是如何被掩飾的？第一，霸權透過「相對自主性的」國家（見前述），持續對下層階級在社會福利上做出相對「讓步」；第二，透過公民社會主要的社會機構：家庭、教會、教育體系、新聞媒體等等；在散播規範的過程（normative process）中，將勞工階級給社會化並整合到資本主義裡。對Gramsci來說，這些社會機構（或Althusser所謂「意識形態的國家機制」）形成部份的國家，因此國家並非單獨只是一組政府與官僚的制度。相較於非霸權的秩序，在那裡資產階級的統治並未被下層階級當成具有正當性的，這種情況下，資產階級的統治顯得較為脆弱與不安，因此資產階級變得要依賴國家高壓的「武力」，以支撐資產階級脆弱的力量基礎。在這樣的社會中，國家不只獲得相對的自主性，而且國家的「權力」一般會是由一位「凱撒式的」強人所行使

著（Cox 1987：236-44）。關鍵點是，只有當資產階級透過下層階級相對的同意，而不對它們進行強制力的宰制，資產階級的統治才能被最有效地維持（霸權式的領導）。

雖然生產模式是馬克思的關鍵概念，但對Cox來說（追隨著Gramsci），「歷史集團」（historical bloc）才是中心概念，具有特別的重要性，因為這使他能提出一個相對上非化約論的國際關係理論。「歷史集團」是指政治、意識形態與經濟領域間的複合關係。「政治、倫理與意識形態的活動領域，會與經濟領域相互平行與互惠，所以我們應避免化約論，也應避免將每件事都化約成經濟（唯經濟論）或觀念（唯心論）……觀念與物質條件總是被綁在一起，彼此交互影響，不能被相互化約成彼此」（Cox 1996：131）。他又在別處談到：「在Gramsci的思路裡，結構（經濟關係）與上層結構（倫理—政治領域）之間的互惠關係，代表有可能將國家／社會複合體〔歷史集團〕當成是一個世界秩序的構成實體」（Cox 1986：216）。

雖然我們應該注意到這類似於Althusser的方法（上層結構實際崩塌成基礎），但很重要的是，Cox根本否定了Althusser的途徑，尤其他一直將本身自外於Althusser所致力的「反歷史主義」（anti-historicism）與「結構功能主義」（structural-functionalism）。Cox認為Althusser主義（Althusserianism）是有問題的，因為它形成了一個僵固的歷史—與結構—決定論，否定能動者的角色。如Edward Thompson著名的論點，個人只不過被視為一個載體：即結構的被動承載者（或犧牲者），因此在破除唯意志論（voluntarism）上，個人變得沒有力量去超越社會秩序（Thompson 1984）。所以相較於Althusser（與Waltz），

Cox的Gramsci式概念，被鑲嵌在一個「有彈性的」（flexible）歷史與非結構的問題分析架構中，之後被移植到國際領域以提出一個Gramsci式的國際關係理論，這是如何被達成的？

霸權的社會基礎與功能

在全球層級上，Cox將Gramsci的霸權概念應用到領導國家（leading state）與世界秩序的一個特定型式上。Cox的途徑與Gilpin霸權穩定的新現實主義理論恰好相反（參見圖4.2）。對Gilpin來說，一個霸權會運用它的力量與宰制力去建立一個霸權式的世界秩序，但矛盾的是，它是透過犧牲自我利益以為其他國家追求更多利益來達成這個目標，因此，霸權的敵國能坐享其成，使它們能趕上霸權國家。相反的，對Cox來說，霸權之所以要建立一個霸權的世界是為了要極大化自身的利益：更特定地說，是為了資產階級的經濟利益。霸權是一個以意識形態為掩飾的機制，或一組共識的規範，使領導國家能成功極大化它的力量，尤其是不同國際制度或組織建立的「霸權國家機制」（hegemonic state apparatus），因為它們的功能是要散播「霸權的規範」。這如何達成？

雖然Gilpin假定（矛盾地以自由主義方式），自由主義的國際建制會使所有國家都蒙受其惠，但Cox卻認為它們是手段，透過它們，霸權能夠擴展資產階級的力量，因此例如說，以矛盾的現實主義方式：即Friedrich List（1885）與Carr（1939）：Cox認為自由貿易並不會使所有經濟體都受惠，自由貿易只是最強國家的政策，它讓先進的經濟體得以滲透進入到其它國家

新現實主義的基本架構

國際無政府狀態的邏輯與力量的差異	霸權	政治衝突與霸權的終結
國際政治結構要求國家透過適應而順從。國家沒有國際能動力可以型塑國際政治體系，也不能抵抗或衝撞它的限制性邏輯。	霸權創造建制，建制能為所有國家提供更大的利益。霸權將國家短期「相對利得」的偏好改變成中期「合作利得」。	當霸權衰落（由於霸權的適應不良與搭便車的問題）時，建制也隨之衰落。因此國家放棄採取合作，並回頭採取傳統短期「以鄰為壑」的策略：即追求短期相對利得的偏好，並造成國際衝突。
基本因果變項	中介變項	結果

Cox的基本架構

國內資本主義的邏輯	霸權	社會衝突與霸權的終結
國內社會關係的邏輯（歷史集團）導致霸權將國內資產階級的利益外部化。霸權擁有中度的國際能動力並建構出一個世界霸權以強化它宰制階級的經濟利益。	先進的資本主義國家創造了一個霸權式的世界秩序，該秩序是基於所有國家—社會複合體之間的相對共識上。霸權建制能強化霸權的力量，而所有國家的資產階級也會支持這種霸權秩序，因為它能使各國的資產階級得以控制無產階級，因此出現了一個「跨國的統治階級」或一個國際的歷史集團。.	長期來看，世界霸權秩序的社會衝突會同時破壞霸權與其它國家社會的特定歷史集團，一個基於衝突上的非霸權世界秩序將因此出現。
基本因果變項	中介變項	結果

圖4-2 與新現實主義相比，正統Gramsci馬克思主義的國際霸權理論

的市場，並犧牲它們來極大化霸權自身的利益。重點是，自由
貿易是霸權的一個規範或意識形態，因為它創造了中立與公平
的「表象」，目的似乎是要公平對待所有的國家。然而，假定只
有一個霸權國家的經濟會受惠則是不正確的，這是因為霸權也
被全世界不同國家的資產階級所接受，因為它讓資產階級得以
強化他們對無產階級的力量，因此發展出了一個資產階級利益
的跨國聯盟：這個論點，Kees Van der Pijl（1984）將它發展提
升成一個「橫跨大西洋兩岸的統治階級」（transatlantic ruling
class）之概念，所以一個「國際性的歷史集團」出現了（Gill
1990；Augelli and Murphy 1993：133；Gill and Law 1993：96-
7）。

世界霸權興起與衰落的社會動力

跟Gilpin一樣，Cox將過去的兩百年劃分為霸權的興起與衰
落，這四個時期分別是：（1）英國霸權的時代（1845-75）；
（2）英國霸權的結束與各國帝國主義的競逐時代（1875-
1945）；（3）美國霸權的時代（1945-65）；（4）美國霸權的
結束（一九六五年到現在）。主要的問題是：貫穿這些過程的起
源或發展動力為何？

一個世界霸權的出現是當最強大國家中的經濟宰制階級，
其社會──霸權的力量從國內領域「外溢」到國際領域上時。
大致來說，「在一個社會霸權內部所形成的擴張性能量，被向
外釋放到世界的層級上，與此同時，它們也鞏固了它們在國內
的力量」（Cox 1987：149）。霸權國家所設立的國際制度與經濟

建制,是用來正當化與發展資產階級的物質需求,這能導致一個相對穩定的霸權世界秩序,而它的穩定性是基於各種因素:第一,第一世界國家內低度的階級衝突(因為國內的資產階級享有高度的霸權);第二,持續的經濟繁榮侵蝕了革命的希望;第三,因為一個霸權式的世界秩序將世界上所有資本家階級連結在一起,並形成一種跨國統治階級的聯盟,因此讓每個國家的資產階級對於霸權的存續都有一個固定的利害關係;第四,霸權能夠穩定世界經濟(1987:147)。因此在霸權的第一時期,大不列顛統治下的和平時期(Pax Britannica),其前提是由於英國資產階級的力量,以及歷史集團是基於純粹自由主義的國家(pure liberal state)。大美國統治下的和平時期之前提是基於美國資本家的力量,以及基於新自由或凱恩斯福利國家(Keynesian welfare state)的歷史集團上。跟前期的英國一樣,美國創造了一個基於自由主義的國際貿易建制之世界霸權秩序(基於自由貿易與固定匯率),但在美國的彈藥庫中,最重要的武器就是馬歇爾計畫(Marshall Plan),它使美國以支持資本家的路線來重新建構其它先進資本主義國家的歷史集團(1987:214-6)。

那這樣一個霸權的世界秩序是如何結束的?對新現實主義而言,它是以力量的國際分配轉變到遠離霸權的方式而告終,原因是「搭便車的問題」(free-rider problem)與霸權國家的適應不良。但Cox指出,霸權秩序的經濟與社會矛盾是存在於國內與國際的層級上。第一,沿著Polanyi與馬克思的思路,Cox認為自由主義是「不能自我平衡的」,或容易傾向崩潰,導致失業與經濟危機;第二,由霸權創造的世界經濟將產生全球性的

不平等，最後會破壞和諧與平等的幻象，當宰制階級失去它的
正當性立場時，「霸權」也會逐漸失去它的霸權性，因此先進
國家必須要訴諸無正當性與強制力的宰制型式，霸權的領導被
轉變成基於力量與暴力的赤裸宰制，並因而導引一個非霸權的
新世界秩序出現：亦可參見Augelli and Murphy（1993）將此應
用在第一世界對第三世界的關係上。總言之，這些過程發生的
根本原因是存在於「歷史集團」的國內階級鬥爭，最後終將把
霸權的世界秩序轉變成一個非霸權式的世界秩序。

Cox 的國家理論

　　Cox使用了一個「修正式的簡約性途徑」，其中社會——階
級力量構成了主要的因果變項，但卻被一系列的中介變項所補
充，在他一篇早期的文章中，他開始發展他的總體理論（Cox
1986）。該文指出三種重要的活動領域：（1）生產的型式；（2）
國家的型式；（3）世界的秩序（霸權或非霸權的），然而每種
領域在型塑國際關係上都擁有特定的影響力或相對自主性，但
它們在社會或階級力量之外並沒有一個完全的自主性：它們是
「中介變項」。關於國家型式的思考上，Cox認為「這些型式的
主要差異特徵是它們歷史集團（historic blocs）的特徵，即國家
最終所依賴的社會力量之結構位置。一個社會力量的特殊結構
安排實際定義了國家目的的限制或參數」（Cox 1987：105）。此
外，強大或霸權型的國家在社會力量之外享有一個相對自主
性：「自主的國家，不論是處在霸權的或非霸權的社會中，都
監督著……〔宰制〕階級以一種與該階級經濟計畫整體一致的

方式去管制它的活動，但這並不是在回應該階級成員的特定利益。變成特定〔資本家〕利益之工具的脆弱國家，是無法形成這種程度的公平管制……〔此情況〕接近於Thomas Hobbes的自然狀態」（1987：149）。這種相對自主的國家形成了Cox總體途徑的一個重要面項（參見特別是1987：124-8, 137-8, 148-9, 189-210, 219-44）。

　　Cox不只賦予國家一個中度的國內自主性或能動力，還賦予它一個能去型塑國際體系的中度國際能動力，因此國家大抵上會順從資本的長期利益，使國家能逐漸型塑國際體系。然而，在國際衝突程度是擺盪在（跟古典馬克思理論的帝國主義不同）霸權世界秩序下的「相對國際共識」與一個在非霸權世界秩序下的「更為全面的衝突型式」之間。然而，國家無法創造出一個真正自由、和平與平等的世界，因為最終它們會被在國內生產領域中的剝削性階級關係所「社會化」。因此，Cox是一位「正統的」馬克思主義者，因為在他第二意象的國際關係理論中，國內層級上的社會矛盾被國家投射或調換到一個國際政治的衝突領域中。

世界體系理論

　　國關學者通常假定世界體系理論（world system theory）：之後我將簡寫成WST（亦經常被稱為「結構主義」）：代表國際關係領域中的馬克思主義，如我們以下所將談到的，基於很多原因，我們可以認為這個說法是有問題的，而這也是為什麼

我將基本的 WST途徑與「正統的」馬克思主義當作是不同的。
除此之外，我將提出主要有兩種WST的次理論類型：我將這兩
種分別稱作「古典的」與「新古典的」世界體系理論，因為
「純粹」或基本的世界體系理論型式可在古典的次理論類型中發
現，所以我將大部分的注意力都放在古典WST的次理論類型
中。

古典WST

　　古典WST與Waltz的新現實主義有兩個主要相似點：（1）
他們都是強的第三意象的國際關係理論，因此（2）他們都拒絕
承認國家擁有任何的能動力可以型塑或決定國際體系，但是從
Wallerstein的觀點來看，兩者主要差異是國際關係與國家的行
為乃是由資本主義的世界經濟（capitalist world-economy；
CWE）所決定的，而非由國際政治結構決定的。古典WST對於
國際關係採取的研究途徑有三種主要面項：將焦點放於世界經
濟中的「依賴」；提出一個對世界經濟資本主義與國際體系興
起的歷史社會學理論；以及提出一個對霸權興衰的歷史社會學
理論，我們在下面將對這三種面項以簡單的方式來作一個概
述。

Wallerstein的基本理論架構

　　我將利用由Waltz所提出的重要分類項目來對Wallerstein的
基本途徑進行解釋，在進行解釋的同時，我並不希望讓你們認

為這兩種理論是完全相同的；在某些面項上，它們之間存在著重大的差異，但我們有可能可以將Waltz主要的理論分類項目作一些轉換，來幫助闡明Wallerstein的理論架構。這樣的一種轉換是適當的，因為Wallerstein跟Waltz的途徑一樣重視「國際結構」，並同時貶低了「能動者」。圖4.3借用了Waltz關於國際政治結構的分類定義（參見圖2.2），並應用這些分類項目來瞭解Wallerstein的國際經濟結構（即CWE）。實際上，Wallerstein對國際經濟結構明白指出三種等級或層次（雖然第二層被抽離了）。第一級，或深層結構，是世界經濟的排序原則，也就是資本主義，它指出國家必須要經濟自立並尋求強化國內資產階級的經濟利益，第三級：能力的分佈：意思是國家的強弱，需視其在CWE中的位置而定：強國位於核心，而弱國則居於邊陲，因此世界的經濟被分隔或劃分成三種地區：核心（先進的第一世界）、邊陲（落後的第三世界），以及位於這兩種區域間的半邊陲（並在核心與邊陲間扮演一個政治緩衝），這有時也被稱為「夾心蛋糕」（layer-cake）模式。

　　Wallerstein論點的其中一個重要部份是，核心國家之所以強大，是因為它們已在經濟上傷害與剝削了第三世界的國家，因此核心國家透過全球剝削性的不平等交換關係，對邊陲國家榨取剩餘利潤，但該論點首先是由Andre Gunder Frank提出的。相較於自由主義（現代化）的理論家，Frank認為第三世界國家並非是落後的，而是因為它們尚未發展（意謂隨著時間它們將會發展），但正因為它們尚未發展，所以被核心國家所剝削（Frank 1967）。對Wallerstein來說這是一個關鍵的論點，跟

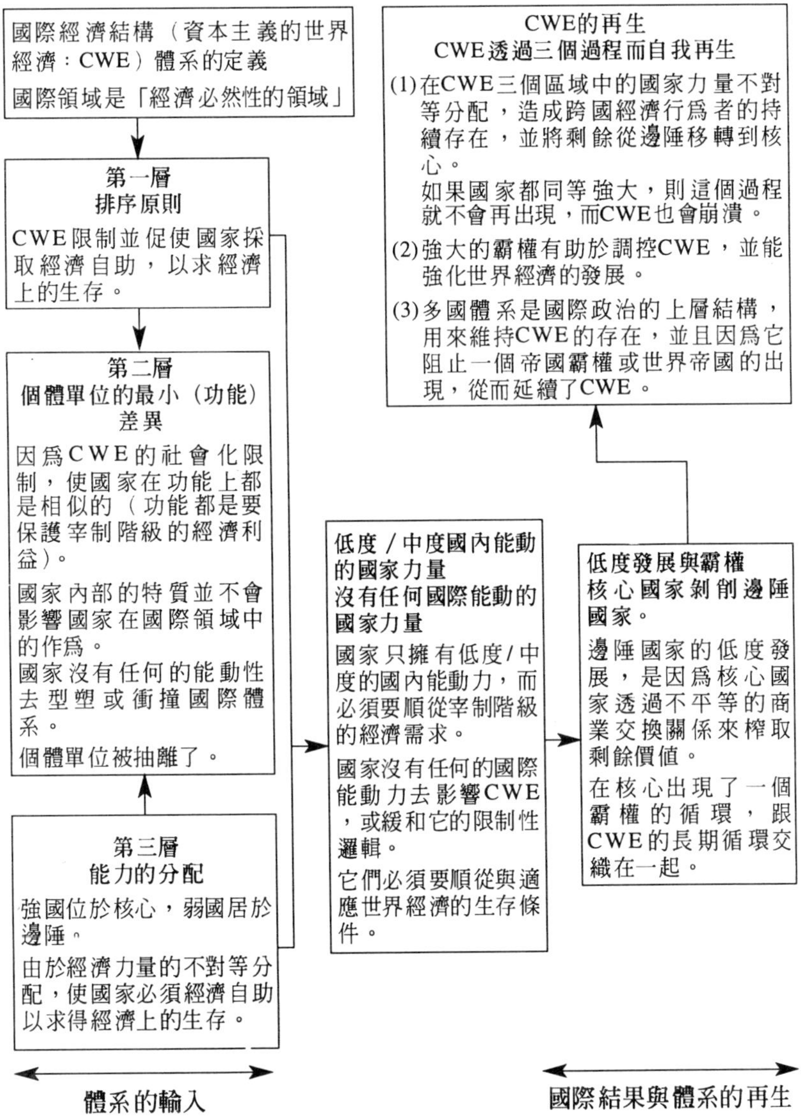

國際經濟結構（資本主義的世界經濟：CWE）體系的定義
國際領域是「經濟必然性的領域」

↓

第一層
排序原則
CWE限制並促使國家採取經濟自助，以求經濟上的生存。

第二層
個體單位的最小（功能）差異
因為ＣＷＥ的社會化限制，使國家在功能上都是相似的（功能都是要保護宰制階級的經濟利益）。
國家內部的特質並不會影響國家在國際領域中的作為。
國家沒有任何的能動性去型塑或衝撞國際體系。
個體單位被抽離了。

第三層
能力的分配
強國位於核心，弱國居於邊陲。
由於經濟力量的不對等分配，使國家必須經濟自助以求得經濟上的生存。

低度／中度國內能動的國家力量
沒有任何國際能動的國家力量
國家只擁有低度／中度的國內能動力，而必須要順從宰制階級的經濟需求。
國家沒有任何的國際能動力去影響CWE，或緩和它的限制性邏輯。
它們必須要順從與適應世界經濟的生存條件。

CWE的再生
CWE透過三個過程而自我再生
(1)在CWE三個區域中的國家力量不對等分配，造成跨國經濟行為者的持續存在，並將剩餘從邊陲移轉到核心。
如果國家都同等強大，則這個過程就不會再出現，而CWE也會崩潰。
(2)強大的霸權有助於調控CWE，並能強化世界經濟的發展。
(3)多國體系是國際政治的上層結構，用來維持CWE的存在，並且因為它阻止一個帝國霸權或世界帝國的出現，從而延續了CWE。

低度發展與霸權
核心國家剝削邊陲國家。
邊陲國家的低度發展，是因為核心國家透過不平等的商業交換關係來榨取剩餘價值。
在核心出現了一個霸權的循環，跟CWE的長期循環交織在一起。

◄──────►
體系的輸入

◄──────►
國際結果與體系的再生

圖4-3 Wallerstein被動「適應資本家」的國際體系之馬克思主義理論

Frank一樣，他認為這些區域乃是透過商業或「交換」關係而被連結起來，跟「正統」馬克思主義相比，並非是由於這些跨世界體系的必然變化，使現存的國內生產型式或社會關係形成了一個資本主義的世界經濟，反而是因為世界市場中存在著生產的利潤。雖然Frank與Wallerstein都沒有清楚指出核心剝削邊陲的方式，但他們提供我們一個大致的公式：中心都市透過不平等的交換關係來對它的衛星都市奪取經濟剩餘，因此導致邊陲地區的低度發展（Frank 1967；Wallerstein 1979：18-20, 1984：15）。此公式在之後留下了空間讓許多學者去指出這些機制（可參見Roxborough 1979，有一個出色的歸納）。

也許應用Waltz的分類項目來解釋Wallerstein，所要付出的最大代價是讓我們緊抓著Waltz的國家理論不放，這出現在對「第二層」的討論上。如同我們在第二章談到的，對Waltz來說，第二層：個體單位或國家：已在他的理論架構中被抽離了，因此國家雖然看起來可能相當不一樣，並跟它們社會有著不同的關係，但這並不會影響到它們在國際體系中的作為。同樣地，對Wallerstein而言，儘管他承認國家的國內社會關係會隨國家而有不同，但這不影響國家在國際經濟中的作為。所以對Wallerstein來說，所有國家在功能上都是一樣的，都是用來強化其經濟宰制階級的力量，從這方面來看，Wallerstein的國家途徑剛好等同Waltz的國家途徑。簡言之，個體單位（民族國家／社會）並不是自變項；它們沒有對CWE結構擁有影響力，它們確實在力量上、能力上有所變化，但不是在功能上。CWE的結構完全跟國家層級的變項無關，國家必須順服或適應CWE的迫切需求，所以第一，沒有國際能動力的國家只不過是國際

結構的被動犧牲者（載體）；第二，國家（第二層）在國際關係中並不是一個解釋變項。

最後，Waltz理論的其中一個重要面項是他主張，透過國家短期的求生行為之非預期性後果，隨時間的經過將會再生國際體系。同樣的論點也被Wallerstein所不經意地採用，如Skocpol（1977：1080）指出的，對Wallerstein而言，將世界區分成三塊核心區域，對於體系的維持乃極其關鍵的，所以「國家力量」的不對等分配，對CWE具有功能上的意義，因為如果各國真的都一樣強大下去的話，「它們將會讓跨國經濟體無法有效運作，並阻礙之後的世界分工，使世界經濟衰退，最後導致世界體系的崩解」（Wallerstein 1974：355）。除此之外，Wallerstein還認為國際體系的上層結構也是被用來再生CWE，因為它阻礙一個世界帝國出現的可能（世界帝國將宰制與破壞世界經濟），且世界霸權的興衰（下面我們將會談到）也是用來再生國際經濟的結構，因為它們控制與強化了ＣＷＥ的發展前景（Wallerstein 1996：98-103）。

世界體系理論 vs. 「正統的」馬克思主義

在我討論Wallerstein歷史論點的某些中心面項前，解釋為什麼我從「正統的」馬克思主義中區分出WST是很重要的。這個區分的關鍵存在於Wallerstein對資本主義所採取的定義，以及他對世界經濟資本主義興起的解釋上。隨著Frank與Wallerstein的重要作品陸續出版後，在馬克思主義者的學術圈內，一個關於何謂馬克思主義者對資本主義的「正確」定義之

重要論戰立刻浮出檯面；實際上，這個論戰在一九五○年代就首先出現於Paul Sweezy與Maurice Dobb之間（參見Holton 1985，有一個很棒的概要說明）。Ernesto Laclau（1971）對Frank的命題提出了一個正統馬克思主義者的批評，他宣稱因為拉丁美洲的生產關係顯然是封建式的，所以自從西元一六○○年以來拉美都尚未進入資本主義。他的結論是，世界經濟不能被描述成資本主義的，而全球資本主義也不能解釋拉丁美洲的落後。在Robert Brenner（1977）對Wallerstein提出一個「正統」馬克思主義的著名批評中，上述觀點也得到附和。Brenner與Laclau所提出的兩個中心論點是，第一，因為Wallerstein忽略在國家層級上的生產關係（例如國內的生產模式），所以在他的分析中不再將階級鬥爭作為一個核心，因此對他來說，不同型式的社會關係：自由受薪勞工在核心，不自由的勞工與封建勞工則居於邊陲：都同時共存在CWE中的此一事實變得完全不重要，因為所有社會基本上都同時受它們現存的生產模式與在CWE中所處位置的制約。第二，Wallerstein將資源的榨取置於國際範圍的分配中（如國家間不平等的交換關係），而非置於階級間的一個不平等的生產關係中。結論是，因為Wallerstein貶低了社會生產關係的重要性，他危險地落入到資產階級自由經濟論點的陷阱中（Skocpol 1977：1079）。這也提醒了Brenner刻薄地為此途徑貼上了一個「新Smith的」（neo-Smithian）馬克思主義（Adam Smith，他是一位「資產階級」的理論家）。那Wallerstein在其總體歷史社會學的分析中，他又是如何運用這些定義？

CWE的興起

在他對CWE興起的解釋中，Wallerstein更進一步背棄了正統的馬克思主義。他認爲這個體系出現於十六世紀早期，而該體系的關鍵是各地區之間的一組商業連結（1974：15）。Wallerstein在「世界帝國」（World-empires）與「世界經濟體」（world-economies）之間作了一個重要的區分，「世界帝國」是指那些受制於一個重要帝國的體系。在一五〇〇年以前，世界受制於「世界帝國」的興衰，而在根本上妨礙了資本主義的發展，這是因爲那些要管理與控制「世界帝國」的龐大官僚體制必然會吸取過多的經濟剩餘，相反地，「世界經濟體」的特徵是有一個以上的政治中心：例如在世界經濟體中有著許多的國家以及一個無政府狀態的國際體系，這對全球資本主義的發展是極爲重要的先決條件，這是基於兩項原因：第一，因爲經濟的剩餘並不會被一個規模龐大且笨拙的帝國所吸收；第二「因爲作爲一種經濟模式的『資本主義』，所立基的經濟要素是在一個比任何政治實體能完全控制還要大的領域中運行，這給予資本家在結構上操弄（manoeuvre）的自由」（1974：348）。因此資本家能在不同國家間自由移動，所以隨著時間經過，每個國家都被迫要去尊重資本家的需求，因爲國家必須仰賴來自資本家的稅收以資助它們的軍事行動，如此一來，國家不會扼殺資本家的發展，反而透過順從資產階級的需要來尋求與強化此一發展。換句話說，在一個多國體系中，相互競爭國家間的力量平衡對資本主義的發展是一個必要的前提（Wallerstein 1974：

第三章）。

在這個論點的提出上，Wallerstein冒險利用了接近於韋柏有時所會提出的新現實主義論點：即主權國家無政府狀態的競爭體系決定了歐洲資本主義的興起（Weber 1978：353-4），但Wallerstein也預先排除了Tilly的（1975b）新現實主義論點。Wallerstein的論點認為，強國是透過解決財政─軍事的危機過程而出現的（Wallerstein 1974：第三章）。Wallerstein藉由堅稱國際體系是由CWE而非其他類似方式所決定的，而堅決與這種「新現實主義的途徑」作出區別。國際體系僅是CWE的政治組織，或如同他所一直提出的：「世界經濟資本主義的上層結構是一個國際體系」（Wallerstein 1984：14, 29, 38-9, 46）。這的確將我們帶回到一個化約論的「下層基礎─上層結構模式」，雖然這是以世界規模存在著（Skocpol 1977；Dale 1984：206），但在Wallerstein理論的內部邏輯中，這也造成另一個更嚴重的問題，因為如果無政府狀態的多國體系是作為資本主義興起的一個重要先決條件，而不是在社會學上被化約為，或被解釋成世界經濟的出現，則最後我們會得到一個循環或套套邏輯式的思考模式：即世界經濟的出現是因為世界經濟造成的，這被留給後來的學者去解決這個問題（例如Chase-Dunn 1989：第七章，以及接下來所將談到的）。然而若考慮到國際體系的功能是再生CWE的話，則下一個任務是必須要去思考這是如何發生的，在這裡，霸權興衰的重要過程，以及一個分析的領域（an area of analysis）之後就浮現在國際政治經濟學中了。

資本的長期循環與國際霸權

因為許多針對於霸權的WST途徑跟Robert Cox的研究相異，加上由於有著前面我所談過的部份，所以這裡我就將討論限定在探討這些主要的差異上。對Cox而言，霸權的世界秩序只有透過先前在國內「歷史集團」中的階級間關係之概念才能被理解，但若與Wallerstein相比，則Wallerstein用以解釋霸權的方式，是將焦點置於CWE結構的先決條件與邏輯，並更明確地集中在核心中的一組決定性的經濟循環上。CWE的基本運動定律是基於一個以五十年為一期的「Kondratieff價格循環」，這涉及到一個價格上升與經濟繁榮的上階段（前二十五年）和後二十五年的下階段，在後二十五年中，價格下滑與經濟衰退則會普遍出現。霸權的興起是由兩個階段決定的，這兩個階段都是由這些長期的循環決定。第一，一個長循環的結束將造成一場世界大戰或爭霸戰爭，這指出了一個霸權秩序的終結並出現一個新的霸權，第二，在之後的上階段，霸權將統治擴展到世界經濟上。所以一個長循環的結束導致了三十年戰爭（1618-48），這場戰爭則是由聯合省（United Provinces）興起為霸權而被化解，該霸權慢慢在一六九二年後的下階段中衰落。至於接近三十年之久拿破崙戰爭（1792-1815），將不列顛帶上了霸權，在上階段（1846-73）到達了顛峰，並在之後的下階段（1873-96）衰落。在一九一四到一九四五年期間，另一個三十年戰爭（雖然被分成兩階段）的結束，伴隨了美國霸權的興起，並在之後的上階段（1945-1967）到達了鼎盛，其後必定會

在出現的下階段中衰落（Wallerstein 1984：第三、四、六章，1996b：98-106）。要注意到，不是所有的下階段都會伴隨一個新霸權的興起，所以Wallerstein認爲霸權的循環長於CWE的循環，雖然前者基本上是被鑲嵌在後者中（Wallerstein 1984：17，另外可參見Goldstein 1988，有一個傑出且仔細的分析，修正並應用了長期途徑來解釋國際體系中的霸權與戰爭）。關鍵點在於，霸權的功能是再生CWE，因而確保了世界經濟的快速發展。

但Cox基本則是在反對Wallerstein的途徑。第一，因爲該途徑將國內的階級關係貶低成用來鞏固霸權與國際關係的存續；第二，它所立基的經濟循環之歷史發展觀念乃是一個**違背史實**（ahistoricist）或先決論的論點，第三，用Cox的話來說，它包含了一個「結構-功能主義」的途徑，其中的霸權與國際體系變成了一項再生CWE的功能，所以它以化約論的觀點將此視爲不過是政治的上層結構（Cox 1987：357-8）。相反地，Cox則是反對這種對世界秩序的化約論途徑，並堅稱世界體系擁有屬於自身的「相對自主性」（Cox 1986：217-30）。在Cox與Wallerstein之間的第四項差異則在於他們提出的乃是極端不同的國家理論。在提出一個強第三意象的國際關係理論上，Wallerstein的結論是否定國家擁有任何國際能動力，主權國家顯然是受CWE的影響，他說到：

> CWE的發展牽涉到現代世界所有主要機構的創立：階級……以及「國家」這些所有結構都是出現在資本主義之後而非之前；它們是結果而非原因……在形成對市場的限

制上，國家是最方便的制度中介……因為它會偏袒特定的
〔宰制階級〕團體（Wallerstein 1984：29-30）。

Wallerstein的立場擺盪在賦予國家低度到中度的國內能動
力之間，但重點是國家不被允許擁有國際能動力，也無法型塑
國際體系，因為它們必須要服從CWE的制約與支配。所以雖然
Wallerstein區分了強國與弱國，但強弱的程度卻是由一個國家
在CWE中的位置所決定：強國位於核心，弱國居於邊陲：「一
個國家之所以在某種程度上比它國強，是因為在世界經濟體
中，它能透過它的企業來極大化創造利潤的環境」（Wallerstein
1984：5）。這跟Cox顯然是處在一個相反的立場上，因為Cox認
為國家擁有中度的國內能動力以及中度的國際能動力，因此國
家擁有某種程度的能動性可以去型塑國際領域。

補遺：「新古典」WST

因為前面對於我所謂的「古典WST」已有了一個詳盡討
論，這應該已足夠單獨成章了，但在接下來的部份中，我將簡
單概述WST在過去十年來某些新穎且刺激的研究方向。基本面
是，古典與新古典WST的不同處乃是從經濟論轉向到了一個更
為複合的途徑，這類的例子可以在Chase-Dunn的重要著作《全
球的形成》（*Global Formation*，1989）中找到，這是一本高度
兼容並蓄的作品，它尋求結合「正統」與古典WST的生產模式
分析，因此將階級關係給重新帶了回來（Chase-Dunn 1989：
13-69）。除此之外，Chase-Dunn提出了一個相對上更為複合的
國家理論，並拒絕將國家只視為是一個單純經濟關係的產物，

而是賦予國家一個中度的國內能動力或制度自主性（Chase-Dunn 1989：第六章）。在相同的脈絡下，他也否定了Wallerstein對國際體系採取的唯經濟論點，並堅稱CWE與國際體系乃密切交織在一起，所以它們兩者同等重要（Chase-Dunn 1989：第七章）。這個論點接著又被Giovanni Arrighi進一步地在他重要的著作《漫長的二十世紀》（*The Long Twentieth Century*，1994）中發展，爲了要有效擺脫「下層基礎—上層結構」的模式，他認爲有兩種不同的分析邏輯可以告訴我們國際體系中的國家行爲發展。第一種是「領土主義的邏輯」（logic of territorialism），即統治者把擴張領土當成是擴張力量的首要手段；第二種是「資本主義的邏輯」（logic of capitalism），即統治者尋求去直接獲取資本，目的是要強化他們的力量（Arrighi 1994：33）。由於這些基本的邏輯會以不同方式彼此互動來造成不同的制度結果，所以Arrighi提出了一個國際關係的複雜的歷史社會學（sophisticated historical sociology of IR）理論。

　　其他版本的WST具有重要性與眞正創見的作品乃是Frank and Gills（1996）與Janet Abu-Lughod（1989）。他們的基本論點是，資本主義的世界體系存在了不僅五百年，而是五千年（雖然Abu-Lughod只追溯到西元一二五〇年）。跟Wallerstein大爲不同的是，他們認爲西方的興起並未發生，因爲在一五〇〇年之後，當代世界體系／經濟的興起；只不過是先前存在的世界體系之一個最近階段或轉變，如Frank所言，「世界體系不是誕生於一五〇〇年，也不是在歐洲出現的；也不是具有資本主義特殊色彩的」（Frank 1996：202）。在這裡，階級鬥爭比在古

典WST中還要更被邊緣化，因為他們認為在西元一五○○年之前，菁英間的鬥爭（私人與國家菁英間的鬥爭）遠比階級鬥爭還要來得重要（Gills 1996：130-6）。為了要避免任何可能出現的混淆，我認為Frank現在已從古典WST移轉到了新古典WST的陣營中。為了捍衛古典WST，Wallerstein（1996a）與Samir Amin（1996）重述了一個基本的論點，也就是在西元一五○○年之前的世界，並非十分明顯地是一個資本主義的世界（因為它是基於一個進貢的積累模式），也不是沿著當代CWE的路線上而被充分整合成一個世界體系。透過這種說法，他們捍衛了古典WST最重要的論點：即CWE只出現在西元一五○○年之後的世界。

結論是，新古典WST已經對Wallerstein的途徑與研究議程增添了許多複合性，並開始脫離前者的唯經濟觀點。然而，就本書而言，重點是只要CWE與／或國際體系仍被賦予優越性的話，則國家仍持續被否定擁有國際能動力。也許新古典WST的世界體系理論者，某種程度上已嘗試將國家層級給重新帶回來，但他們的分析仍將必然擺盪在賦予國家低度到中度之間的（永遠不會是高度的）國際能動力。

問題討論

- 如何區分馬克思作品中的兩種國家理論？
- 何謂「下層基礎—上層結構」模式？以及它是如何引發馬克思「適應階級」的國家理論？

- 為何列寧不去考慮馬克思國家理論的「相對自主性」途徑？

- 相較於J.A.Hobson，為何列寧只賦予國家中度而非高度的國際能動力？

- 為何一般對新馬克思主義者而言，以Wood的話來說，「下層基礎—上層結構」，「麻煩的地方遠比有用的地方來得多」？

- 在何種面項上，現代資本主義的國家在階級利益之外擁有一個「相對自主性」，以及為何（相對於新現實主義者與韋柏論者）馬克思主義者拒絕賦予國家一個完整的自主性？

- Gramsci與新現實主義者的國家、霸權與國際關係理論的異同處為何？

- 對於國家與國際霸權的說明上，什麼是新Gramsci與WST之間的差異點？為何WST不同於「正統的」馬克思主義？

- 為何我們會認為Wallerstein的理論型式（雖然不是內容）等同Waltz？

- 什麼是「古典」與「新古典」WST之間的主要差異？相較於古典WST，為何後者成功賦予國家中度的國際能動力？

建議進一步的書目

　　《共產黨宣言》（1848/1977）依舊是對馬克思（與恩格斯）歷史作品的一個最簡潔介紹，其中並包含他們對於國家的古典定義。值得繼續去閱讀馬克思的經典文獻「路易拿破崙的霧月十八日」（in Marx and Engles 1970），該篇文章繼續對國家提供了一個更為複合的途徑，這是在《宣言》中被刻意忽略的。恩格思「論歷史中的力量角色」（The Role of Force in History）（Engels in Marx and Engels 1970：377-428），是兩位作者關於國際關係流傳最久的文章。列寧的《帝國主義》（1916/1933）提供了古典馬克思主義對於國際關係的一個扼要說明（更具「社會民主」或「修正式的」帝國主義理論可在Hilferding（1981）中找到）。除此之外，列寧的《國家與革命》（1917/1932）則提供了一個對古典國家理論的傑出介紹。David McLellan對馬克思的所有思想與國家理論，提供了一個具高度可讀性與扼要的歸納（McLellan 1975：亦可參見他其它的文章，於McLellan 1983）。對於古典與新馬克思主義國家理論的次要介紹能在Dunleavy and O'Leary（1987：第五章）與Held（1987：113-21）中找到，而Frank Parkin對於新馬克思國家理論新韋柏論式的討論（1979）雖具批判性，但卻簡潔與相當有用。一旦把這些東西都吸收之後，讀者可以繼續讀Jessop（1990），他提供了一個對新馬克思主義國家理論的廣博研究（亦可參見Perez-Diaz 1978）。本文先前提過，著名的「Miliband-Poulantzas論戰」產生的熱多於光，因為兩位作者在

許多方面爭論的都是相同的事情，該論戰被再生於Blackburn（1973：238-62）。至於新馬克思主義者各種不同的國家理論，可參見以下的作品：關於「政治的馬克思主義」，可參見Mooers（1991）與Wood（1995）；關於「Althusser的馬克思主義」可參見Poulantzas（1973）與Benton（1984）；關於「新Gramsci的馬克思主義」，可參見Cox（1986，1987，1996）、Hall and Jacques（1984）與Gill（1993）；Ellen Trimberger（1978）則是尋求盡可能在馬克思主義的論述中擴展國家「相對自主性」之重要著作。

Wallerstein的《現代世界體系》（1974）包含了對古典WST的原始論述，雖然此書相當冗長且難以下嚥，一個比較好的起點是從Wallerstein（1996：第一章與第九章；1984：第一章；1996b），次要的優良介紹是Holton（1985：74-9）以及特別是Hobden（1998：第七章），另一個好的方法是從某些主要的批評開始著手，從Skocpol（1977）與Dale（1984）開始，接著去唸Brenner（1977）。一旦讀者對「古典」WST相當熟悉之後，值得繼續閱讀我所謂的「新古典」WST：尤其是Arrighi（1994）、Chase-Dunn（1989）以及Frand and Gills（1996）。

第五章 建構主義

前言

　　本章目的並非要對卷秩浩繁的建構主義文獻之各種國家理論提出一個詳盡說明，因爲新的次理論類型正不斷出現著，因此我必須要更爲審愼與穩重。在此，我將爲讀者們呈現三種不同類型的國家理論，包含了許多，雖然不是全部，在現有的建構主義文獻中所能找到的次理論類型，跟前幾章不同的是，在開始檢視這主要三種建構主義的次理論類型以及它們對國家的研究途徑之前，我將先對建構主義進行一個概略介紹。

建構主義 vs.「理性主義」

　　以往國際關係學者傾向將國際關係的理論劃分成三種相互競爭的學派：自由主義／多元主義、現實主義與馬克思結構主義（Banks 1985）。但建構主義的興起將傳統的「三分法」變成了「二分法」，一爲建構主義，另一則爲「理性主義」或「新功利主義」（neo-utilitarianism）。現在，現實主義、自由主義與馬克思主義都被擺到「理性主義」或「新功利主義」的類型中，而建構主義者則是以許多的理由來批判「理性主義」的理論。

　　建構主義一開始就提出理性主義的理論（不要跟英國學派的理性主義搞混）一向是過度唯物論與能動者中心的。對理性主義者而言，國際關係似乎是能動者（通常是國家）的產物，並被賦予「工具的理性」，也就是說，國家總會理性地追求它們

力量、偏好或利益的效用極大化。對理性主義者來說，國家的偏好不是問題：它們以「外生」的方式被形成，並基於一個力量極大化的理性上，藉此，他們認為國家一開始就擁有一組先於社會互動外的特定利益之清單組合（portfolio）。然而，建構主義者卻認為理性主義的國際關係理論是一個傾向過度能動者中心的觀點，但誠如我在本書所言，這是一個過於大膽且激進的推論。然而我們要注意到，並非所有建構主義者都提出跟以上一樣的論點（參見例如Ruggie 1986, 1998；Reus-Smit 1996）。許多建構主義者尋求建立的論點乃是國家並非只受限於唯物論所認為的那些東西（基於相同的理由，這是一個有問題的論點），所以對建構主義者來說，國家受制於社會規範的（*social normative*）結構。因為在唯物論中，一個基本的「既定論點」是國家，或更一般地說，力量行為者，正確地知道它們的利益所在，並知道如何實現它們。但對建構主義者而言，國家並非先前就知道何謂它們的利益，更重要的是，建構主義者認為國家的身分是透過規範（norm）而被建構，而規範回過頭又定義了國家的特定利益。所以當規範重新建構了國家的身份，則國家利益也將隨之改變，從而導致國家政策的改變。因此，規範規定能動者（國家）必須要遵循某種被社會認為是「適當的」行為管道，從而國家的利益與身份也隨之被形成。建構主義者強調的是「規範」（norm）而非「意識形態」（ideology），因為前者指出被認為是「正當的」或「適當的」行為，然而某些建構主義者卻強調能動者上的結構重要性（例如Finnemore 1996）。至於其他人則強調結合能動者與結構的需求，並致力於一個「結構能動式的」（structurationist）理論

（例如Wendt 1987；Onuf 1989）。因此單就這一點，在這些文獻中就有相當大的異質性。

在理性主義與建構主義之間，還有一個更進一步的差異是存在於建構主義者宣稱國家的利益與身份，比理性主義理論認為的還要更具可塑性。因為理性主義預先假定國家利益是固定的，而無法將「身份」給問題化。但建構主義者卻堅稱，這些利益是不斷在改變的，會隨因規範結構變化而來的身份變化而改變，規範透過細緻的社會化過程不斷塑造與再塑造國家，激進的建構主義者特別強調此論點。但也許，建構主義與理性主義間存在的最重要差異是在它們賦予規範的自主性程度。

如圖5.1所示，建構主義比唯物論賦予規範與概念更高程度的自主性（導致許多學者將建構主義形容成「概念主義」〔idealism〕或概念構成主義〔ideationalism〕）。對理性主義者而言，規範要麼不是附帶現象（epiphenomenal，即完全受制或源自力量能動者的利益），要麼就只擁有由力量能動者所賦予的一個「相對自主性」。Carr在《三十年的危機》中的分析，就是前者「化約式」途徑的一個重要例子，對Carr來說（1939），自由國際主義的規範，功能是維持霸權在國際體系中的主宰性，相反地，Gramsci式／馬克思主義與國家中心的自由主義則賦予規範一個相對自主性。所以舉例來說，對新自由主義而言，雖然規範在短期內會限制國家，但最後國家自己會創造規範出來，讓國家可以極大化它們的長期力量利益（參見Keohane 1984：57-8；Axelrod 1986）。因此在理性主義裡，規範充其量不過是存在於基本因果變項間的中介變項（即力量能動者）。相反地，如圖5.1，建構主義者堅稱，規範是完全自主的，並能在根本上

規範是附帶現象　　　　規範是控制性的　　　　規範是建構性的
（規範無自主性）　　　（規範有相對自主性）　　（規範有完全的自主性）

```
┌─────────────────┐  ┌─────────────────┐  ┌─────────────────┐
│ • Waltz的新現實主義 │  │                 │  │ • 建構主義        │
│ • Carr在《二十年危機》│  │ • 國家中心的自由主義 │  │ • Carr在《民族主義與之│
│   中的分析        │  │ • Gamsci的馬克思主義 │  │   後》以及《新社會》中│
│ • 古典馬克思主義    │  │                 │  │   的分析          │
│ • 古典自由主義      │  │                 │  │ • 第二波WHS       │
└─────────────────┘  └─────────────────┘  └─────────────────┘
```

圖5-1　理性主義（唯物的）與建構主義理論對規範不同的概念
　　　　型式

型塑力量能動者的利益與身份，第二波的韋柏歷史社會學派也
支持這種立場（即Mann 1986），而我認為古典現實主義者亦復
如是（Morgenthau 1948/1978；Carr 1945, 1951）。

　　另一個在理性主義的「相對自主性」途徑與建構主義之間
做出區別的方法，是注意到控制性（*regulatory*）與建構性
（*constitutive*）規範的不同。新自由制度主義將規範想像成「控
制性的」，藉此規範（被鑲嵌在國際建制中）能透過改變型塑國
家行為的誘因來限制或控制國家。相反地，對建構主義者來
說，建構性規範「不單單只控制行為，它們也幫助形成行為者
〔即國家〕所想去控制的行為」（Katzenstein 1996c：22），也就
是說，建構性規範能去定義一個國家的身分。總言之，雖然新
現實主義者的主要任務是要精心擘劃出國家維護自身利益的方
法（例如Krasner 1978），相反地，建構主義則是要揭露出定義
國家利益的規範過程。此外，就國家而言，建構性規範通常會
以不符任何力量——利益極大化的方式來傳播國家的適當行
為，因此理性主義者雖然隱晦地將焦點擺在「結果的邏輯」

（logic of consequence），但卻被建構主義者用一個「適當性的邏輯」而取代了，在其中，規範規定了被認為是「適當的」國家行為之範圍（March and Olson 1989）。因此，對於我所謂「國際社會中心」的建構主義者來說，國際領域是一個社會領域，國際領域並非被概念化成一個體系，而是被概念化成一個國際社會。

在國際社會中心的建構主義的國際社會概念，跟英國學派的理性主義對此概念的用法是不同的。對英國學派來說，國際社會是一個由自主國家構成的社會，非國家行為者則無關緊要的，在那裡，規範結構只包含控制性的規範：國家建立規範以促成有秩序的國家行為（但可參見Dunne對此有一個不同的看法）。然而，對建構主義者而言，國際社會主要是一個規範結構，它包含獨立於國家之外自主的與建構性規範，建構主義者相信國際乃是義務性而非「必然性的」（如新現實主義所認為的）或「可能性的」（如新自由主義所認為的），或是「部份機會性／部份限制性的」（partial opportunity/partial constraint）（如第二波WHS所認為的）。因此，正如國內社會中的個人與團體被社會規範所社會化，在國際領域中的國家也會被國際社會的義務規範所社會化。然而，激進的建構主義者（後現代主義者）卻質疑是否規範為良性的，而認為規範是剝削與排它的場域，是對抗與競爭的領域。

如前所述，建構主義還有許多的次理論類型，這已明顯讓此類文獻存在著不同的分類方式：可比較Adler（1997）和Ruggie（1998：35-6），以及在這裡所使用的分類方法。我下面使用的三重分類法並不是要去掌握建構主義文獻所有範圍的次

理論類型，而是要更中肯地表達出某些建構主義者用以分析國家與國際關係的重要方式。我選擇標示出三種次理論類型，分別是：國際社會中心的建構主義（*international society-centric constructivism*）、國家中心的建構主義（*state-centric constructivism*）以及激進的建構主義（*radical constructivism*）或後現代主義（postmodernism）。我略過其它不符合這些類型的作者，例如Ruggie（1998）、Kratochwil（1989）、Onuf（1989）與Reus-Smit（1999），而我也選擇不將焦點擺在所謂整合國內與國際領域的「全觀式建構主義」（holistic constructivism）（Price and Reus-Smit 1998）。最後，至於國內能動的國家力量（國家制訂政策而不受國內限制的能力）與國際能動的國家力量（國家制訂政策而不受國際限制的能力，最極端的就是去衝撞無政府狀態的邏輯）上，建構主義至少提供了三種清晰的選項（alternatives）：

1. 國際社會中心的建構主義認為國家擁有低度的國內能動力與高度的國際能動力。
2. 激進的建構主義認為國家只擁有非常低度的國內能動力，但卻擁有中度的國際能動力。
3. 國家中心的建構主義認為國家擁有低度／中度的國內能動力與中度／高度國際的能動力。

國際社會中心的建構主義

國際規範將國家給社會化

　　這種次理論類型也許是最近十年最常見，與其中一個最具連貫性與條理性的建構主義理論（例如Adler and Hass 1992；Sikkink 1993；Klotz 1996；Strang 1996；Finnemore 1996；Price and Tannenwald 1996）。一個清晰的表述可在Martha Finnemore的《國際社會中的國家利益》（*National Interest in International Society*，1996）一書中找到。依循許多（雖然非全部）建構主義者的思考脈絡，她認為傳統理性主義的國際關係理論向來是過度能動者中心的，因為她假定國家不是每次都知道它們希望的是什麼，所以關鍵問題變成：國家利益是如何被定義的？答案是，國家的身分與利益是由國際社會的規範結構所定義。這使她一開始就強調在能動者之上的結構。

基本的理論途徑：國際結構

　　如圖5.2所示，Finnemore的主要變項：國際社會：我認為有兩種層次或等級。第一層是規範結構，我認為這構成國際社會的「深層結構」（deep structure），這包含了許多國際規範的型式，這些規範型式使國家被社會化成必須遵守「適當的」行

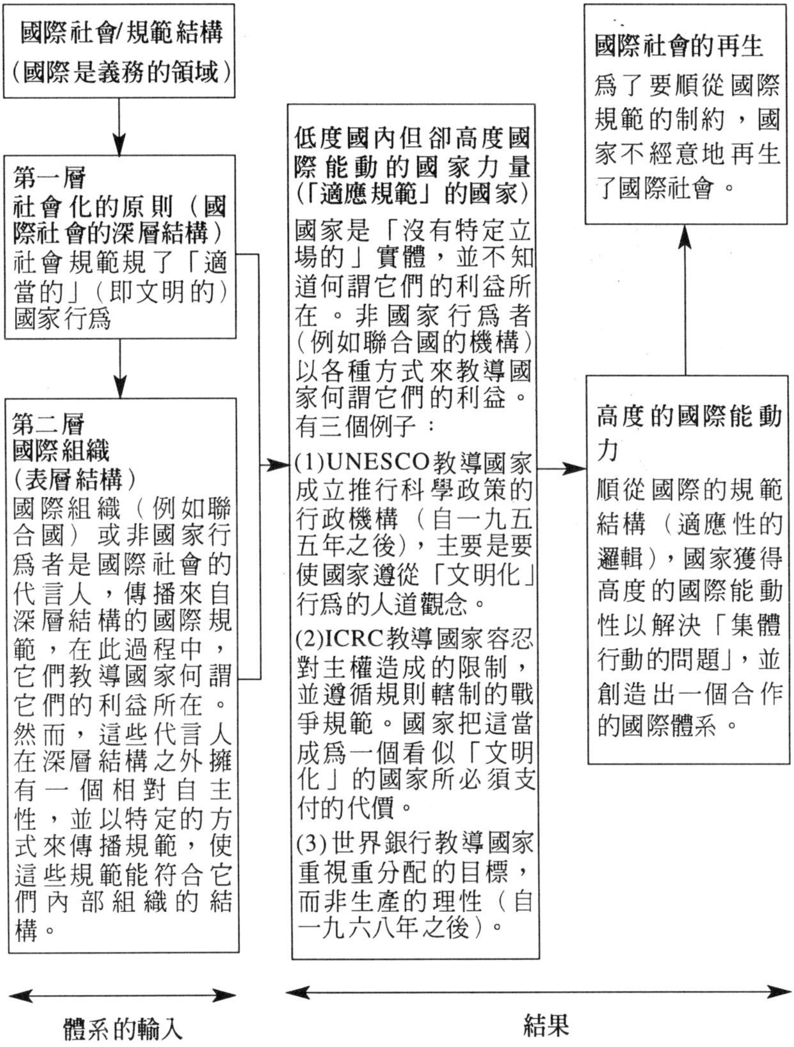

國際社會/規範結構
（國際是義務的領域）

第一層
社會化的原則（國際社會的深層結構）
社會規範規了「適當的」（即文明的）國家行為

第二層
國際組織
（表層結構）
國際組織（例如聯合國）或非國家行為者是國際社會的代言人，傳播來自深層結構的國際規範，在此過程中，它們教導國家何謂它們的利益所在。然而，這些代言人在深層結構之外擁有一個相對自主性，並以特定的方式來傳播規範，使這些規範能符合它們內部組織的結構。

低度國內但卻高度國際能動的國家力量（「適應規範」的國家）
國家是「沒有特定立場的」實體，並不知道何謂它們的利益所在。非國家行為者（例如聯合國的機構）以各種方式來教導國家何謂它們的利益。有三個例子：
(1)UNESCO教導國家成立推行科學政策的行政機構（自一九五五年之後），主要是要使國家遵從「文明化」行為的人道觀念。
(2)ICRC教導國家容忍對主權造成的限制，並遵循規則轄制的戰爭規範。國家把這當成為一個看似「文明化」的國家所必須支付的代價。
(3)世界銀行教導國家重視重分配的目標，而非生產的理性（自一九六八年之後）。

國際社會的再生
為了要順從國際規範的制約，國家不經意地再生了國際社會。

高度的國際能動力
順從國際的規範結構（適應性的邏輯），國家獲得高度的國際能動性以解決「集體行動的問題」，並創造出一個合作的國際體系。

體系的輸入　　　　　結果

圖5-2　國際社會中心的建構主義其國家與國際關係理論
（Finnemore）

爲模式。實際上，Finnemore認爲有一種國際的「社會化原則」，使國家要遵守良性「文明行爲」（civilised behaviour）的國際規範。在她書中的最後一章，Finnemore提出雖然有許多規範存在於深層結構中，但她認爲有三種主要的規範：分別是行政機構的（*bureaucracy*，即行政機構被視爲是權力運用的最適當手段）；市場的（market，即市場被認爲是組織經濟生活的最正當手段）；以及人性平等的（human equality，以及尊重人權與所有人在政治與經濟生活的廣泛平等觀念）（Finnemore 1996：131-5；亦可參見Strang 1996：45）。除了深層結構外，Finnemore暗中還援用一個第二層：或我所謂國際社會的「表層結構」（surface structure）：包含了國際非國家行爲者與國際組織。這些行爲者主要透過教導國家如何行事（behave），而實際傳播或擴散了深層結構的規範，因此，國際組織是主動積極的規範載體（carrier）。這個觀念附和但非完全等同其它諸如「知識社群」（Haas 1992；Alder and Haas 1992）、「原則性的國際議題網絡」（principled international issue-network，Sikkink 1993），或「規範企業家」（norm entrepreneurs，Florini 1996）的觀念。然而，當國際組織以等同自身內部的組織結構之特定方式來傳播規範時，它們在深層結構之外就可取得一個相對的自主性。總而言之，這兩種國際社會的層次構成了獨立變項，國家行爲則是依賴變項。

Finnemore其中一個主要目標是要顯示出國家政策並非是國家需求（不論是從國家或在國內擁有力量的利益團體之觀點來看）的結果，而是國際勢力透過教導國家它們利益爲何的方式，能夠型塑國家的政策（即一個「顛倒的第二意象」途徑）。

當然，某些理性主義者雖然一直強調「學習」的重要性，但Finnemore發現理性主義的學習觀念是有問題的，因爲它被國家有目的的利用以克服某個問題或危機，因此強化了某個特定行爲者的力量。相反地，對Finnemore來說，國際組織一向是位「積極的老師」，引導國家制訂某個符合國際行爲規範的政策；這樣的一種行爲也許無法強化某特定行爲者的力量，或甚至抵觸行爲者的力量與利益，但重點是她在其國際—社會結構（體系的）途徑中所宣稱的，能動者中心的途徑（該途徑將焦點放在國家與它們人民的內部偏好上）能預期到不同的國家會有不同的政策制訂，因爲國家在其內部的構成上是不同的。但Finnemore揭露出在這三個個案的政策領域中，不同的國家卻選擇相似的政策，這讓我們不禁想起Waltz，意謂著內部／國內的變項只具有少許的必要性，所以我們需要採取一個國際社會—體系的分析。

「定義」國家利益的三個個案研究

Finnemore將焦點置於三種不同政策領域的三個個案研究，她的方法是要提出一種「理念型」（ideal）的建構主義論點，就國家而言，這需要一開始就要懷疑任何的工具理性，因此在她每個個案研究中，一開始她揭示出國家政策的背後並沒有任何力量極大化的利益，並顯示某個政策對國家而言也許會抵觸一個絕對力量極大化的利益（如國家接受規則轄制的（rule-governed）戰爭規範與消除貧窮的問題上）。

一九五五年之後，國家開始成立推動科學政策的行政機構
（science policy bureaucracies）

　　Finnemore的第一個個案研究是顯示出國家結構被一個承載
規範的國際組織，即聯合國教育、科學與文化組織（the United
Nations Educational, Scientific and Cultural Organisation；
UNESCO）給社會化，該組織是在教導國家如何發展推動科學
政策的行政機構。她首先問：爲何國家在一九五五年以後開始
成立推動科學政策的行政機構？她懷疑地看待她所謂「需求導
向」（demand-driven）的變項（等同於理性主義的理論），諸如
國家的安全需要、現代化經濟的發展需求或國內科學社群的偏
好，之後她則提出一個「供給導向」（supply-demand）的解
釋，她首先顯示在一九五五年之後，推動科學政策的行政機構
之發展跟物質力量的極大化需求並沒有關係，反而是和由
OECD（經濟合作暨開發組織），以及特別是UNESCO積極推動
的國際規範有關。

　　UNESCO的成立一開始是要建立跨國的科學規範以發展全
球的人道主義規範，從而使世界成爲一個更安全的所在。在發
展這種科學網絡上，國家不被認爲是一個主要的輸入端
（input），因爲科學不受國家的力量-利益引導。然而Finnemore
卻認爲，由於UNESCO結構內的組織變遷，這種全球規範被扭
曲並被修正到一個新方向。在一九五〇年代早期，冷戰的揭幕
與新興獨立國家的出現，使國家逐漸要求在UNESCO中有更大
的代表性。一九五四年，當國家逐漸取代科學家成爲組織的核
心構成份子時，UNESCO的內部結構發生了改變，這也導致其

政策方向上的一個轉變，之後UNESCO尋求積極主動地教導個別國家發展它們各自推行科學政策的行政機構，最後UNESCO非常成功地達成目的：從一九五五到一九七五年，擁有推行科學政策的行政機構之國家，從十四國擴展到將近八十九國（Finnemore 1996：39）。因此，雖然這種由UNESCO發動的「教育性」活動，主要原理仍舊不變：也就是促進科學思考以發展人道主義的規範：但使用的手段卻因UNESCO中的組織變遷而有根本改變，國家逐漸接受UNESCO的教導，因為擁有一個推行科學政策的行政機構被認為是構成「現代文明」國家的必要成分。除此之外，UNESCO的「權威」在說服國家制度化這種規範乃是相當重要的。

容忍對主權的直接限制：接受規則轄制的（rule-governed）戰爭規範

Finnemore的第二個個案研究，涉及到國家逐漸接受規則轄制的戰爭規範過程。她討論了日內瓦公約（Geneva Conventions）的發展，該公約規定，國家與它的軍隊應保護受傷士兵的性命；應提供援助給戰俘；應提供人道援助給內戰中不屬於國家的軍隊；應為政治犯提供救援管道與人道對待。簡單的說，國家應接受戰爭的某種人道規則，但這將對國家主權的運作形成限制。她認為在定義上我們根本連去貶低需求導向解釋的需要都沒有，因為這些行為規範並不會對國家的力量—利益有所裨益，那這些規範為何出現？

Finnemore再次將焦點擺在國際組織的積極角色上。在國際紅十字會（the International Committee of the Red Cross；ICRC）

的案例中，Henry Dunant努力促進ICRC的發展，而ICRC的目的是要促成制定戰時義務與責任的人道規範，簡言之，ICRC規定了「文明」（civilised）國家在交戰中的適當行為，而國家也逐漸容忍這些對它們主權所構成的限制，並把它當成一個值得支付的「價格」，以維持「作為文明的」（being civilised）外表。因此，跟新現實主義相反的是，Finnemore認為在此案例中，國家承受了限制它們最重要的主權利益重擔（即戰時的國家力量運作）（Finnemore 1996：72）。Richard Price與Nina Tannenwald的研究也得到類似的結論，在他們對禁用核子武器與化學武器的研究中，「禁止性規範的存在顯示出戰爭很少是全然獨立的；反而是在展現社會制度的一個特徵，國家會順服這些規範，是因為不希望它們的行為被歸類在〔文明的〕國際社會的範圍之外，〔社會〕不是無政府狀態的，而是限制與允許效應的源頭」（Price and Tannenwald 1996：145；Finnemore 1996：69, 87-8）。

容忍對經濟主權的限制：接受生產價值上的重分配

Finnemore最後的一個個案研究涉及到國際政治經濟的面項，在此她將焦點擺在為何在一九六八年後，第三世界的國家逐漸把緩和貧窮的議題當成是一個重要的經濟政策規範。在一九六八年前，只有少數的跡象顯示出這種規範是值得被國家重視的，而國家的經濟政策目標則一直是要極大化國家資本的積累：也就是說，國家較為重視生產的價值而非分配的價值。但到了一九七〇年代，經濟發展的規範從重視生產移轉到確保福利的重分配，這種規範的改變是如何發生？

又一次，在國家間肯定沒有任何需求導向的邏輯能被指出，因為這種規範的移轉，實際上會牴觸了它們極大化經濟成長的立即利益。在這個案例中，因為重分配必然會跟最適生產（optimal-production）的標準發生衝突，但第三世界的國家卻逐漸容忍對它們經濟主權的限制。在此，主要的國際組織是世界銀行（World Bank），它教導國家擁抱這個新規範，這很大一部份是由世銀總裁Robert McNamara發起的開創性活動所致。McNamara認為，富有國家有責任或義務去幫助第三世界國家減緩貧窮的問題，這個規範信念使他增加援助與貸款給第三世界，目標是要針對特定地域的貧窮問題。他也執行許多跟地方基礎建設發展計畫有關的政策，跟UNESCO一樣（雖然不是ICRC），緩和貧窮的政策實際內容是國家逐漸會去從事的行為不只是國際社會深層結構中規範變遷的產物，而且還是世界銀行表層結構中組織特定結構變遷的產物。

國際社會─中心建構主義的國家理論

對Finnemore而言，國家被理解成適應規範的實體，國家的社會化不是透過物質結構，而是透過國際規範結構的社會化原則。在以上的每個個案中，國家逐漸使它們的政策與國內結構，符合國際規範規定的「文明」國家行為規範，而這些規範的傳播乃是透過國際組織的「教導」活動。在Finnemore的論點中隱含了國家只有低度的國內能動力，但若回想到她之前的主要目標是要賦予更大的比重給能動者之上的「結構」，而且她途徑的主要關切議題是國家的國際能動力，那她是否成功達成目

標?以本書所採用的國際能動力之定義來看,答案必然為「是也不是」(yes and no)。首先,她清楚的認為國家沒有任何的國際能動力,因為國家是被國際社會結構所社會化,所以它們沒有任何的力量能去影響這個規範結構。除此之外,在這個過程中,國家通常逐漸會容忍那些對它們主權的限制,而在這三個個案中,國家慢慢都發展出新的政策,但這些政策並非是要極大化它們的力量,而是要使它們符合「文明」行為的內涵。到此為止,Finnemore成功地將重點放在國際(社會)結構,而貶抑國家的能動力,但有一個明顯的吊詭在這出現了,因為若是順從國際的規範結構,則國家就能得到非常可觀的國際能動力來克服集體行動的問題,並因此緩和了國際的無政府狀態,這意謂著良性的全球規範能重新教育(re-educate)國家,使它們能以「衝撞無政府狀態邏輯」的方式來進行合作與行動。此外,在克服集體行動的問題上,Finnemore比新自由制度主義賦予國家更高度的國際能動力。

圖5.3比較了這兩種立場。對新自由制度主義者來說,國家藉由忽略被包含在國際建制中的「控制性規範」,而能選擇去欺騙與採取短期相對利得/自立救濟的行為,因為這些規範僅用來強化國家的長期力量—利益。但對Finnemore而言,實際上,國家深深地被創造國家身分的建構性規範所社會化,重點在於,這些規範導致國家潛意識去選擇進行國際合作,即便它們並沒有滿足任何的力量-極大化或效用—極大化的利益:也就是說,合作被銘刻在國家的身分上。從這種方式來看,國家比新自由制度主義認為的還更能達成有效率的合作,正因欺騙行為的選擇機會被規範大大削弱了。

新自由制度主義

無政府狀態與集體行動的問題	國際建制含有控制性的規範	國際是「可能性的領域」
世界政治無政府狀態的結構,與伴隨它的「集體行動問題」促使國家尋求合作的方法,以強化它們個別的長期力量利益。 (國家遵循結果性的邏輯)	由於國家已經知道何謂它們的利益所在,所以國家透過被賦予控制性規範的建制來極大化它們的力量,這「促使」國家能避免採取次佳的行為(即短期的欺騙)。	由於國際建制被有目的的成立,所以國家能強化它們長期的力量利益,並自發地解決「集體行動的問題」。然而這並不會代表著一個完美的合作,因為國家仍會選擇欺騙或自行其事。
基本因果變項	中介變項	結果

國際社會—中心的建構主義

國際社會/規範結構	國際組織/非國家行為者傳播與教導國家適當的「建構性」規範	國際是「義務的領域」
國際社會的社會/規範結構將國家社會化成在行動或舉止上符合「適當」或「正當」的「文明」行為規範。在這個過程中,國家不會尋求去極大化它們個別的力量利益。 (國家遵循適當性的邏輯)	由於不知道它們的利益為何,國家被非國家行為者教導要採取符合合作行為之長期「文明化」模式的政策,因此國家不會尋求去極大化「力量」。	透過順從國際社會的規範,國家弔詭地強化了它們的國際能動力,並能解決「集體行動的問題」,因為合作被銘刻於國家的身份上。所以國家採取欺騙的行為比新自由制度主義所認為的還要更不可能發生。至於合作,弔詭的是,國家甚至比新自由制度主義所認為的還要擁有更大的能動性去衝撞無政府狀態的邏輯。
基本因果變項	中介變項	結果

圖5-3　國際社會中心的建構主義與新自由制度主義間的差異

最後是要注意到，雖然目前為止的分析明白提出了一個強的第三意象途徑，因為Finnemore一書的最後一章符合此一途徑。但一個強的第三意象的建構主義途徑會賦予強烈的一致性與同質性給國際規範，然而她卻明白否定有一個「世界的同質化過程」（world-homogenisation process），因為全球規範並非是完全一致的：也就是說，不同的全球規範間容易出現競爭，而且通常是激烈的競爭（Finnemore 1996：135-9），因此她提出的是一個「弱的」第三意象途徑。

激進的建構主義（後現代主義）

我們一開始就要注意到，將後現代主義與建構主義視為是一樣的看法是有爭議的（關於這點的一個完整判準，參見Price and Reus-Smit 1998）。然而，雖然我將後現代主義視為建構主義的一種次理論類型，但我們要注意到它是一個高度異質的理論，如果要以各種方法來充分表述此途徑的話，那我保證需要至少一章的篇幅，不是只有現在這短短的一段（但關於此途徑有兩個出色的介紹，一可參見Richard Devetak 1996，這是一個支持性的評述，二可參見Darryl Javis 1998，則是一個批判性的歸納）。然而，本書目的則是盡可能萃取或區別出一個關於該理論研究國家的基本途徑（而不用不公平對待其它許多的後現代次理論類型），並且很少人會懷疑後現代主義對國家與國際關係的理解，會無法提供一個新穎且重要的歷史學—與社會學—敏感度（historically- and sociologically-sensitive）的洞見（參見例

如Ashley 1989；Der Derian and Shapiro 1989；Cambell 1990；
Walker 1993；Bartelson 1995；C. Weber 1995；Doty 1995；
Shapiro and Alker 1996）。近來，後現代女性主義以新穎與刺激
的方式擴展了這個研究議程（例如Elshtain 1992；Peterson
1992b；Sylvester 1994）（對女性主義的一個更全面介紹，參見
Tickner 1992；True 1996與Steans 1998）。除此之外，我漸漸承
認早期我將後現代主義貶抑為「虛無主義」（nihilistic）的看法
是不公平的（Hobson 1997：278）。

　　證據顯示，建構主義作為一種社會學思想的主要異質部份
（我將後現代主義視為建構主義的一種次理論類型），它某些次
理論類型的確提出相當獨特的創見，圖5.4並列了激進的建構主
義與國際社會中心的建構主義（與新現實主義）。我們在前面提
過，國際社會中心的次理論類型基本上傾向將全球規範視為正
面的，相反地，激進的建構主義卻總將國家身分視為負面的，
也就是說，國家的身分形成過程必定會導致排它性、壓制性、
暴力性並將少數給邊緣化。此外，這兩種次理論類型能用它們
賦予國家的國際能動力程度來被做出區別。

國家身分的形成與國際關係

　　激進的建構主義一開始就在拆解或解構國家，相較於唯經
濟論的國際關係理論：大多是新現實主義：激進的建構主義者
堅稱，國家無法只單單等於賦予國家一個固定與穩定存在或意
義的主權。激進的建構主義認為主權並不是一個物質基礎，而
是一個社會建構，更特定的說，「國家主權」、「國家身分」、

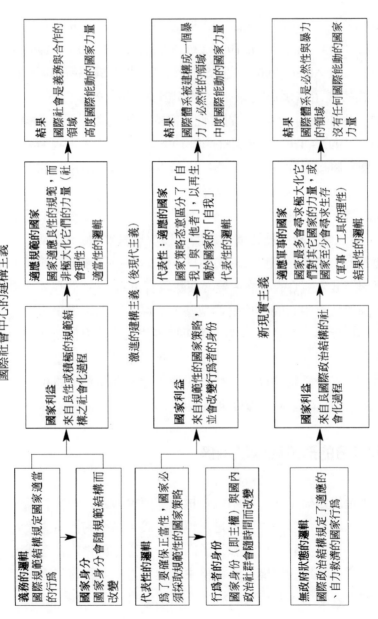

國際社會中心的建構主義

義務的邏輯
國際規範結構規定國家適當的行為

國家身分
國家身分會隨規範結構而改變

國家利益
來自良性或積極的規範結構之社會化過程

適應規範的國家
國家適應良性的規範，而非極大化它們的力量（社會管理性）
適當性的邏輯

結果
國際社會是義務與合作的領域
高度國際能動的國家力量

激進的建構主義（後現代主義）

代表性的邏輯
為了要確保正當性，國家必須採取規範性的國家策略

行為者的身分
國家身分（即主權）與國內政治社群隨時間而改變

國家利益
來自規範性的國家策略，並改變行為者的身份

代表性：適應的國家
國家策略蓄意區分了「自我」與「他者」，以再生屬於國家的「自我」
代表性的邏輯

結果
國際體系被建構成一個暴力／必然性的領域
中度國際能動的國家力量

新現實主義

無政府狀態的邏輯
國際政治結構規定了適應的國家行為
、自力救濟群隨時間而改變

國家利益
來自良性國際政治結構的社會化過程

適應軍事的國家
國家最多會尋求極大化它們對其它國家的力量，或國家至少會尋求生存（軍事／工具的理性）
結果性的邏輯

結果
國際體系是必然性與暴力的領域
沒有任何國際能動的國家力量

圖5.4　建構主義與新現實主義的區別

「國家疆界」、「國家的正當性」與「國內的政治社群」或「民族」，這些在陳述上被再現的概念，在分析上必須要加以區分，而不是毫無疑問地被混同在一個「完成的」（finished）或「完全的」（complete）總體，從而被當成「主權國家」。一個「完全的」或「窮盡的」（exclusive）國家外觀，在國際體系中一國會跟「其它」國家不同，實際上是一個假象：這個假象是成功的國家策略（statecraft）之產物，或許最好被稱作是**規範性國家策略**（*normative statecraft*）的產物。Cynthia Weber（1995）也將這個過程稱作「論述」（writing）國家的過程。所以國家不是如理性主義者假定，可作爲一個毫無疑問的國內政治社群或民族的代表。

「規範性的國家策略」是指國家創造一個想像，看似統一與和諧的國內政治社群或民族之過程。根據Benedict Anderson（1983）的看法，政治社群或民族國家是被想像的。國家並非是以一個完整或統一的實體存在，因爲它並不具一致性，而是會不斷的分裂，民族主義的「團結感」是被想像出來的，因爲某個民族的成員實際上並不會認識假定被包含在此民族的多數同胞，因爲政治社群：或被指涉者（signifier）所指（即國家）：並不是正確地存在著，因爲國家的疆界會不斷地斷裂，所以國家必須要有一個統一的外表來「固定」或穩定國內社會，若欠缺此外表，則國家就沒有一個能夠代表的「基礎」。這是如何被達成的？

用Cynthia Weber（1995）所謂「代表性邏輯」（logic of representation）來看，國家必須要劃定或製造一連串恣意的區分與劃分，這基本上是在創造一個高度恣意的區分，在「內部」

與「外部」之間劃分出一條界線；前者似乎是和平與秩序的領域，而後者則是充滿必然性與暴力的領域（Ashley 1989：300-13；Campbell 1990；Walker 1993：第八章；Bartelson 1995：83-4；Weber 1995：第一章；Devetak 1996：199-200）。這牽涉到要創造一個在「自我」（self）與「他者」（other）之間的虛假區別，也就是說，國家傾向會去創造出「他者」是一個威脅的表象，對抗著被反面定義的「自我」。在建構一個看似威脅的「他者」時，國家能將統一的表象賦予「自我」上：即國內的人民。但國家也必須在國內社會劃分界線，以壓制那些不符純正自我（pure self）觀念的團體，這些「偏差團體」（deviant groups）變成國內的「他者」（這點稍後我會談到）。簡單的說，自我被反面定義來對抗社會內外的他者以創造出統一的表象。但這個國家策略的過程與代表性邏輯跟國際關係又有何關？

也許開啓激進的建構主義與國際關係研究發生關係的重點是建構一個固定且一致的民族認同過程。國家創造或建構了一個看似威脅的「他者」世界，從而使國家的軍事準備任務被看成是自然且必要的政策。因此，國際領域的外表充滿著必然性與暴力性，但這並非源於一個「外部」或客觀的無政府狀態邏輯，而是源於規範性國家策略建構國家身分的一個內部過程。也就是說，區別敵國的「堅固」主權界線是透過國家策略而被想像出來，「外交政策所不斷形成的危險，並不是一個對國家〔軍事〕存在的威脅〔如新現實主義認爲的〕……而是國家〔首先〕可能出現的情況」（David Campbell引自Devetak 1996：198）。因此，外交政策不只是規範性國家策略的結果，它也是

國家策略的一個根本決定因素。除此之外，統一性與正當性被創造不久後又會分裂，需要一個更新的策略性國家規範過程來創造一個對主權、身份與政治社會的新「固定」意義。所以「完成」國家與國內政治社會的任務不是一勞永逸的（相較於傳統理性主義的國際關係理論推定這種毫無疑問的被完成國家『finished state』出現在一六四八年）；它必須不斷被製造與再生、被想像與再想像，國家的外表才能具有正當性、自然性與「完整性」。所以，成功「論述」國家的過程（即規範性的國家策略）造成主權是一個被完成的幻象，或Doty所謂的「主權效應」（sovereignty effect；Doty 1996：121-4）。激進的建構主義者通常被說成是「虛無主義」，因為他們堅稱國家、民族（與所有的社會型式）都是「非真實的」。但這種批評是不正確的，因為他們只是指出國家與所有社會型式都不是以一個完全或被完成的實體存在，它們的正當性與固定性也不是毫無疑問且永遠不變的。除此之外：政治的壓制、種族主義、集體屠殺與戰爭：它們顯然都是規範性國家策略的結果，也具有如此令人毛骨悚然的效應，使他們覺得有必要去除掉國家。

論述國家並將其它國家懲罰成「他者」

將這個途徑拿到國際關係研究上的一個重要應用，可在Cynthia Weber的《偽裝的主權》（*Simulating Sovereignty*，Weber 1995）一書中發現。Weber的中心任務是要將主權給問題化。傳統的國際關係理論假定主權會賦予國家一個固定意義，讓國家以一個獨立的現象存在著，所以國家／主權雙韻

（couplet）是自然且正當的。但Weber卻堅稱「國家」與「主權」在分析上應有所區別，因此Weber開啓了主權的「黑箱」，並揭露主權本質上是高度可塑與捉摸不定的。主權不是一個作爲國家指涉（referent）的客觀項目，主權本身必須要有一個指涉：也就是說，它必須要基於一個基本的「眞理」上，如此一來，上帝或「人民」就必須要被國家經由國家策略來被「論述」。而正因爲這種指涉本身是被建構的，所以主權最後將是社會的一個建構物（Biersteker and Weber 1996b）。

也許Weber提出的重點是一個代表的危機（*crisis of representation*），這出現在當A國立基的代表模式（mode of representation）不同於B國立基的代表模式時。代表的危機出現，是因爲B國出現的政治社群新型式能對存在於A國中的代表模式提供一個替代選項。在她的三個個案研究中，Weber顯示出國家經常會受到其它國家的「威脅」，但並不是在軍事上，而是因爲其它國家的「自我」是基於另一種代表模式，因此在十八世紀早期，歐洲會議（Concert of Europe）中的許多國家，發展出一種基於絕對專制王權的代表模式，但當絕對王權被以一個目的是要創造立基於憲政王權的新代表模式的西班牙與拿破崙革命挑戰時，結果造成在剩餘的絕對王權國家中的「一個代表危機」。也就是說，絕對王權的國家感到了威脅，因爲其它更「民主的」國家提供了另一種治理型式，因此絕對王權的國家會以軍事介入來懲罰「偏差的他者」。同樣的過程也出現在美國，當布爾什維克革命（Bolshevik revolution）爆發，出現一個共產國家對美國自由資本主義的代表性形成威脅時，爲了要穩定在國內的統治，美國就試圖妖魔化並懲罰蘇聯這個「偏差的他

者」，以維持自身的代表模式。David Campbell（1990）認爲這導致了一九四七年後的冷戰。

在這個論點中，Weber能夠否定外國的介入與國家的主權是互斥的這種傳統假定。Weber顯示出外國的介入實際上是構成主權存在的情況，簡單以Campbell的話來說，「不斷出現的外國介入⋯⋯並不是一個對主權的威脅，而是主權可能的情況」。外國的介入與主權必然會交織在一起，這是因爲如果國家想要維持它那人爲創造的國內政治社群代表模式的話，則國家必須擔起作爲一個「有紀律群體」（disciplinary community）的責任，介入與懲罰那些不符合其主權代表模式的國家。

性別國家（gendered state）的論述，並將女性懲罰成國內的「他者」

如前所述，創造「他者」（以建構一個「自我」）的其中一個基本面項是要懲罰那些在社會中不符自我純正觀念的團體，這導致國家在國內社會中劃分界線以隔離「偏差的他者」，特別當國家創造了一個基於種族團體與異性戀男性團體的自我時。因此偏差的他者：女性、同性戀與「國內的外國人」：必須要被壓制以維持「純正的」自我。重要的是要注意到，國家不只是男性利益的工具，政府的實際作爲也被引導成彷彿只有異性戀男性的利益才重要（Connell 1990）。除此之外關鍵的是，男性的利益是以一個異性戀男性的規範而被社會建構，這使父權、侵略與好戰的觀念得以被具體化。

那國家又如何將女性建構成一個「偏差的他者」，並使她們居於從屬的地位？所有女性主義者都認為國家建構了一條內部界線，該界線把私領域從公領域中分離出來。公領域是男性的，代表一個工作、生產與政府的領域，相反地，私領域則被建構成女性的，並構成家庭與人類繁衍的領域。國家之所以必須這麼做，是因為女性私領域的世界等於它國的世界：兩者都被建構成具有威脅性的「他者」。他者必須要被壓制與控制，使國家能創造一個同質的國內政治社群，並為國家的正當性提供一個基礎（True 1996：231）。因此私領域被以許多方式壓制並與公領域分離。

第一，語言是**透過對立或辯證的二分法而被建構的**（或Peterson採用Mies所謂的「殖民化雙元主義」（colonising dualisms））：心靈／身體、主體／客體、理性／情緒、公共／私人等等（或Derrida所指的**邏各斯中心主義『logocentrism』**：參見Ashley 1989：261-4）。前面的字眼代表宰制（或霸權的男性思維），而後面的字眼則是被宰制的女性思維。重點是，男性的字眼總具有優勢（或構成「殖民化的」字眼），女性則不斷被貶低或是「被殖民的」（Tickner 1998；Peterson 1992b：12-13），這有助於解釋一個以男性為基礎的公領域與一個以女性為基礎的私領域間的劃分。第二，公領域本身為男性獨佔，而女性被忽略或被限制在私領域中，雖然實際上女性能努力爭取進入公領域的權利，「但這個空間仍是由男性價值所制定的」（Steans 1998：85）。此外，女性主義者認為公民權的觀念是基於男性的（Pateman 1988），Steans認為，公民權在歷史上一向是基於「戰士英雄」以及使用武力來捍衛政體的觀念，並一直

是由男性所實踐的（Steans 1998：第四章）。第三，因爲私領域不被國家重視，所以它也是經由國家的介入與不介入來被分離與壓制，它被國家透過生育、結婚、離婚與財產權的壓制性法律來介入與「管制」女性（Pateman 1988），國家也透過選擇不去介入私領域來壓制女性（**惡意忽略的政策**）。國家以五花八門的方式維護了男性對女性的暴力，而不只有透過拒絕介入家庭內的爭端，因此國家間接助長了西方世界的強暴犯、印度因嫁妝不足而被丈夫燒死的婦女、非洲割除女性陰蒂的行爲，這些全都因國家的允許而繼續存在。透過不對婦女提供保護，國家壓制了私領域，以作爲創造一個同質男性自我的手段（Peterson 1992c：46；Tickner 1992：57-8）。所以對後現代的女性主義者來說，規範性的國家策略過程牽涉到國家對性別邏輯的順從，如Connell所言，「性別關係建構了國家，國家作爲了一個將性別力量予以中心化的制度」（Connell 1990：519；Peterson 1992c：39, 45）。但這些跟國際關係又有何關？

　　如前半段所述，後現代主義認爲，當國家開始創造一個自我時，國際領域就被國家建構成充滿暴力與必然性的領域，隨之所至的內部／外部二分法也被建構了出來（Walker 1993）。爲了要支持這個論點，Peterson（1992b）談到了一個由國家起草之隱晦或想像的「主權契約」，該契約規定在國際上使用武力是一個必要之惡，不只保護國家免於它國的侵略，還能使每個國家都能鞏固與建構一個想像的、統一的國內政治社群。而後現代女性主義者意有所指地補充了這個論點，他們指出國際領域之所以被建構成暴力的，部份是因爲國家偏好男性思維與行爲的建構模式，由於偏好侵略而非和解與合作的女性觀念，所

以戰爭一直會持續下去成為國家的自然保存物。此外，女性主義者一般都會對新現實主義的理論提出強烈批評，這跟Robert Cox（1986）很像。Cox認為新現實主義實際並非如它自己宣稱的是科學與價值中立的，而是包含著一組保守的政治價值。所以女性主義者能說服我們相信新現實主義不是如它對外宣稱的那樣「性別中立的」（gender-neutral）。就它包含與偏好的保守／男性思維模式來說，新現實主義天生就是價值滿載的（value-loaded），因此Ann Tickner與其它人信誓旦旦地指出各種不同的男性思維面項：尤其特別是對化約論、區分論、與具體化的偏好：透過這些新現實主義的理論得以被建構。所以新現實主義是一個化約式的理論途徑，誇大並具體化無政府狀態的重要性，從而貶抑國內與私人的領域；偏好軍事力量與權力，貶抑同情理解與合作；將國際與國內領域區分成兩個全然分離、具體的領域，卻不承認它們的相互鑲嵌性；具體化了國家的自主性，並將它從私領域分離出來，而不正視國家的性別本質；具體化了「客觀性」與「軍事理性」，從而貶低道德的重要性（參見特別是Steans 1998：第二章；Tickner 1988, 1992：第二章）。

後現代主義與國家和國際關係理論

最後，什麼是後現代主義對國內與國際能動的國家力量看法？第一，在所有社會科學的理論中，這種次理論類型只賦予國家最低程度的國內能動力。後現代主義者拒絕承認國家是以一個「真實的」制度或實體的型式存在，他們認為所有的國家都是被想像的。此外，激進的建構主義者認為「主權國家」目

前正處在危機中，當全球化正對內與對外侵蝕了主權國家時，民族國家的終結只會每天變得越來越明顯，全球化的過程目前阻礙了國家重新將本身建構成一個具有正當性實體的能力（參見特別是Camilleri and Falk 1991；Weber 1995；Shapiro and Alker 1996）。然而，有趣的是，本書所使用的方法學卻認為激進的建構主義賦予國家中度的國際能動力，何以如此？因為國際政治的衝突實際是被國家透過規範性的國家策略而被建構，雖然國際社會中心的建構主義賦予國家高度的國際能動力，因為它認為國家能逐漸合作並克服集體行動的問題，但相反地，激進的建構主義宣稱只要國家仍然存在，那麼戰爭與暴力將持續建構並引導國際關係的「正常」手段，這是因為國家必須創造出一個「具有威脅性的他者」以建構一個想像的、統一的國內政治社群（若缺乏它則國家就無法持續存在）。或如女性主義者Jean Bethke Elshtain所言，「需要他者來定義我們自我，我們依舊在一個國家／民族中心的戰爭與政治之論述中，雖然這有好有壞，但國家仍繼續存在」（Elshtain 1992：150）。所以集體行動問題的本身只是一個人為但卻無法迴避的建構物，只要國家繼續存在，它依就在那。總而言之，國家陷入在國際（與國內）的暴力循環中，因為規範性的國家策略將導致一個男性國家的出現，它偏好採取壓制與侵略，而非對其他國家進行合作與理解。

國家中心的建構主義

建構主義的第三種次理論類型用寬鬆的標準也許可被分類為「國家中心的」（不要跟Wendt的國家的-建構主義（Wedtian statist-constructivism）混淆在一起），該次理論類型包括那些將焦點集中在國家的國內而非國際領域的理論，因此他們傾向把焦點擺在個別國家或比較性的分析上（例如Berger 1996；Herman 1996；Katzenstein 1996a；Kier 1996），但這種次理論類型顯然不同於新現實主義的國家中心性（state-centricity）概念，重要的是要注意到在這個大致定義的次理論類型中，存在著一組更進一步的次理論類型或分支，它們的差異不只存在於強調非國家行為者的重要性，還有強調國內層級上的國家力量。在本段我將以Peter Katzenstein的作品來作為該途徑的一個例子。

日本的建構式規範與國家安全：Katzenstein的文化規範與國家安全

在其重要的著作《文化規範與國家安全》（*Cultural Norms and National Security*，1996a）中，Peter Katzenstein提出了一個微觀分析，並將焦點主要擺在日本。一開始他拒絕將所有事物予以體系性的理論化，而明顯不同於Finnemore的途徑。他宣稱，「一般來說，國際社會中的社會規範，比國內社會中的社

會規範還要不密集且更加脆弱」（Katzenstein 1996a：42, 60）。
特定的說，Katzenstein認為體系理論不充分的，不只是因為它
將國家予以「黑箱化」，而且無法檢視在國家結構本身內，以及
重要的國家-社會連結與國家-超國家連結的複合關係。除此之
外，第三意象的理論傾向將國家描繪成單一理性的能動者，在
其中，國家的利益被假定為外生的（即先於社會的互動）。但
Katzenstein卻認為，各國內部的構成是不同的，而且關鍵的
是，在國際體系中這將會影響它們的行為。此外，跟許多建構
主義理論明顯不同的是，Katzenstein檢視了國家的國內能動力
對規範所造成的影響，以及規範對國家所造成的影響。

　　日本是一個相當有用的案例來發展一個對新現實主義的批
判，並建立起另一種「國家中心的」建構主義式途徑。日本有
著特定的利益，第一因為在對外安全的立場上，它經歷過一個
主要的典範移轉：從一九四五年前的軍國主義，移轉到之後的
和平主義上，將焦點集中在國家身份與社會規範的變遷，比新
現實主義所強調的國際力量分配，更能提供一個充分的解釋。
第二，新現實主義假定日本會將其經濟霸權轉變為軍事霸權，
並成為一個軍事強權或國際霸權以補強它經濟強權的地位。但
相反的，Katzenstein揭露出為何日本國內規範的結構使這個命
題變成不可行。第三，如Katzenstein顯示的，日本外交政策的
發展故事呈現了一組複雜的盤繞與轉折，這只能被一個複合的
第二意象途徑所解釋，而不是一個整體的第三意象分析。

Katzenstein的基本理論架構

實際上，Katzenstein相信國內規範的結構在每個時間點都影響了日本的國家身分（圖5.5），他將焦點集中在三種規範結構上，這三種結構分別顯示出日本政府的政策選項：經濟安全的規範、外部軍事安全的規範與內部安全的規範（雖然我只專門討論前二者）。每個規範結構有兩種主要的型式：規範不是競爭性的（contested）就是非競爭性的（uncontested），基本的公式是，規範若是非競爭性的，則國家的政策將變得有彈性，國家的國內與國際能動力將被強化；相反的說，如果規範是競爭性的，則國家的政策將變得僵固，國家在國內與國際領域中的能動力將被弱化。

Katzenstein的途徑其中一個最有意思的面項是賦予國家中高度的國內能動力或自主性（參見圖5.6）。在他的模型中，規範結構與國家完全鑲嵌在一起。跟Finnemore截然不同的是，國家並不單單源於規範，而是同時為規範結構的產物與創造者。此外，他還有一點跟Finnemore不同，那就是Katzenstein把焦點擺在國內的國家—社會關係，以及國家—超國家關係，它們兩者同樣也會型塑一國的政策。

Katzenstein要問的基本問題是：為何日本從一個強烈軍國主義與帝國主義的外交政策立場（盛行於一九四五年前），到了一九四五年後卻轉變成一個強烈和平主義的立場。為了要解釋此點，他揭露出規範結構：特別是經濟與軍事安全規範：是如何改變。在一九四五年之前，日本社會中的經濟安全規範是非

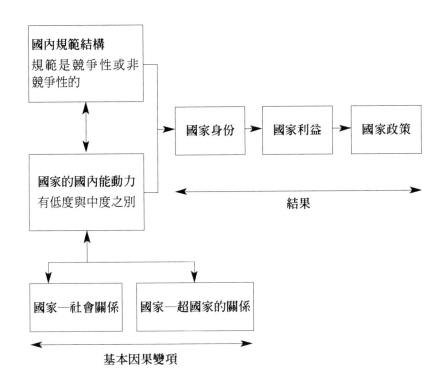

圖5-5　Katzenstein的基本理論架構

競爭性的，也就是說，社會有強大的共識要追求一個積極主動的國家經濟立場，尤其在一八六八年後，當時的社會普遍認為日本應尋求降低對進口原料的依賴，因為這種依賴將使日本變脆弱，此觀點又認為有必要建立一個強大的國家，讓日本完成工業化的過程，以擁有強大的經濟力能自己自足，更不易受外國強權的攻擊。因此，日本政府發動了「軍事—工業化」（military-industrialisation）以「趕上西方」（catch up with the

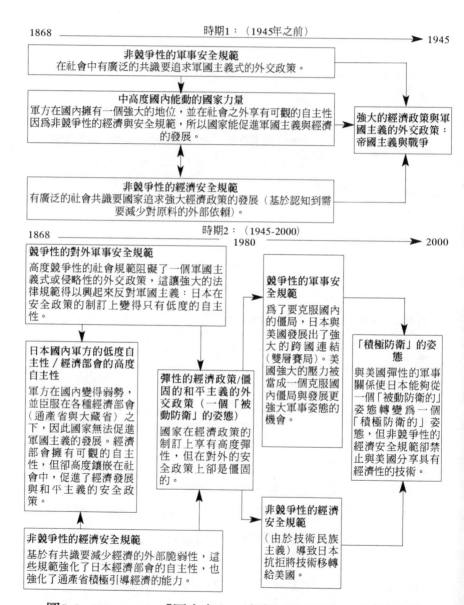

圖5-6　Katzenstein「國家中心」適應規範的建構主義國家理論

West），但由於這種非競爭性的經濟安全規範一直持續到今天，那何以解釋日本在一九四五年以前是軍國主義，而之後卻是和平主義的呢？

　　關鍵點是，軍事安全規範結構的本質與它對國家國內能動力關係的改變。一八六八到一九四五年間，軍事安全的規範是非競爭性的：也就是說，社會的廣泛共識是要追求一個強大軍國主義與帝國主義的外交政策立場，為什麼？這裡，Katzenstein援用了國家的國內能動力（即自主性）。首先，日本政府在社會之外享有一個強大自主性，天皇的權力與權威至高無上，加上特別在日本國內，軍方獲得了一個高度自主性，能在內閣與國內外自由行事。第二，軍方與社會不斷在進行互動，亦有助型塑一個非競爭性的軍事規範結構，舉例來說，在一八七三年後，軍方實施了徵兵制，並且日本國內所有團體的態度都在促進或灌輸一種黷武精神給社會（即帝國維護協會〔Imperial Reserve Association〕與青年協會〔Youth Association〕）。簡單的說，精心計畫的國家策略在創造對外從事軍國主義的一個非競爭性規範結構時，乃是一個重要的因素，因此在一八六八到一九四五年，日本政府發動戰爭與帝國主義，但是什麼讓一九四五年後的日本轉向採取和平主義？

　　在一八六八到一九四五年，經濟安全的規範一直是非競爭性的（基於日本政府應促進經濟發展以克服對外原料依賴的這種一直存在的認知），這之後導致通產省（Ministry of International Trade and Industry，MITI）與大藏省（Ministry of Finance，MOF）在國內的地位優越性，這種非競爭性的規範促使國家採取一種強大、積極與高度彈性的經濟政策立場，但跟

一八六八到一九四五年不同的是，在一九四五年後，軍事安全的規範具有高度的競爭性，主要是針對第二次世界大戰的恐懼與恥辱所做回應，因此，日本國內的軍方地位被侵蝕了，讓位給了通產省與大藏省。此外，社會與法律的規範也禁止日本在國際體系中扮演一個窮兵黷武的角色，這些包括：日本憲法第九條（和平條款）；非核三原則（*the three non-nuclear principles*，禁止任何類型的核武政策）；在某種情況下禁止武器的進口；將軍事支出的數目只維持在國民生產毛額的百分之一；在一九五四年成立的自衛隊不得參與國外「遠征」（adventures）。簡言之，在一九四五年之前，非競爭性的經濟與軍事規範之聚合，導致日本採取國際性的軍國主義，然而在一九四五年之後，非競爭性的經濟安全規範與競爭性的軍事安全規範則導致日本採取一個和平主義立場（或Katzenstein所謂一個「被動防衛」的態度）。

　　Katzenstein在這個敘事揭露出某些重要的轉折，這無法被第三意象的分析掌握。第一，他認為雖然日本一直維持它的和平主義立場，但這並不代表一個對安全狀態的遲鈍，特別是他指出日本的軍事力量（以國防支出的金額來看）是世界的前三名，日本已從一個被動防衛的姿態轉變為一個攻擊防衛的姿態，這何以發生？自一九八〇年代以來，不同的日本首相（尤其是中曾根康弘）都試圖強化日本的軍力，雖然仍未超過社會與法律規範的結構限制中。這可能只因為日本政府實際上是在玩一個「雙層賽局」（two-level game），也就是說，日本政府利用美國要求日本重新武裝的外部壓力來克服國內對攻擊防衛姿態的強大抗拒，這個策略在日本被稱作外壓（gaiatsu）。藉由這

個策略，日本政府對國內社會創造了一個表象，那就是日本不得不去改變軍事安全政策以迎合「無可抵抗的」美國壓力，這跟新現實主義的論點恰好相反。新現實主義認為，日本在面對美國要求結束「它在軍事上搭便車的行為」，以重新進行武裝。但Katzenstein卻認為，日本的領導者一向在**選擇**這個途徑，並把美國的壓力當成一項資源以克服國內的反對聲浪，如新現實主義者經常提及的，這意謂日本正朝向一個可能出現的大日本主義嗎（可能會取代衰落中的大美國主義）？

　　Katzenstein藉由提出日本八○年代後外交政策立場中的其它有趣轉折，否定了這個觀點。因此雖然日本與美國形成更緊密的軍事聯繫，但它與美國的經濟關係卻是高度非妥協性與非彈性的。在要求日本分享它們的經濟技術上，美國的壓力是相當強硬的，但正由於經濟規範是非競爭性，操弄著強烈的「技術民族主義」（technological nationalism），並仍是一項持續的手段來克服對外原料依賴的意識，所以日本一向拒絕分享它的經濟技術。這告訴我們，日本只有在軍事領域才「順從」美國的壓力，因為這能符合它的需要，使日本可以克服國內規範的限制而採取一個更為堅毅自信（assertive）的防衛姿態，此外，日本不可能擁有充分的國際能動力與擔當霸權的自信。最後一點，日本並沒有準備考慮是否要成為霸權，因為軍事安全的規範依舊是高度競爭性的，日本最多只能採取一個「攻擊防衛」的結構，而不是採取絕對攻擊的軍事立場（但這卻是霸權的主旨或根本的前提條件）。

Katzenstein國家中心的建構主義國家理論

　　Katzenstein研究途徑的其中一個最有趣面項是他在規範結構與國家的國內能動力之間，提出了一種相互鑲嵌的關係。跟多數建構主義者不同的是，Katzenstein認為國家擁有不同程度的國內能動力能對規範造成影響，但相反地，規範也會對此力量產生影響。例如在一八六八到一九四五年的期間，國家若擁有一個中高度的國內能動力，則會發展一個軍國主義的外交政策，這又會被非競爭性的軍事與經濟安全規範所強化，並回頭驅使一個軍國主義的外交政策。然而在一九四五年之後，競爭性的軍事安全規範與非競爭性的經濟安全規範破壞了軍事的自主性，提升了日本國內主要經濟部會（通產省與大藏省）的自主性，後來導致了一個和平主義的外交政策立場（快速崛起的經濟超強地位也隨之而來）。一般而言，非競爭性的規範結構會導致國家政策的彈性（一個很好的例子就是一九四五年以來通產省對日本經濟的導引）；競爭性的規範結構相反則導致了政策的僵固性。即便如此，日本最近仍轉向採取一個「攻擊防衛」的姿態，這是藉由國家採取的雙層賽局而被達成（這代表國家擁有一個中度的國內能動力，而不只是一名國內規範結構下的被動犧牲者）。

　　關於國家的國際能動力，Katzenstein的立場如果不是有點語焉不詳，那麼則是相當複雜的。因此，當軍事安全規範是非競爭性的（並形成一個好戰的外交政策），則國家不再從事國際合作，並會執行一個攻擊性與帝國主義式的外交政策，這代表

國家擁有一個中度的國際能動力。相反地，自一九四五年以後，規範結構形成了一個相對被動的外交政策。在他對德國做的比較中，Katzenstein認為日本某種程度上已退出了國際體系，然而德國卻尋求以一種「國家社群」的方式來與其它國家合作，這賦予德國一個相對高度的國際能動力。簡單的說，Katzenstein的論點適切地擴大了Alexander Wendt（1987）的巧妙說法：即「無政府狀態是國家創造的」，而國際能動力會隨國家有所不同，但對Katzenstein來說，國家遠比國際體系理論（如Waltz與Finnemore）所認為的還要不受國際結構的限制。

問題討論

- 什麼是建構主義與「理性主義」的國家與國際關係理論之主要差異？
- 建構主義者對於國際社會的定義跟Hedley Bull與英國學派的定義有何不同？
- Finnemore最後為何比Keohane賦予國家更高的國際能動力？
- 就國家與國際關係的理論而言，什麼是國際社會中心的建構主義、激進的建構主義與新現實主義之間的主要差異？
- 為何對激進的建構主義者來說，戰爭最後將不是一項威脅，而是國家再生的條件？
- 當激進的建構主義者說國家並非「真實的」時候，那什

麼才是他們所謂實際的國家？

- 後現代的女性主義理論爲激進建構主義的國家與國際關係理論添加了什麼？

- Katzenstein「國家中心的建構主義」的國家與國際關係理論，跟Finnemore國際社會中心的途徑有何不同？

- 根據Katzenstein的說法，爲何日本從一個「被動防衛」的國家，到了一九八〇年代卻開始採取一個「積極防衛」的政策，但卻不可能轉向到採取一個霸權式的安全政策？

建議進一步的閱讀書目

一種進入建構主義的最佳方式是從Finnemore（1996）的第一與最後一章開始，讀者之後可接著閱讀Alder（1997）；Ruggie（1998：1-39）；Price與Russ-Smit（1998）所做的歸納；還有Katzenstein所編一書的導論（Katzenstein 1996c）。Biersteker與Weber（1996a, 1996b）則提供建構主義對主權所採取的研究途徑之出色介紹；亦可參見Wendt（1999）。除了Finnemore（1996）之外，其它重要的國際社會中心理論的例子，可在Alder and Haas（1992）；Sikkink（1993）；Strang（1996），Price and Tannenwald（1996）中發現。關於激進建構主義的一般歸納性評論，可在Devetak（1996）還有Jarvis（1998）中找到，雖然Jarvis（1998）是基於一個更具批判性的觀點。讀者若想要有更多瞭解的話，接著可以閱讀Ashley

（1989）與Weber（1995）關於國家與國際關係的討論。而
Connell（1990）的一個更具社會學性質的討論也能爲我們帶來
許多幫助。對後現代與現代女性主義的國家與國際關係理論之
傑出介紹，可在Peterson（1992a, 1992b）；True（1996）；
Steans（1998）以及特別是Tickner（1992）找到。最後，關於
「國家中心」的建構主義，可參見Berger（1996）；Katzenstein
（1996a）；Herman（1996）；Kier（1996）。

第六章　韋柏歷史社會學派

前言：「兩波」新韋伯歷史社會學派（neo-Weberian historical sociology）

　　在過去十年間，國際關係學面臨了一個危機，也就是它的主要典範，新現實主義，逐漸被視為過時或解釋力有限的，因此國際關係學的研究被認為面臨了一條死路（Ferguson and Mansbach 1988；Halliday 1994）。情況何以如此？這是因為許多人批評新現實主義有許多的盲點，其中四點是：缺乏一個國家理論，以及過分誇大「結構」對「能動者」的限制；因為新現實主義假定國際與國家領域間存在一個根本上的區隔或二分，所以沒有能力去理論化全球政治的整合性本質；缺乏一個關於國際變遷的理論；還有它是一個靜態且違背史實的研究途徑。某些國際關係學者對新現實主義危機所做的回應是轉向新韋伯歷史社會學派（WHS）來當成一條逃離此僵局的道路（例如Jarvis 1989；Halliday 1994；Hobson 1997,1998a；Hall 1998；Hobden 1998；Seabrooke 2000）。因此韋伯歷史社會學派被認為提供了一個關於國家的理論，而該理論是在新現實主義的論述中被忽略的。韋伯歷史社會學派將國家予以問題化，並試圖描述與解釋它的起源、力量以及隨時間而改變的結構。在論述上，這也提供了一項手段，藉著帶回「能動性」而超越了新現實結構主義。第二，韋伯歷史社會學派提倡一種內部與外部領域間的親密關係，因此提供了一個可能是有相當豐富內涵的「整合式」途徑，雖然Waltz承認國際領域能夠型塑國家，

但他卻沒有考慮到國家也有可能可以型塑國際領域。第三，韋伯歷史社會學派提供了一個關於變遷的理論，在論述上有助於駁倒新現實主義的靜態途徑，因此它宣稱新現實主義「連續性的問題分析結構」可以被一個歷史性的途徑取代。

　　但這存在一個雙重的諷刺，因為第一，新現實主義實際上能將某部份的焦點轉移到國內與國際領域上（參見之前的第二章），以及第二，雖然韋伯歷史社會學派的許多部份被認為是在替某些新現實主義所忽略的地方提供了一個解決方案，但結果卻證明是完全再生了新現實主義。韋伯歷史社會學派的「承諾」要超越新現實主義，但許多批評都已認為WHS是無法實現這個抱負的（例如Scholte 1993：23, 96, 101-2, 112；Spruyt 1994；Halperin 1998），而且雖然它的論點是非化約式的，但許多學者卻認為該途徑實際上卻是政治化約式的（例如Cammack 1989；Jessop 1990：280-8；Fuat Keyman 1997：第七章）。在本章中，我將提出這些批評部份是正確的，但部份卻是不正確的。我認為有「兩波」WHS，「第一波」的WHS（以Skocpol與Tilly為代表），實際上不經意地將新現實主義應用到理論化國家自主性與解釋社會-經濟與政治的變遷上，因此無法實踐WHS的「承諾」。然而我認為最近的「第二波」WHS則試圖要超越前者（也因此超越了新現實主義），並從而為非現實主義者提供了一個國家與國際關係學的非化約式且內涵豐富的WHS途徑。總的來說，我認為第一波WHS實際上是「把國家踢出去」，而第二波WHS才是尋求把國家當成一個能動者以帶回到國際關係的分析中。

「第一波」WHS：一個新現實主義式的國內社會與政治變遷的國際關係學

Theda Skocpol的《國家與社會革命》（*States and Social Revolutions*）：「把國家踢出去」

WHS其中一位主要作者是Theda Skocpol，她的作品《國家與社會革命》（*States and Social Revolutions*）不只在社會學界引起了一陣騷動，還提供了一個基礎使WHS能被整合到國際關係學的研究上。她公開的目標是要「帶回國家」（bring the state back in），以作為社會變遷分析中的一個能動者（這是她富有盛名的說法，並仍在一九八五年的作品繼續沿用）。跟自由主義與馬克思主義不同的是，Skocpol認為社會變遷（她透過對社會革命的個案研究來檢視社會變遷），不能從國內經濟力量或國內階級鬥爭的觀點來被理解。社會革命（更一般的說法是社會變遷）必須要從兩個主要的觀念來理解：**國家自主性與國家體系的國際軍事危機**（the military exigencies of the international state system），這主要是強調將社會學開放到對國際關係的研究上，並促成兩門學科間的一個對話（Halliday 1994）。

相對於馬克思主義，Skocpol認為國家不會「淪為」國內階級利益的代表，反而在國內階級之外擁有一個「潛在自主性」，國家所擁有的利益有時會將它帶到與宰制階級發生衝突的地步，尤其在稅收的領域。特別是當國家發動戰爭時，它們需要

提高稅率與／或完成經濟改革，以強化國家軍事力量的基礎：
但改革通常會與宰制階級的利益發生衝突。此外，相較於新馬
克思主義的國家「相對自主性」概念，Skocpol認為國家不總是
能確保宰制階級的長期再生產或生產模式，當國家追求其自主
的軍事利益時，它們有時會打敗仗，這之後會導致社會革命與
宰制階級的被推翻（Skocpol 1979：24-33）。

因此我們好像可以認為Skocpol成功「將國家帶回」到對社
會變遷的分析中，並作為一個獨立自主的力量行為者，因為她
賦予國家「潛在的」國內能動力（即不受國內限制，而引導政
策的能力）。然而，我認為Skocpol重複了Waltz以及特別是
Gilpin新現實主義的分析，以致於她並沒有「帶回國家」。實際
上，她是以典型新現實主義的方式來進行研究，達成的只有丟
棄或「踢掉國家」，拔除了具有國際能動力的國家。如前面提過
的，國際能動力是指不受國際限制，而引導政策的國家能力，
最極端的就是衝撞無政府狀態的邏輯或國際結構。我的論點基
於一個事實，跟Waltz與Gilpin一樣，Skocpol將國家轉變成國際
政治體系，以致於國家不被當成（雖然是不經意地）一個獨立
變項。要注意到，為了能通盤理解接下來的討論，我們必須要
先瞭解第二章對新現實主義的討論（參見第二章）。

Skocpol社會革命的新現實主義理論

圖6.1描繪出在Skocpol 與Gilpin分析之間值得注意的相似
處。跟Gilpin與Waltz一樣，Skocpol擁護一種「被動適應」的國
家理論，其中國家的主要任務是要適應或順從國際政治體系的

邏輯與國家間的國際軍事衝突。我們在第二章提過，Gilpin採用了Waltz的基本途徑，因為他重視無政府狀態的邏輯（因此國家必須要是適應型的），但卻以一組中介變項來作補充，該組中介變項指出實際的過程，透過這個過程，某些國家成為適應型或適應不良型的，一方面這包含了國家的自主性（國內能動的國家力量），而另一方面也包含了經濟與社會的「束縛」。Gilpin認為適應不良型的國家無法適應無政府的狀態，因為它們只擁有低度的國內制度自主性，所以無法克服阻礙國家能力發展的社會束縛，造成強權的衰弱與在軍事上的脆弱性。相反地，國家若是適應型的話，則它們擁有高度的國內能動性或自主性，使它們能克服國內束縛，並有助於生存，甚至興起成強權。國內能動的國家力量之所以是一個中介變項，乃是因為它與促進或阻礙國家適應無政府狀態的主要邏輯之程度有關：也就是說，它最後會成為國際無政府狀態體系的「基本」結構。所以Gilpin與Waltz就本質上來說，他們都認為國家必須要是適應型的：也就是它們必須不斷提升與現代化它們的經濟（即模仿領導國家的成功作為），以強化它們的軍事力量基礎；無法仿效的話，則將導致國家軍力的脆弱。此外，在面對國內的反對勢力時，國家必須要維持一個充沛的稅收。Skocpol也是使用相同的分析輪廓，如圖6.1與6.2所示。Skocpol為Gilpin的分析增加的是，適應不良型的國家不只會遭到戰爭的挫敗，還會受到社會革命的懲罰。

圖6.2精準呈現出Gilpin的強權興衰理論（參見圖2.4）與Skocpol的總體途徑間值得注意的相似性。跟Gilpin一樣，Skocpol加了一組中介變項，補充了無政府狀態的基本因果變

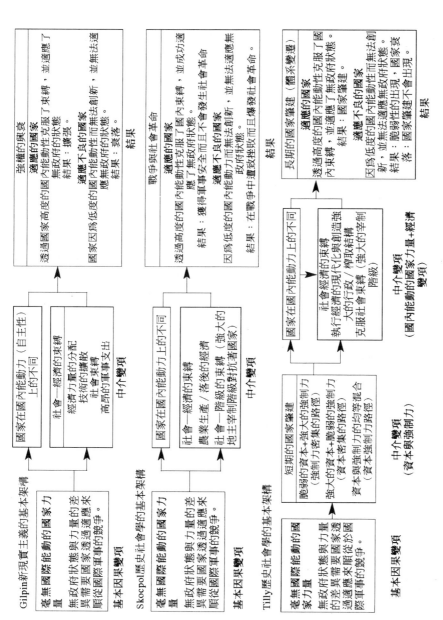

圖6.1 「第一波」WHS與新現實主義的比較

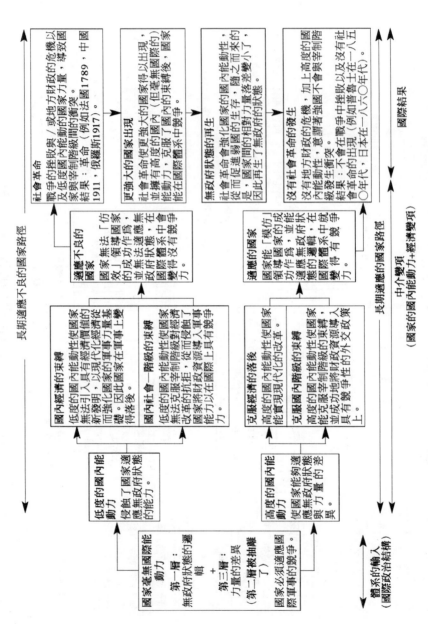

圖6.2　Skocpol被動的「軍事適應不良」的國家與社會革命之新現實主義理論

項，這些包括：

1.不同程度的國內能動力或不同程度的國內制度自主性。
2.內部社會的束縛（地主宰制階級的力量）。
3.經濟的農業本質。

Skocpol的基本論點是，為了要適應無政府狀態，國家必須要獲得高度的國內制度自主性，以實現經濟與財政的改革，從而對抗由各種不同國內束縛造成的抵抗；無法適應的話，將導致國家在戰爭中遭致挫敗與社會革命。因此，在法國與中國，強而有力的貴族宰制階級阻礙了國家增加稅收與現代化的改革意圖，而這兩者都是設計來強化國家的軍事力量基礎。這些改革之所以會被妨礙，乃是因為這兩個國家都無法擁有足夠的國內能動力或自主性來克服這些強大的內部阻礙或束縛，因為這些「初期官僚化的」（proto-bureaucratic）國家還未充分中央集權化，所以它們不能直接從各省徵集稅收，不得不依賴貴族作為稅收的來源，而許多國家也因此無法繼續成為中央集權的國家。所以當財政危機出現時，將會破壞這些國家在國際上充分競爭的能力（因為戰爭需要高額的稅收），所以之後的軍事潰敗導致一七八九年的法國革命，以及一九一一年的中國革命。至於俄羅斯這個專制國家，則未面對到一個強大的宰制階級（因為宰制階級的收入是由國家所提供，所以它的力量被削弱並依附著國家，），俄羅斯主要的束縛是落後的農業經濟妨礙了它的軍事能力，在這裡，國家低度的國內能動力（制度自主性）使它無法充分執行現代化的經濟改革以強化軍事力量基礎（Skocpol 1979：109）。相較於普魯士與日本，她以一種典型新

現實主義的方式認為「在〔一八六一年〕之後，俄羅斯遲緩的農業解放，妨礙了沙皇試圖使俄羅斯帝國適應現代歐洲國家體系的當務之急」（Skocpol 1979：109）。因此這個適應不良的國家在一九〇五年被打敗了（對手為日本），加上在第一次世界大戰期間的軍事消耗導致俄國在一九一七年發生了社會革命。

　　至於Skocpol提出的普魯士與日本案例，兩國面對的則是脆弱的國內束縛，高度國內能動的國家力量使它們能夠適應社會，並在國際體系上充份競爭。因此，這兩個國家並沒有受到戰爭挫敗或社會革命。Skocpol再次以典型新現實主義的方式認為，日本與普魯士「透過制度上的專制政治權威進行由上而下的改革，快速與平順地適應了國際的〔軍事〕危機」（Skocpol 1979：110）。另外她還總結法國、俄羅斯與中國的案例

　　　　它們歷經了政治革命的危機，因為農業結構以某些方
　　式侵犯了專制與初期官僚化的國家組織，阻礙或束縛了君
　　主政權開始處理世界上逐漸升高的國際軍事競爭，並歷經
　　了一段由資本主義造成的不平順轉型。（Skocpol 1979：
　　99，以及50, 110, 285-6）。

Skocpol新現實主義的國家與國際體系理論

　　許多國際關係學者認為Skocpol的國家理論已超越了新現實主義，很大一部份是因為它將焦點擺在「第二層」的發展（即國家—社會關係），並指出國家的確擁有某種力量（例如Halliday 1994）。Steve Hobden仔細且相當複雜的解釋則認為，

相較於新現實主義，Skocpol則是透過一個較不具體系性的國際體系理論，發展了一個更爲豐富的國家理論（Hobden 1998：88-93, 178）。但在此我卻認爲這是相反的：Skocpol恰好是在利用Waltz「豐富的」國際政治結構定義，雖然她也有使用Gilpin相對上來說較爲粗糙與簡約的新現實主義之國家理論。Hobden指出，對Skocpol而言，「在她的分析中，沒有一種國際體系能超越戰爭」（也就是她將體系化約成戰爭，若無戰爭則無體系的存在），這對我的論點構成一個很有意思的挑戰（Hobden 1998：92）。但我的論點是，雖然Skocpol的確沒有清楚發展一種國際體系的理論，但她所採取的途徑與對社會革命的說明，彷彿她已經發展出這種理論了。簡言之，一個「豐富的」國際體系之新現實主義理論已暗中被包含在她的研究途徑中，爲什麼我要這麼說？

第一，在（歐洲）國際政治的結構上，Skocpol宣稱在這個結構中，「沒有一個帝國主義國家能夠控制歐洲所有的領土，以及她在海外的戰利品」（Skocpol 1979：20-1），這等同於Waltz的第一層，無政府狀態的排序原則。Skocpol的輪廓之所以等同Waltz，是因爲無政府狀態的體系似乎是一個「必然性（軍事）領域」，其中如果國家想要生存的話（和避免社會革命），則國家必須透過競爭與模仿來適應。此外，當她討論到國際關係時，她總是將它等同一個國際衝突與競爭的領域（跟Hobden認爲的一樣）。第二，力量的差異，或國家軍事能力的不平等分佈（Waltz的第三層），在她的總體途徑中被暗中當成是一個中心面項，因爲基本上由強國發動的軍事挑戰，將導致弱國的軍事挫敗與社會革命，因此相對落後的法國要面對較爲

先進的英國挑戰，並在一七八九年遭受軍事與政治的崩潰；落後的中國則要面對更為先進的西方國家，並在一九一一年遭受同樣結果；低度發展的俄羅斯在第一次世界大戰期間也受到更先進德國的侵犯，並在一九一七年遭受了社會革命。

Skocpol也許會指出，許多她提出的論點都是在反對一個國際體系的新現實主義式定義，因此在其著作的第一章，她將國際體系稱之為獨立於國際經濟外，並且不能被簡化的東西，潛在表達出一種非現實主義的途徑。但這不只過是一個移轉注意力的東西，因為通貫全書，她跟Gilpin一樣認為國家在國際經濟中的位置是相當重要的，只有在此範圍內，它才能促進或阻礙國家從事軍事競爭的活動。在她的途徑中，國際經濟體系並不能獲得任何的因果自主性，並依舊在她的理論架構之外（亦可參見Hobden 1998：88-90）。簡單的說，她對國際體系的模糊定義恰好等同Waltz的定義。

對此論點的石蕊試紙是，國家是否在國際上作為一個能動者，還是被抽離成一個獨立的變項，這可被改寫成：Skocpol是否如她認為的「帶回國家」，（因而意謂著一個非現實主義的途徑）？肯定的是，認為她的國家理論是非現實主義的這點是有爭議的，因為對她而言，國家不但會回應階級的壓力還會回應國際的無政府狀態。的確，她將國家具體化成「兩面的」（Janus-faced）：擁有一個兩面的停留處，一個是在國內的社會-經濟關係，另一個則在國際體系（Skocpol 1979：32）。因此當她對國家下定義時，她引用了Otto Hintze的說法，大意是，決定「國家實際組成內容」的兩種最重要現象，分別是，第一，社會階級的結構；第二，國家外部的秩序：它們相對於其

他國家的位置，以及它們在「世界」的總體位置（Hintze 1975：183，引用在Skocpol 1979：30-1，以及22, 29）。此外，Skocpol還認為她賦予國家顯著的因果自主性。

我認為雖然Skocpol打開了國家的「黑箱」與國家-社會關係，所以使她跟Waltz有所不同，但她卻是以一種完全等同Gilpin「修正式新現實主義」的方式來進行研究。跟Gilpin相同的是，國家的國內能動力或自主性，以及國家—社會關係只不過是中介變項；也就是說，在她的分析中，它們只有在促進或阻礙國家適應無政府狀態或軍事競爭的程度時才具有顯著性，因此高度的國內能動力或制度自主性促進了國家的適應力，低度的國內自主性則造成國家的適應不良。也就是說，國家與國家的國內自主性被簡化成無政府狀態的「基本」結構，因此國家的自主性與階級力量促進或限制了國家的適應力，但不會限定國家的行為：這被留給無政府狀態的國際政治體系。所以對Skocpol來說，跟Waltz一樣，「一場必須要贏的比賽是由〔無政府狀態的〕結構所定義，結構決定了哪一種類型的參賽者最有可能獲勝」（Waltz 1979：92, 128）。因此雖然Skocpol對國家自主性與國家—社會關係有所討論，尤其是在她對國家定義的第一部份上，但最後這些全都沒有用，因為國家完全被化約成必須受國際無政府狀態的制約。跟Waltz認為的一樣，國家只不過是外部無政府狀態之被動犧牲者，因此雖然Skocpol批評馬克思主義者將國家簡化成階級利益，但我認為她也犯了這種化約論的錯誤，因為她將國家簡化成無政府狀態。

然而肯定的是，她成功將「階級變項」帶到分析中，因為她認為社會革命只發生在當國家回應不利的社會—經濟情勢

時，農民階級的力量才會被動員到對抗國家上。但在她書中第四到六章的中心論點是，革命一開始是農民階級的造反以對抗貴族階級的宰制，但卻被革命中興起的政治菁英給趁火打劫了。最主要的是，這些政治菁英並未實現或迎合革命階級的需求；當政治菁英尋求集中與強化國家能力時，革命階級實際則被這些政治菁英所利用與動員。但革命最終仍是非常關鍵的，但不過只是因為它一開始破壞了讓國家容易受外部攻擊的社會束縛。每場革命的最後結果都是一個更為集權化的國家，並擁有充分的國內能動力或自主性，以對抗社會中已衰弱的社會團體之反改革行為，使國家在國際上能更具競爭性（Skocpol 1979：161-2）。革命階級的革命運動變成將權力集中到政治菁英的不經意行為：在功能上，革命是要強化國家的能力，但在邏輯上，革命卻意謂階級壓力對國家並沒有決定性的影響力。除此之外，也許從Skocpol社會革命理論中學到的一課是，順從國內強大貴族宰制階級其社會需求的國家，將無法適應無政府狀態，因此，它們會被無政府狀態的國際體系淘汰，並透過戰爭的挫敗與社會革命而被懲罰。

Skocpol的理論適當補充了Waltz的國家適應行為：模仿與平衡：是在不經意再生無政府狀態的國際體系。因為對Waltz來說，這些適應過程縮小了國家間的「相對力量落差」，並防止任何國家想把無政府狀態轉變成層級節制的帝國制度。社會革命變成不經意地再生無政府狀態，因為它的作用是強化國家長期的軍事與政治能力以更為適應無政府的狀態，因此革命不經意地使國家間的相對力量落差縮小，因為革命讓即使是弱小的國家也能維持長期的存續，並從而再生多國體系。

　　總的來說，現在應該清楚的是，雖然國家被賦予不同程度的國內能動力或制度自主性，但國家卻沒有國際能動力，不論是在影響國際政治結構或緩和它的限制性邏輯上。由於國家的國內能動力或制度自主性，所扮演的功能是一個國家的治理能力，而國家的治理能力又是受到它適應無政府狀態的能力所決定，所以似乎可以公正地得出一個結論是國家最終可被化約成無政府的狀態。因此，對Skocpol常見的批評是她將國家給具體化並賦予它過多的能動性或自由意志，但這種批評是不正確的，因爲事實上國家（即國際政治結構的第二層）並不被當成是一個解釋變項，並被剝奪了國際能動力，諷刺的是，對Skocpol來說這肯定不是沒有意義的。雖然正確地將她的理論描述爲「（新）現實主義的」（1979：31），但卻彷彿沒有察覺到在她充滿熱情的「帶回國家」之訴求上有著重大的分歧，因此最後Skocpol不經意將「國家踢出去了」。

Charles Tilly新現實主義的國家體系變遷理論（國家肇建，state formation）

　　國際關係學者的傳統理解是假定新現實主義，尤其是Waltz的理論類型，無法提供一個關於國際變遷的理論，這不只是因爲新現實主義對靜態連續性的強調（Cox 1986：243-5），尤其John Ruggie著名的論點認爲，因爲對「第二層」的省略：即個體單位間的差異（國家與國家—社會關係），所以Waltz的新現實主義無法解釋「體系的變遷」，特別是當國家體系的型式轉變爲另一種時（或社會學者單純將此稱爲「國家肇建」）。這是因

為若第二層不被當成是一個獨立的因果變項的話，那在第一層
中就不會有任何的變遷（無政府狀態同時存在於兩個體系中），
剩下的只有第三層：能力的分佈。既然沒有任何可被指出的變
遷，所以Ruggie認為Waltz無法解釋現代主權國家體系的興起
（Ruggie 1986：141-52；Ruggie 1998：132-3，第五、七章），
因此Ruggie的結論是，新現實主義「只有一個再生的邏輯，而
沒有變遷的邏輯」（Ruggie 1986：152）。但就目前我們的討論
來看，應該清楚的是在反對Ruggie的論點，因為新現實主義的
確能夠解釋歷史上的體系變遷。我們在第二章提過，透過將無政
府狀態（第一層）當成一個獨立變項，Gilpin就能夠解釋歷
史上的體系變遷，因為對Gilpin而言，無政府狀態的體系需要
國家從對封建主義的臣服到對民族國家主權的適應，以解決一
五五〇到一六六〇年間如螺旋上升般的軍事花費所導致的財政
危機，透過這層關連性，Waltz對無政府狀態邏輯的強調就能解
釋歷史上的體系變遷；諷刺的是，Waltz在辯解Ruggie對他的批
評時，他自己反而忘了這一點。但也許Charles Tilly的作品更能
明白以新現實主義的方式來解釋國際體系的變遷。在他對國家
肇建的思路發展上，Tilly呈現出兩個階段（Tilly 1990：11-
12），早期的階段是在他開創性的編著《西歐民族國家的肇建》
（*The Formation of National States in Western Europe*）（Tilly
1975a, and 1975b, 1975c），以及他聞名的文章「戰爭與國家的
成立乃是組織性的犯罪」（War Making and State Making as
Organized Crime），此文收錄於《帶回國家》（*Bring the State
Back In*）（Evans , Rueschemeyer and Skocpol 1985）。後期的階
段則在《強制力、資本與歐洲國家，西元九九〇年到一九九〇

年》（Coercion, Capital and European State, AD 990-1990）（Tilly 1990）。我認為雖然他第二階段的途徑實際上成功地將實證敏感度（empirical sensitivity）加到了他早期的作品上，但仍被限制在與早期階段相同的新現實主義問題分析架構中。總體來說，我的結論認為Tilly跟Skocpol、Gilpin與Waltz一樣，都在否定國家具有任何的國際能動力以型塑國際政治結構，並能單獨來緩和它的限制性邏輯，從而把「國家踢出去了」。

Tilly是一個還是兩個？一個新現實主義的體系變遷理論

在他一九九〇年的作品中，Tilly開始克服在先前著作中所提出的論點，也就是他所認為的主要限制（特別是在他的合著集中，1975a）。他現在認為在他先前著作的主要限制是他矛盾地闡述了一個單線的國家肇建途徑：「矛盾」是因為藉由指出所有國家都遵循單一的途徑：即從戰爭到榨取再到壓迫，最後到國家肇建：Tilly與他的同事們只不過用了一個新的單線敘事，取代原先舊有傳統的敘事（Tilly 1990：11-12）。而他一九九〇年作品的中心原理則是要描述與說明在國家肇建上的次理論類型，以克服單線性的問題，目標是要提出一個複合或二元／非化約式的國家肇建理論，其中的兩種邏輯：資本與強制力：在各方面交互作用而造成國家肇建的不同途徑，用「社會學」或「國際關係學的話來說」，Tilly隱約試圖要提出一個超越新現實主義（以及馬克思主義、WST和自由主義）其簡約性的複合理論：雖然他從未承認要這麼做。但我認為他是無法提出

這樣一種複合理論的，實際上只成功再生了一個化約式的新現實主義邏輯，而不只是因為他的中心問題就意涵著一個新現實主義的答案（下面我將回到這點上）。

圖6.1描繪出了在Skocpol、Gilpin與Tilly分析之間值得注意的相似處，Tilly支持一種「適應軍事的」國家理論，國家的主要任務是要適應，或順從無政府狀態的邏輯（即國際軍事競爭）。

Tilly的總體理論被歸納在圖6.3（這正反映了Gilpin的霸權興衰與國家肇建理論，如圖2.4所示），跟Gilpin與Skocpol的立場一樣，Tilly加了一組中介變項，補充了無政府狀態的基本因果變項，這些包括：（1）各國不同的國內能動力或制度上的國家自主性；（2）內部社會的束縛（地主與資本家宰制階級的力量）；（3）農業經濟的性質。就Tilly而言，無政府狀態的邏輯乃是基本的變項，因此國家必須要升級它們的經濟與行政體系以增加稅收來適應無政府的狀態。為了強化稅收，國家必須要集中它們的權力，為了達成這點，國家就必須享有高度的國內能動力或自主性來實現必要的國內改革，以對抗由不同國內束縛所構成的抗拒。若國家無法適應將導致戰爭的挫敗與衰落，或甚至是滅亡。

Tilly的中心問題有兩個部份，第一部份是：「如何說明自西元九九〇年後，歐洲國家的型式，隨時間與空間而出現的巨大變化？」（Tilly 1990：32, 54, 63, 190）。這使他要說明在國家肇建軌跡上的短期變化，Tilly藉由指出三種不同的國家肇建途徑或路線：「強制力—密集」（coercion-intensive）、「資本—密集」（capital-intensive）與「資本—強制力」（capitalised-

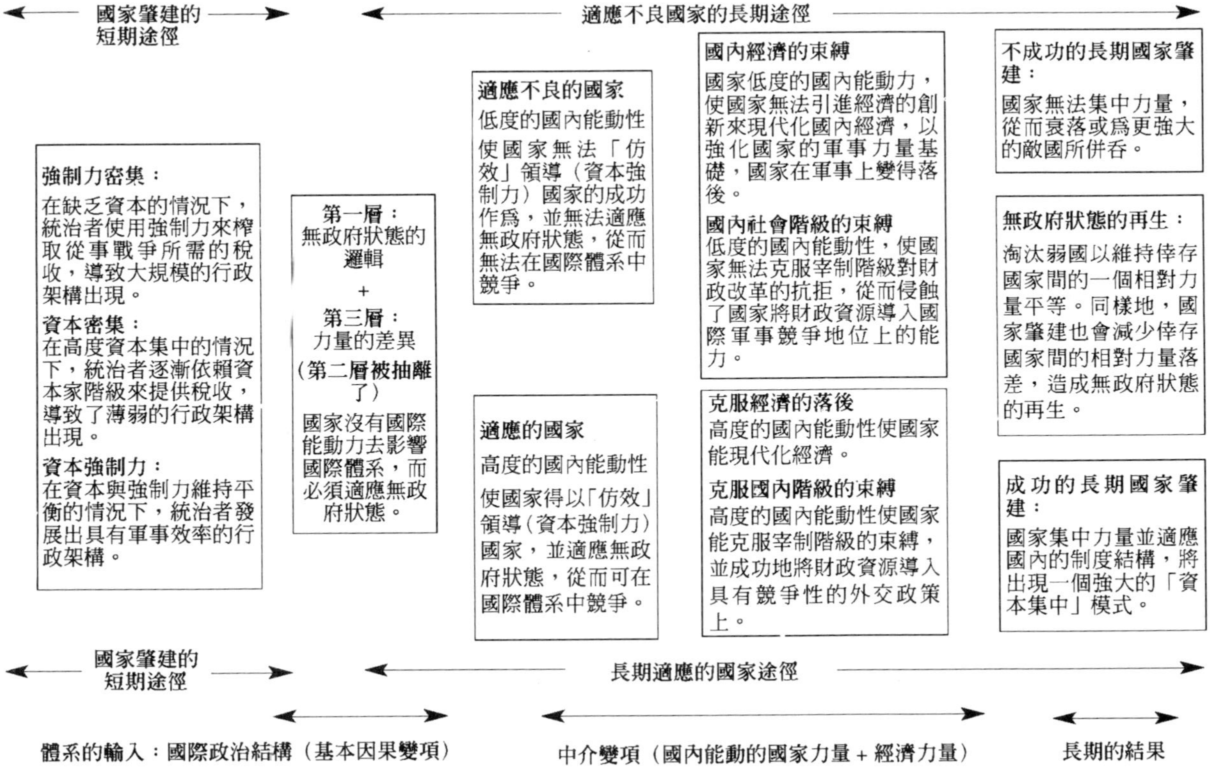
國家肇建的短期途徑
適應不良國家的長期途徑
強制力密集：
在缺乏資本的情況下，統治者使用強制力來榨取從事戰爭所需的稅收，導致大規模的行政架構出現。
資本密集：
在高度資本集中的情況下，統治者逐漸依賴資本家階級來提供稅收，導致了薄弱的行政架構出現。
資本強制力：
在資本與強制力維持平衡的情況下，統治者發展出具有軍事效率的行政架構。
第一層：
無政府狀態的邏輯
+
第三層：
力量的差異
(第二層被抽離了)
國家沒有國際能動力去影響國際體系，而必須適應無政府狀態。
適應不良的國家
低度的國內能動性
使國家無法「仿效」領導（資本強制力）國家的成功作為，並無法適應無政府狀態，從而無法在國際體系中競爭。
國內經濟的束縛
國家低度的國內能動力，使國家無法引進經濟的創新來現代化國內經濟，以強化國家的軍事力量基礎，國家在軍事上變得落後。
國內社會階級的束縛
低度的國內能動性，使國家無法克服宰制階級對財政改革的抗拒，從而侵蝕了國家將財政資源導入國際軍事競爭地位上的能力。
不成功的長期國家肇建：
國家無法集中力量，從而衰落或為更強大的敵國所併吞。
無政府狀態的再生：
淘汰弱國以維持倖存國家間的一個相對力量平等。同樣地，國家肇建也會減少倖存國家間的相對力量落差，造成無政府狀態的再生。
適應的國家
高度的國內能動性
使國家得以「仿效」領導（資本強制力）國家，並適應無政府狀態，從而可在國際體系中競爭。
克服經濟的落後
高度的國內能動性使國家能現代化經濟。
克服國內階級的束縛
高度的國內能動性使國家能克服宰制階級的束縛，並成功地將財政資源導入具有競爭性的外交政策上。
成功的長期國家肇建：
國家集中力量並適應國內的制度結構，將出現一個強大的「資本集中」模式。
國家肇建的短期途徑
長期適應的國家途徑
體系的輸入：國際政治結構（基本因果變項）
中介變項（國內能動的國家力量＋經濟力量）
長期的結果

圖6.3　Tilly在長期的國家肇建中，被動的「適應軍事／適應不良」國家之新現實主義理論

coercive）來開始克服「單線性的問題」。在他的分析中，資本與強制力之間的不同結構位置變得很重要，因此採行強制力密集途徑的一組國家，包括俄羅斯、匈牙利、塞爾維亞、瑞典與布蘭登堡，它們的特色是缺乏資本或商業化的生產或貿易，所以這組國家的統治者尋求安撫貴族階級，國家一開始透過暴力（如一四六二年到一五八四年，俄羅斯在伊凡三世與伊凡四世的統治期間），之後則是使貴族的生計依賴於國家的供應。缺乏集中化的資本迫使統治者使用大量的強制力來對抗社會，從而榨取，或更精確地說，擠壓為贏得戰爭的必要稅收。因此，一個龐大的官僚行政架構會隨一個絕對專制國家一同出現（1990：137-43）。

第二條路線的特徵是「資本密集」，包括威尼斯、熱那亞與荷蘭共和國（Dutch Republic）（以及其他各種的城市同盟）。豐富的資本與商人代表統治者能夠輕易地榨取稅收，使統治者沒有使用強制力的必要，因此在資本充分集中的情況下不需使用強制力，導致了小型或「單薄」的官僚行政制度。然而在此過程中統治者會逐漸依賴資本家，使得資本家宰制了國家（1990：143-51）。第三條路線：「資本—強制力」：特徵是國家在資本與強制力之間保持一個平衡，英國與法國為其典型。對這個途徑的探討是Tilly國家肇建的總體理論中最重要的一部份，從迎合國際競爭的觀點來看，「資本—強制力」被證明是最有效率的，並能適應無政府的狀態。

到目前為止，Tilly似乎超越了他早期作品的「單線性」與化約式的途徑，因為集中在資本與強制力上的差異，解釋了國家肇建的短期軌跡，但他中心問題的第二個部份卻洩漏了秘

密：雖然有這些在國家肇建上的短期變化，但問題是，「為什麼各種不同類型的歐洲國家最後卻是集中在民族國家的型式上？」（1990：32, 54, 63, 190）。關於這一點，他新現實主義途徑的目的論（teleology）與化約論又變得明顯了起來，因為他認為資本—密集的結構支撐著過去幾個世紀的歐洲國家型式，「直到戰爭的絕對規模超過了國家招募陸軍與海軍的效率，並使得軍事的力量緊密化」（1990：151，強調處為我所加）。又因為戰爭的龐大開銷，到了十八與十九世紀，大規模的商業與軍事國家開始成為軍事性的國家並開始盛行於國際體系之中（1990：15, 28, 63-6, 83-4, 187-91）。也就是說，資本—密集的國家一直持續到戰爭開銷的規模超過了它們所能負荷的程度並使它們變得適應不良。除此之外，重要的不只是它們無法負荷戰爭開銷的規模，威尼斯與其它資本—密集國家無法適應與發展的另一個主要原因是它們無法擁有足夠的國內能動力以將國家力量集中，來對抗各種不同的國內束縛（1990：160）。強制力—密集的國家也沒有擁有足夠的國內能動力或自主性去撼動貴族，強大的貴族之所以會是一個對國家肇建的束縛，是因為他們無法提供國家它們原先從農民手中徵集而來的大部分稅收，因此使中央政府無法擁有充沛稅收去支付為取得戰事勝利所需的開銷，最極端的是波蘭，在面對一個強大的貴族階級時，它只擁有低度的國內能動力，因此被國際體系淘汰，並悲劇性地被鄰國俄羅斯、奧地利與普魯士併吞（Tilly 1990：139；1975b：44）。相反地，因為資本—強制力國家擁有較高的國內能動力與較大規模的資本高度集中，使它們能適應不斷上漲的戰爭開銷。

現在應該清楚的是，Tilly在國家肇建上，已經發展了一個化約論的新現實主義解釋，其中能適應無政府狀態與國際軍事競爭的國家就可以生存和發展（即資本—強制力國家），然而適應不良的國家（即資本—密集與強制力—密集的國家）則無法適應無政府的狀態，並使它們退出世界舞台。此外在這一點上，Tilly並沒有理解到他抵觸了其論點的一個主要面項，他雖然在書中宣稱，國家肇建的出現，是一個因為國家從事戰爭而沒有被預期到的結果；國家肇建從未是被理性國家所設計或規劃的（亦可參見 1975c：633-6）。但Tilly顯然又跟Waltz一樣，認為國家有目的的「仿效」，是其實際模式的一個重要面項，所以他認為雖然一開始各國採取不同的短期途徑，但最後所有的國家都能存活下來，因為它們仿效了先進（資本—強制力）國家的成功作為。如他所言，「由於國際〔軍事〕競爭壓力導致……這三種國家型式最終都會匯集到資本—強制力的型式上……從十七世紀以降，資本—強制力的國家型式被證明在戰爭中最有效率的，並因此為其它一開始將強制力與資本以別種方式結和的國家，提供了一個必須採行的模式（compelling model）」（1990：31，強調處為我所加）。他還欣然引用一位新現實主義者George Modelski的看法，大意是國家必須「模仿」先進強權的成功作為（1985：185），近三百年來的「適應模仿」是國家肇建的基礎，就統治者而言，這顯然代表一個非常高度的「擘劃」與「企圖性」（intentionality）！

總歸的說，我們畢竟只看到一個Tilly，因此雖然他的確能夠說明短期國家肇建的不同軌跡，但最後仍是國家適應單一邏輯的能力：即無政府狀態下的國際軍事競爭：說明了國家肇建

的最終結果：資本—強制力的「民族國家」。最後，他跟新現實
主義的看法一樣，戰爭引導著一個「個體單位都近似」的體系
出現。

Tilly新現實主義的國家與國際關係理論

在Tilly的早期作品中，他暗中援用了Waltz對國際政治結構
的定義，因此他將中國與歐洲做了區別，前者擁有單一中心的
帝國體系，然而「在歐洲，則分裂成多個相互競爭的國家，一
直盛行到最近的千禧年」（1990：128, 4, 23），並且「歐洲的民
族國家總是互相競爭……它們屬於〔一個無政府狀態的〕國際
體系」（1990：23）。此外，Tilly把國際體系描述為「運作〔或
邏輯〕限制了其成員的活動」（1990：37）。因此，無政府狀態
與國家的競爭驅力，說明了歐洲國家的肇建，相反地，中國帝
國（單一）的國際體系則使中國無法發展成一個現代的中央集
權型式，在這裡Tilly明顯援用了Waltz的「第一層」（無政府狀
態的排序原則）。中心循環的論點是，宰制的強權「設定戰爭的
規則，它們的國家型式在歐洲變成主要的型式」，因為它們擁有
較優越的戰爭能力（1990：15）。因此，較具力量的國家為其它
國家提供了一個必須採行的模式，在這裡，Tilly暗中援用了
Waltz的第三層（力量差異），簡單的說，Waltz的第一與第三層
形成了Tilly總體分析的根本基礎與次級結構（sub-structure），
然而，Steve Hobden也許會對此一論點提出爭議，因為他正確
指出在不同的時刻中，Tilly分別以非現實主義，或準建構主義
（quasi-constructive）的方式來定義國際體系（Hobden 1998：

106-16)。但我的論點是,這些時刻是不相關的,因為它們都位於他國家肇建的理論之外。

Tilly更進一步在其它主要面項上複製了Waltz的架構,我們在第二章提過,Waltz認為適應的國家行為作用上不經意再生了無政府狀態的多國體系。Tilly無意間將國家肇建加到了架構裡,因此當國家藉由仿效先進國家的成功作為以適應無政府狀態來集中它們的力量時,它們的生存就能獲得保障,並因此不經意確保了多國體系的再生。此外,無政府狀態的體系會自然淘汰較為脆弱的國家類型(即波蘭),因此用來減少了倖存國家間的「相對力量落差」,從而確保無政府狀態的國際體系之持續再生。

但中心的問題是:是否Tilly (跟Skocpol、Waltz與Gilpin一樣)不把第二層當成一個是獨立的因果變項,因此將「國家踢出去」?雖然Tilly顯然開啟了「黑箱」,並提出了一個對國家—社會關係非常詳細與仔細的檢視,但國家與社會仍不過被當成中介變項。在國家—社會關係本質上的差異:也就是說,國內層級上資本與強制力的不同結合方式:的確能解釋為什麼在國家肇建的早期階段,至少存在三種不同的途徑或變化,但關鍵最終仍是無政府狀態的國際體系邏輯(第一與第三層),解釋了國家為何最後集中到(資本—強制力)的民族國家型式。Tilly援引新現實主義國家適應與適應不良的理論來解釋國家肇建,跟Gilpin一樣,他也進一步增加了一組中介變項,即主要是國家擁有的國內能動力程度,階級與經濟的束縛則為次要,也就是說,國家越高的制度自主性或越高的國內能動力,以及統治者採用策略去克服抵抗國家肇建的國內束縛,則國家就有越大

的能力能集中國家的力量並強化稅收的積累（即成功的國家肇
建），接著，成功的國家肇建使國家更能適應國際軍事的競爭
（Tilly 1975b：21-5, 40-4, 71-4）。相反地，適應不良的國家，只
擁有低度的國內能動力，無法克服國內的阻礙來強化中央的國
家力量，並因此無法忍受國家肇建的痛苦。如Tilly所言，「長
期來說，是戰爭與為戰爭所做的準備，而非其他活動，提供了
歐洲國家主要的構成要素。一般而言，輸掉戰爭的國家通常都
會縮小，並停止存在」（1990：28）。

也許可以回答的是，Tilly肯定也非常重視除了無政府狀態
之外的資本邏輯，但跟Skocpol與Gilpin一樣，資本被理論化成
某種程度上有助於國家適應無政府的狀態。所以國家主要是在
無政府的狀態，而非在資本的邏輯下，適應著國際競爭的邏
輯，因此，跟Waltz、Skocpol與Gilpin一樣，「比賽中的獲勝
者，是由〔無政府狀態的〕結構所定義，結構決定了何種參賽
者最有可能脫穎而出」（Waltz 1979：92, 128）。Tilly的確露出
了馬腳，他坦白地說他的模式「在其較為匆忙的時刻中……
〔第一〕國家的結構顯然主要是統治者努力獲取戰爭手段的一項
副產品；以及第二……國家間的關係，特別是透過戰爭與為戰
爭作準備，強烈反映出了國家肇建的完整過程」（1990：14）。
畢竟，他的成名是靠他那扼要的新現實主義式格言，「戰爭造
就國家，國家造就戰爭」（1975b：42）。

總歸的說，Tilly複製了Gilpin新現實主義的國家概念：即
國家擁有不同程度的國內能動力（高或低），但沒有國際能動力
去型塑國際領域或緩和無政府的狀態，並且跟Skocpol相同的
是，因為國內能動的國家力量或制度自主性其功能是一個國家

的治理能力，而國家的治理能力是由它適應無政府狀態的能力所決定的，所以似乎可以正確推論國家最終仍被化約成無政府的狀態。簡單的說，跟Waltz與Skocpol一樣，Tilly把國家「踢出去」，國家被抽離不再成為一個解釋性的變項。

「第二波」WHS：一個非現實主義的國際關係社會學

前言：朝向一個「複合的」（complex）國家理論

傳統國際關係理論的看法假定，一個將焦點擺在長期歷史變遷與國家—社會關係結構位置變動的理論，幾乎都會被定義為非現實主義的理論，但對國家—社會關係的分析並不會讓韋伯論者免於他們其實是新現實主義者的指控。某人也許一開始是要提出一個非現實主義的國家肇建理論，並為該論點寫了一本六百頁的書，在前面五百九十九頁詳細處理了國家—社會（第二層）層級上的種種變遷，但如果他在最後一頁宣稱這些國內的發展是發生在當國家尋求適應或順從國際的軍事競爭與戰爭時，則這個理論無疑會被當成是新現實主義的。所以發展一個非現實主義理論的真正挑戰不只是要提出一個處理國內變遷的理論，而還要解釋這樣的一種發展變遷，是透過許多不能被化約成國際結構的因果變項。這個任務將我們帶進了也許可被稱作為「第二波WHS」的領域中。

在討論「第二波WHS」之前，我們需要花時間解釋為何新

現實主義的邏輯對Tilly，以及特別是Skocpol和許多一般WHS學者來說，如此具有吸引力。回答這一點實際上是出乎意料的簡單，大致來說，WHS的學者來自於社會學界，在那裡主要的典範一向是自由主義與馬克思主義，但這兩個觀點一直被韋伯論的學者認為有所不足，主要因為他們視馬克思主義與自由主義的國家理論都是化約論的。由於認知到國家在社會學界中一直被邊緣化，以及他們反化約論的傾向，所以韋伯論的學者一直試圖去矯正這種不平衡，並「帶回國家（與地緣政治）」到社會變遷的分析與解釋上。因此如前所述，Skocpol的成名之作是她尋求在階級力量上賦予國家一個「潛在自主性」。

　　但我對Skocpol與Tilly的主要批評，或更一般的說，對第一波WHS的批評，是他們在試圖矯正這種傾向一方的馬克思主義或自由主義的唯經濟論點時，走得太過頭了，並一直（通常是無意地）重新落入了一個粗糙與化約的新現實主義邏輯（亦可參見Little 1994：9-10；Buzan 1996：60）。所以諷刺的是，在所有對國家與國家自主性的探討上，新韋伯論者通常，雖然是不經意的，將國家踢出去，因為他們將國家化約成受制於無政府狀態國際體系的制約。本質上對新現實主義者，特別是第一波WHS的學者來說，國家只不過變成一個輸送帶，透過它，地緣政治能重新型塑與重新安排國家結構與國家─社會關係，但由於新韋伯論者致力發展一個非化約論的國家與國內變遷理論，所以清楚的是，第一波WHS無法實踐承諾，因此我們應該對那些將WHS視為是一種跳脫新現實主義困局途徑的學者發出警告：「第一波WHS」變成一條回到新現實主義的死路（參照Scholte 1993：23）。由於對第一波WHS化約式新現實主義邏輯

的不滿，導致了「第二波」WHS的需要，在其中國家必須要被
真正「帶回到」成一個不能被化約為任何單一外生邏輯的力量
來源（Hobson 1998a, 1998b）。這兩波WHS可在兩個主要面項
上做區別，第一，第二波WHS不只要解釋社會變遷的國內過程
（如第一波），還要解釋國際關係。第二，第二波WHS尋求超越
第一波WHS的新現實主義途徑，並從而將國家帶回成一個國際
領域中的能動者，因此第二波WHS的主要目標是實踐第一波
WHS所未實現的「承諾」：也就是說「帶回國家」成為一個能
動者，但與此同時也注意到國家亦受限於結構。

　　在檢視Michael Mann與John M. Hobson作品中的第二波
WHS途徑前，值得提到的是Mann（以及Hobson與其它許多新
韋伯論者）有時也會迷失在基於新現實主義邏輯上的理論與解
釋中，持平而論，我認為有兩個Mann：一個是早期「準現實主
義的Mann」（quasi-realist Mann），另一個是後期「非現實主義
的Mann」。在他《國家、戰爭與資本主義》（*State, War and
Capitalism*，Mann 1988），以及其主要作品《社會力量的來源》
（*The Sources of Social Power*，Mann 1986）第一卷的重要部分
中，都可以清楚見到新現實主義的邏輯，特別是他對國家肇建
與強權衰落的論點，反映了Gilpin的分析。然而在此，我選擇
將焦點集中在他那些提出一個非化約或非現實主義的國家與國
際關係理論面項的作品上。

一般新韋伯論的一個理論架構：轉向「複合性」

　　在瞭解Mann與Hobson非化約的國家理論之前，我必須要先從描述韋伯歷史社會學派的主旨輪廓開始，我以各領域的作者們其廣泛與不同的著作來描述它，尤其是韋伯、Elias、Hintze、Mann、Collins、Runciman、Gellner與Giddens。對此途徑的最常見評論是它致力於一種複合途徑以反對「化約論」。這種複合途徑的宗旨被包含在我別本著作的WHS「六項一般原則」中（Hobson 1998a：286-96）。韋伯論者認為一個完整的國家、社會與國際關係理論，必須包含以下的面項：

1. 一個對歷史與變遷的研究
2. 多重因果性（不只一個而是有許多相互依賴的力量來源）
3. 多重空間性（不只一個而是有許多相互依賴的空間面項）
4. 力量來源與行為者的部份自主性
5. 歷史與變遷的複合觀念（歷史相對論）
6. （非現實主義的）國家自主性／力量理論

　　分別檢視每個原則，我們首先注意到新韋伯論對於研究國內與國際歷史變遷的偏好。新韋伯論者尋求顯示現代制度：社會、經濟與政治：並非是自然生成與注定出現的，而是有獨特與歷史的偶然性（參照Cox 1986；Linklater 1998）。透過將焦點集中在制度型式的長期變遷，WHS提供了一種方式來超越Robert Cox所謂「解決問題的」理論，或Hobson所謂「國際關係理論時間與發展速度的中心主義」（其中國際關係學者假定當前的制度與發展是〔自然的〕，並只需透過分析當前的時期就能

被充分解釋與理解，Hobson 1997：19）。

　　原則（2）則強調「多重因果性」，不只有單一的力量基本來源（或單一的基本因果變項），而是有很多個。Gellner（1988）與Runciman（1989）認爲有三個，雖然Mann偏好四個，即Mann原創的IEMP模式。該模式指出四種力量來源：意識形態、經濟、軍事與政治：他堅稱每個力量來源都有屬於自己的部份自主性，並且會彼此影響與相互建構，因此在社會學上無法被化約成（即整個被解釋成）一個單一的因素（Mann 1986：第一章；參照Gellner 1988：19-23；Runciman 1989：12-20）。這假定了在不同的能動力與行爲者之間並沒有清楚的界線，雖然這四種力量來源通常都會均等地影響社會的發展，但在特殊的時刻中，一兩個力量來源也許能被挑選成是主要的（雖然這種主要性只會短期存在），例如Mann挑選經濟與軍事力量在十八世紀是最主要的，而經濟與政治力量則在十九世紀變得更主要（Mann 1993）。對「複合性」的努力又被原則（3）強化，該原則重視「多重空間性」，各種不同的空間層級：次國家、國家、國際與全球：都影響與建構著彼此，所以沒有一者是自構的，而是彼此鑲嵌的。換句話說，每個空間面項都無法在缺乏其它空間面項的情況下存在，它們全都要相互支持，我將這點稱作外部或內部領域的「二元反身性」（dual reflexity）（Hobson：1997：第一章、第七章）。所以不存在一種純粹是「社會」或「國家」或「國際社會」或「全球社會」的東西，因爲這些領域會彼此相互鑲嵌，所以Mann提出社會（與國家）「是由多個重疊與交錯的力量社會空間網絡構成的」（Mann 1986：1）。原則（4）則強調所有力量來源與與行爲者的「部份

自主性」，力量行爲者，例如國家與階級並非是單一或一元的，並充滿完全的自主力量，而是每個力量行爲者乃**雜亂交錯**的（*paomiscuous*，Mann 1986：17-28），或**彼此建構**（*systactic*，Runciman 1989：20-7），或**多型態**的（Elias 1978：92）；每個力量來源與行爲者都擁有多重的特性，因爲某種程度上它們被彼此所建構。從這種方式來看，新韋伯論者將社會與政治行爲者問題化成具有多重性質的複合現象。

　　原則（2到4）讓新韋伯論者從他們認爲是傳統理論的根本限制中：傳統理論是利用一個化約式或「下層基礎-上層結構」模型（參見**圖**6.4）：區分出他們「複合」的力量模式。然而某些馬克思主義與新現實主義的理論家無疑已超越了純粹的簡約性，但韋伯論者通常會堅稱他們利用的是**修正式簡約性**而非**複合性**（其定義參見第一章）。韋伯式的途徑在圖表上能以一組複合的力量重疊模式來被呈現（參見**圖**6.4），沒有一個力量來源是自構的：所有的力量來源與行爲者和其他各種的空間面項都不是獨立的，而是互賴的，需要彼此來維持相互的存在（參照Strange 1988：24-34）。在這個陳述中，所有行爲者的本質與特性不再是靜態或固定的，並由一個單一的結構所注定：他們具有相當高度的可塑性並有多重的特性，正如全球空間能被想像成一個複雜與多重互動的蜘蛛網（Burton 1972：16），所以對WHS來說，力量行爲者並不等於撞球，而是彼此交織纏繞著；並且他們不會以激烈的方式衝撞，而是更實際「交織」在一個複雜的網絡裡（參照Elias 1978：第一章，與79-99, 154頁）。力量來源與行爲者被重新認爲是「不純的」（impure），如Mann所言，行爲者不再能被連結到「沿著自身軌跡，當彼此碰撞時會

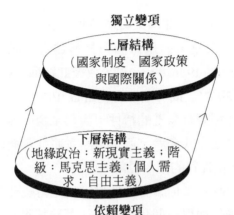

獨立變項

上層結構
（國家制度、國家政策
與國際關係）

下層結構
（地緣政治：新現實主義；階
級：馬克思主義；個人需
求：自由主義）

依賴變項
化約論、簡約的力量與因果性模式。此模式根據
新韋柏論者的看法，其下層基礎分別來自馬克思
主義、自由主義與新現實主義中的觀念（下層基
礎決定了上層結構）。

相互鑲嵌性

經濟力量
（如階級、市
場、世界經濟）

意識形態／
規範力量
（如性別、種
族、宗教等）

部份自主性

軍事力量
（地緣政治）

政治力量
（國家）

所有的來源都是部分自主的互賴變項
新韋柏論的非化的論／複合的力量與因果性模式
（每個力量型塑彼此與被彼此型塑：因此重疊）

圖6.4　新韋柏論力量與因果性模式與韋柏傳統理論的比較

改變方向的撞球」，而是「交織在一起，也就是他們的互動改變了彼此的內部形狀與外部軌跡」（Mann 1993：2）。因此在某個力量來源內的變遷必然會同時改變所有的力量來源，同樣地，力量來源的重疊能夠擴大與縮小，其中一個例子是（參見以下在Mann與Hobson作品中的發現）他們宣稱越多政治力量（國家）的重疊，或政治力量越鑲嵌於經濟力量與社會力量中，則國家與社會將變得更強大（例如十八世紀早期的英國），若相反，則兩者間的重疊處會越縮小（即國家越隔離在經濟與社會之外），國家與社會將同時變得更衰弱（即沙皇時代的俄羅斯）。

原則（5）強調**變遷的複合觀念**（complex notions of changes），所以當各種不同的力量來源彼此互動而製造出非預期的行動後果時，歷史就不會是連續性與重複性的，而是受制於意外且通常是隨機的非連續性。最重要的是，社會發展不是預先注定與單線的，相反地，「社會力量的來源〔鋪設軌道的工具〕：在方向還沒被選擇之前，軌道是不會存在的：在不同的社會與歷史領域中鋪設不同的軌道規格」（Mann 1986：28）。為了要取代新現實主義的「連續性」問題分析架構，WHS認為社會與國際政治最好都被理解為「變遷的內在秩序」（Elias 1978：149）。

這些都被原則（6）集大成，該原則強調一個**非現實主義的國家與國家力量理論**，許多學者不正確地假定新現實主義沒有一個關於國家的理論，而WHS之所以有，是因為它能提出一個關於國家的理論，基於兩個論點這種看法是不正確的：新現實主義不但擁有一個國家理論，並且該理論正等同於第一波WHS的國家理論。新現實主義的真正問題不是它無法發展出一個國

家理論，而是這樣一種理論無法賦予國際能動性給國家，相反地，第二波WHS透過宣稱結構能夠形成國家，而作為能動者的國家也能形成結構，因此可以提供一種對「能動者與結構」的結合，這被列在前面對於「非現實主義」的闡述。這是因為多數的新韋伯論者不會直接試圖提出一個非現實主義的國家力量與自主性理論，但我認為無法提出一種非現實主義的國際能動的國家力量理論將會破壞新韋伯論者的志業（entreprise），為什麼？第一，若是無法有效地這麼作的話，則將會否定韋伯論者重要的努力，也就是「帶回國家」成為一個能動者（即不會將國家化約為一個外生的力量來源），因為在第一波WHS裡，國家被化約成國際政治體系的結構，第二，若無法提出一個非現實主義的國家理論，則最後將會抵觸韋伯論者對於複合性的努力，即WHS六原則所描述的，這是因為若將國家化約成無政府狀態則將會使我們遠離複合性，並回到簡約的「下層基礎-上層結構」模型上，更一般地說，我們可以理直氣壯地這麼問：如果WHS真的沒有辦法提供一個在新現實主義之外的選擇，那為何某些國際關係學者要背離（新現實主義）原狀呢（Hobden 1998：11）？下面一段將介紹一個「第二波」WHS的研究途徑，該途徑不只提出了一個非現實主義的國家能動力理論，並且還維持了韋伯論一般研究途徑其六項原則的全部完整性。

Micheal Mann非化約論的國家力量理論：「多形態」（polymorphous）的國家

我從Mann的第二本著作《社會力量的來源》（*The Sources*

of Social Power，Mann 1993）來開始討論他的國家理論，並以他《國家、戰爭與資本主義》（*State, War and Capitalism*，Mann 1988）第一章的論點來作補充。目前爲止本書所檢視的國家理論，沒有一種是試圖要將國家特定的國內力量給問題化，但這卻是Mann的首要之務。

在他一九八八年的著作中，他認爲標準的國家理論都將國家自主性（等同於本書所使用的高度國內能動的國家力量或制度的國家自主性概念）想像成一個在國家與社會間的「零和競賽」，這之後被包含在他「專制力量」（despotic power）的概念中，專制力量是指「菁英被授權行事的活動範圍，而毋須透過與公民社會進行一般性、制度性的協商」（Mann 1988：5）。但他認爲還存在另一種型式的國家力量，這一直被標準的國家主義忽略，這指的是「國家實際滲透公民社會的能力，並在這整個領域中執行後勤任務的政治決策」（Mann 1988：5, 1993：55），即「基礎建設的力量」（infrastructure power）。對Mann來說，「基礎建設的力量」是「力量中立的」，因爲它並不意謂著一個以犧牲對方來取勝的國家與社會行爲者間之競爭，Mann其中一個主要論點是國家在某種程度上擁有高度的治理能力，因爲透過對社會的深入，它可以實現國家的政策。一般理論都假定傳統國家是強大的，因爲它擁有高度的專制力量，然而Mann卻認爲這樣的國家是虛弱無力的：的確，王權統治的怒吼能夠「到別人頭上」，但若此人在此範圍以外的話，則專制王權很少能去執行它們的專制念頭（Mann 1988：5）。傳統國家實際上無法直接統治，必須仰賴貴族（即領土封建主義，或如Anderson，1974，所謂分包的主權（parcellised sovereignty））。

相反地，多數的現代國家雖擁有不甚明顯的專制力量，但卻享有高度深入社會的基礎建設力量，使它們能更直接地治理，因此比它們「性急的」前任者有更大的效率。

在他一九九三年的著作中，Mann將這個途徑更向前發展，他從區分兩種型式的國家主義開始：分別為「眞正的菁英主義」（true elitism）與「制度的國家主義」（institutional statism）。眞正的菁英主義，第一波WHS與新現實主義將其特徵想像成，第一，一個聯合與一致的國家菁英，執行一個毫無疑問與單一的國家利益概念（即軍事上的生存）。第二，眞正的菁英主義將國家視為在公民社會中，在和社會行為者面對與衝突的範圍內是自主的，這一般等於Mann所謂的「專制力量」，不同於這個新現實主義／菁英主義的國家理論的是Mann提出一個「制度國家的」（institutional statist）途徑，其本質是，第一，「國家」無法被當成一個依據單一理性（如資本家、好戰份子、民主，或家父長的理性等等）來行事的理性且一致的實體，國家是一個複合的現象，被多重的身份區隔（參見以下，如Mann「多型態」國家的理論），第二，國內能動的國家力量或自主性並不是用來對抗社會的（如傳統假定），而是要與社會行為者進行合作。但值得注意的是，Mann的觀念不同於一般對制度國家主義（institutional statism）的理解，舉例來說，一般認為Skocpol是制度國家主義的一位主要擁護者（如Pierson 1996：89-91），但以Mann對字詞的使用來說，Skocpol的早期（不是晚期）作品應位在「眞正的菁英主義」中，因為她將國家自主性與專制力量視為是同等的。

一個國內能動的國家力量或自主性之修正理論

國家力量的觀念被包含在社會集體／合作的關係中，這可在Mann之後對基礎建設的力量定義中找到。在他一九八八年的著作裡，「基礎建設的力量」只被理解成一個技術或後勤的能力，或對社會的滲入（Mann 1988：5, 1986：170, 477）。但在他一九九三年的著作中，被重新定義為力量透過或伴隨社會，而非力量對抗或凌駕社會，現在「基礎建設的力量是一條兩線道：〔它既能幫助公民社會團體〔即政黨〕去控制國家，如馬克思主義者與多元主義者強調的」（1993：59），這跟Giddens的國家「監控」（surveillance）力量不同，監控力量意謂某種程度的專制力量，在其中國家得以操縱社會；該力量也會出現在民主國家中，但在集權政體下得以被極大化（Giddens 1985：第十一章）。對Mann來說，專制與基礎建設的力量並非是互相排斥的，一個國家的國內自主性來源是仰賴國家與強大社會力量的連結，而不是和它的對抗。在他的著作裡，英國與普魯士因為它們在宰制階級中的鑲嵌性而被視為是最強大的國家（Mann 1993：第四、六、八、十三章），這是一個重要的移動，轉向到國內能動的國家力量或自主性的非化約式理論，因為他將國家力量與社會連結在一起，使國家無法被化約為國際體系，並將自身立基於國內的社會-階級關係中以回應國際體系。

這被反映在Mann對現代國家的最新定義中，在他早期的作品裡，他複製了韋伯對現代國家的古典定義，內容是：（1）一組功能分化的（differentiated）制度與人員，形成了（2）中央

性，使政治關係能從中央向外擴散，以涵蓋（3）有明確界線的領土範圍，在此範圍中國家的權力得以運行（4）用對暴力手段的獨佔做為靠山，獨佔政策制訂的**權威性**（Mann 1988：5：cf. Weber 1978 54-6）。然而Mann在一九九三年的討論中，這個定義被巧妙但卻引人矚目的改寫了。（1）跟（3）沒有改變，但（2）跟（4）變成：「（2）政治關係向外擴散到一個中心，也從一個中心擴散而出」；國家握有「（4）某種程度的權威，與制訂決策的權力，這某部分是由組織性的實質武力所支撐」（Mann 1993：55，強調處為我所加）。因此，政治關係也從公民社會擴散進入到中央（也從國家向外擴散而出），在實質上，國家的重要性降低了，只擁有「某種程度」，而非對制訂決策的權威與使用暴力的二元「獨佔」。Mann這麼做是因為他相信國家不能被化約成軍事力量，並且他試圖將社會力量的影響力帶進現代國家的定義中（1993：第三章，第十一到十四章）

　　然而這並不代表國家能被完全化約成階級或社會的利益，開啟新研究領域的鑰匙是Mann對集體力量（collective power）的強調，以反對分配性／零和力量的概念：也就是說，最有效率的力量是在一個集體或合作的背景中發展。簡單的說，國家力量與社會／階級力量能夠一同集體發展，所以認為國家即使與宰制階級合作時仍是自主的看法並非似乎是一個錯誤的推論（non-sequitur），這種社會鑲嵌性的概念在他書中的第十三章被更進一步地檢視，在那裡Mann提供了一個對官僚化（bureaucratisation）的說明，這對傳統韋伯的論點添加了一條思路。遵循著韋伯，新韋伯論者一般都認為現代國家在制度上不同於社會，因此國家採取一種公共或形式／工具的（formal／

instrument）理性，與公民社會私領域的**實質**或**價值**理性截然不同（Poggi 1978；Weber 1978：978-90；Evans 1995）。現代國家與社會的制度性分離，多數韋伯論者認為這是國家自主力量的來源，但Mann卻認為直到一九一四年（甚至今天），國家的行政機構都還沒有完全獨立於社會之外，而是擁有一個很強的社會力量成分。在一九一四年，貴族階級的力量與貴族統治的價值滲透到了行政機構中，特別在外交政策的制訂上（Mann 1993：第十三章，以及49-51，69-75，419-26，749-57），因而開啟了一條路給具有部分建構主義性質的國家理論，Hobden也這麼認為（Hobden 1998：135-41）。相對於傳統的韋伯理論，Mann認為社會力量的注入（infusion）與官僚機構中的價值，是優勢而非弱勢的來源：「不論國家是否能有效與一致地行動，都是基於行政官員鑲嵌於並表達出宰制階級的國內凝聚力，以及行政官員自身的能力」（1993：474）。這全都是來自於Mann「多型態」（polymorphous）國家的理論，該理論是他非化約的國內能動力或自主性理論（1993：75-88）。

國家是「多型態的」

　　根據Mann的看法，傳統的理論認為國家被「具體化」成某種特定的型式：如資本主義式（馬克思主義所認為）、如民主式（多元主義所認為）、如軍事式（新現實主義所認為）、如父權式（女性主義所認為），或如規範式（建構主義所認為）。但對Mann來說，國家並不是被具體化成某種一致的型式，而是多種的型式，這來自國家位於複合且多重力量領域的一個假定（源

自前面提到韋伯的原則（2）和（3））。國家被具體化在一個多種複合力量網絡的中心，並以無數種的型式而被具體化，其中有六種最為重要（自一九一四年以降），或Mann所謂「高度具體性的」，包括：資本主義的、軍事的、代議民主的、民族國家的、意識形態-道德的與父權的力量型式。跟現實主義者相同的是，Mann接受了國家要對國際軍事的競爭做出回應的看法；跟馬克思主義者相同的是，Mann認為國家是資本主義的；跟女性主義者相同的是，Mann認為國家是父權的；與建構主義者暗中相同的是，Mann認為社會身份與規範也會影響國家。

　　某些非韋伯論的批評者也許會問他們標準的（化約論的）問題：這些力量型式哪一個是最重要的（一開始就假定某種力量來源必定比其它力量來源更為重要）？簡單的說，他們希望Mann選出一種最顯著的力量來源，但他主要的重點是尋求存在於問題中的問題，答案是，這些具體性沒有一個能被單獨指出成是最優先的：尋找優先性，跟尋求聖杯一樣，都是徒勞無功的。放棄國家型式的一個「最終具體性」，或將國內與國際關係等量齊觀，都是來自第二種的一般原則（多重因果性），該原則指出，不存在一種單一的力量來源具有最終的影響力，而是有四種，其中沒有任一種能被化約成另一種（參見圖6.4）。第二，力量行為者與力量來源很少會「對撞」，主要是因為它們是互構的。因此，這樣的「交錯性」（promiscuity）意謂國家很少會在不同的力量來源或力量行為者之間做出一個最終選擇，所以，部份自主的國家是透過多重部份自主的非國家力量來源：經濟、意識形態／規範，以及軍事：而被構成的，正如部份自主的非國家行為者與結構也是透過政治（國家）、經濟、地緣政

治與意識形態／規範而被構成的。

在此過程中，國家與社會理論被劇烈改變，我們不再需要尋求一個單一的國家身份，也不需要將所有的政治都化約成一個單一或主要的本質，現在我們能夠洞察到多重的國家身份，因此「今天，當美國某個星期限制了墮胎權時，也許就具體化成保守-父權-基督教的國家型式，當下個星期處理了儲蓄與貸款的銀行醜聞時，它就具體化成資本主義的國家型式，之後當它爲了國家的經濟利益派遣軍隊到海外時，它又具體化成一個超級強權的國家型式」（Mann 1993：736）。因此，現在的問題是要分析國家如何型塑它的力量來源，以及這些力量來源又如何回過頭來型塑國家。舉例來說，在一九一四年，當國家使用它們的力量去調整社會與經濟生活時，這個過程就擴張了國家本身或「囚禁」了社會行爲者，從而巧妙地將他們的利益與身份轉變爲民族國家的領土概念（1993：第八章）。在這裡，國家對資本主義所造成的影響力，並不是要去破壞資本主義以形成一個對撞的衝突，而是要巧妙地重新定義資本家利益的概念，因此資本主義與「資本家利益」不是自構的，不是完全以生產模式（跟馬克思主義一樣）的說法來定義，資本主義的發展途徑巧妙地被國家與地緣政治「重新移動」（retrack）到了新的方向。除此之外，在他書中的第十七到十九章，Mann提出了工人與農民階級的行動與行爲也被特定的國家型式以有所意涵（significant）的方式型塑：他早先將此稱之爲「統治階級的策略」（1988：第七章）。如他所言，「這些階級的互動並不是跟撞球的碰撞一樣……階級……與權威的政治具體化是『非辯證的』交織在一起，因此有助於彼此的型塑。行爲者的認同與利

益是被在它們之後無意的〔國家〕行動的後果所改變」（Mann 1993：725）。再一次，階級利益不能簡單地從生產模式來被「解讀」，因為它們會被所有種類的非經濟力量，特別是國家，巧妙地重新移動。

　　但Mann並沒有如某些批評者所言，回到一個粗糙的政治化約論（例如Scholte 1993：23, 96, 101-2；Fuat Keyman 1997：73）。因為國家不能被概念化成一個理性自主的實體，並被賦予一個單一的本質，原因是資本主義也會重新移動現代國家的發展。此外，貴族統治的規範價值是被官僚，以及特別是政治家和外交家所掌握，以助於傳播與建構國家的外交政策選擇（Mann 1993：49-51，第八章、第二十一章）。另外，現代國家的發展在一七〇〇年後不只受戰爭與資本主義的影響，還有受工人階級運動與政黨政治民主的影響，所以在一九一四年國家成為一個更為複合的「二元不定型的『實體』」（diamorphous entity）：部份是軍事的，部份是公民的：（1993：第十三到十四章）。總結地說，Mann相信國家擁有不同程度之國內能動的國家力量，國家和社會的各種不同關係也會自主地影響與作用到國際關係上（1993：第二十一章，1996）。這提供了我們瞭解Hobson作品的起點。

John M. Hobson「非現實主義的國際能動的國家力量理論」：化解「能動者─結構的二分法」

　　雖然Mann的確是在分析國際關係，但他主要的興趣是要提出一套非化約式的國家理論，並用來理解國內社會的變遷。而

我《國家財富》（The Wealth of States，1997）一書的中心目標
則是要發展一個「非現實主義的（國際能動的）國家力量理
論」，並將它應用到國際關係上。因此一開始我提出一個新韋伯
論的途徑，跟第一波WHS相反的是，這不是一頭「披著社會學
羊皮的新現實主義狼」。我認為新現實主義的主要問題不是它無
法發展出一個國家理論，而是它的國家理論是不充分的，因為
它否定國家在國際體系中能擁有任何的能動性。對Waltz（1979）
來說，這是因為國際政治結構的「第二層」（即國家與國家—社
會關係）被有意忽略，或從一個獨立變項「被抽離出」，從而剝
奪國家的國際能動力。因此，新現實主義是以犧牲國家的能動
性為代價，修正了國際結構，這必然會出現的結果是新現實主
義也利用了我認為是無用的「下層基礎—上層結構」的力量模
式與因果性。我們需要的是一個複合途徑，它能將國家以能動
者的身份帶到國際關係上：這個途徑在一個複合的社會領域
中，重新整合了部份自主的國家以及部份自主的非國家能動者
／結構。

在新現實主義以及它的次理論類型中，都把國家與社會分
離，如此一來國家從社會中獲得了完全程度的國內能動力或自
主性。Gilpin與Krasner談論過不同的國家—社會關係，這點跟
Waltz的確有所不同，但國內階級的利益只被理解成阻礙國家充
分適應無政府狀態的束縛。對他們而言，一個強大的國家必須
自主或獨立於社會利益之外，以適應國際的無政府狀態，所以
比賽仍受制於無政府的狀態。在此過程中，新現實主義操作一
個有著廣大界線之重要的「分離式」問題分析架構，國家不只
彼此嚴格被分離，並且國際非國家的行為者也被非滲透性

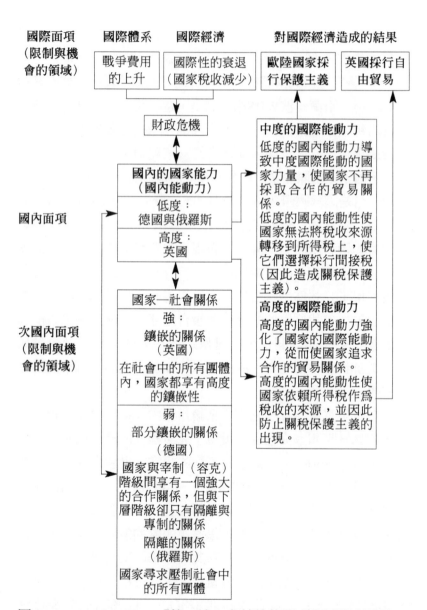

圖6.5　John M. Hobson「第二波」韋柏論的國家與國際貿易建
　　　　制變遷理論

（non-permeable）之外部主權給邊緣化，在國家與社會之間還存在一條看不見的界線。也許我途徑的關鍵處是在指出國家被不同程度鑲嵌或整合在國內社會關係與國際關係中，在分析上預先假定了這些人造界線將會「崩潰」。此外，國家力量：有效治理的能力：只能透過國家在社會中深度的鑲嵌性而被達成（亦可參見Weiss and Hobson 1995；Weiss 1998）。在上面的陳述中，強大的社會力量不僅作為一個對國家國內能動力的限制，也同樣會促成或強化了國家治理的能力。我論點弔詭的地方是「將國家帶進國際關係」以作為一個獨立的能動者，但本質上這是要「帶回社會（與國際社會）」，所以實際上我追溯了「國家力量的社會來源」，跟新現實主義與第一波WHS中的傳統國家自主性觀念相反的是，強大的社會行為者並不會侵蝕國家的力量，而是能強化它。

但這也幫助我們注意到這個途徑相當不同於馬克思主義、自由主義以及粗糙的互賴理論。跟新現實主義一樣，這些途徑設定了一個有問題的「非此即彼」邏輯，因為它們假定國家力量與社會力量間會有一個抵換關係：如果國際的社會力量是強大的話，則國家的能力就會被假定為低度或是正在下滑的。我以一個包容性的「既／且」邏輯來取代傳統理論的二元途徑，因此強大的國家與強大的社會力量可以攜手並進。跟傳統化約論與第一次國家論戰不同的是，一個非化約式的國家理論，會拒絕去問一個問題，即「國家或非國家的力量」，而是要求對「國家與非國家行為者」進行一個分析。所以在帶回非國家力量時，我堅持「國家不應被踢出去」（Hobson 1997：第七章）。

為了要提出一個非現實主義的國際能動的國家力量理論，

我試圖運用WHS的全部六種原則以達真正的複合性。在我一九
九七年的著作中，我使用了一個財政—社會學的途徑，該途徑
強調多重因果性與多重空間性的變項：特別是，經濟、軍事與
權力的政治型式-階級、地緣政治與國家能力—以及出現在國
際、國家與次國家空間面項上的發展。對於國際貿易建制變遷
的個案研究上：特別是在十九世紀晚期，從自由貿易到保護主
義的轉變：需要一個財政—社會學的途徑，因為我認為國家之
所以訴諸於關稅保護主義，主要是因為要強化稅收：特別是
「間接的」稅收。此個案研究有必要伴隨一個「整合的」途徑，
它提出Jarvis所謂在多重力量與空間變項上的「契合」（fit，參
照Jarvis 1989：291）：這被呈現在圖6.5。

國家的「國際能動力」與國際貿易建制的變遷

　　相較於自由主義與馬克思主義認為國家在一八七七年之後
提高關稅是要促進各種經濟利益團體的利益，我則認為國家之
所以要轉變到保護主義，是它們對財政危機所做的回應。財政
危機的出現是由一連串作用在三種空間面項的發展造成的，從
圖6.5的左上半邊開始，在國際體系的發展：不斷升高的戰爭開
銷與第二次軍事革命：驅使國家增加支出。此外，在國際經濟
的發展：一八七三年之後的大蕭條（the Great Depression）：
減少了政府的稅收，並惡化了財政危機，另外，在次國家層級
（sub-national level）上的發展，也帶來不同的衝擊，例如德國
的中央政府變得極端依賴邦政府（the Länder）的稅收，減低了
行政機關在政策制訂上的自主性。因此，政府總理（Reich

Chancellor）俾斯麥尋求發現新而獨立的稅收來源，以減少這種政治依賴性：所以用間接稅與關稅來付這筆帳單。

最重要的是，相較於新現實主義，我認爲雖然國際的全球財政壓力是財政危機的一個重要決定因素，然而它們只提供部份的總體解釋架構。除了造成財政危機的各種「成本推力」（cost-push）之力量外，就國家而言，我也指出重要的「稅收拉力」（revenue-pull）目標，作爲此論點的一個重要部份。該論點是，「收入」成本推力的壓力是來自國際體系是由各個國家在不同政策方向上的折射，而這是由於不同程度的國內能動之國家能力，以及每個國家中不同的國家-社會關係之結構位置。

爲了分類，我在分析上區分了三種國家力量的項目（雖然它們都連結在一起）：

1. 治理能力或國內能動的國家力量：即一個國家有效治理的能力。當國家緊密鑲嵌在一個廣泛範圍的國內社會行爲者中時，該能力將被強化。雖然這點在某些地方等同Peter Evans（1995）「鑲嵌的自主性」概念，但至少有兩種基本面項跟它不同。第一，當國家被鑲嵌在一個範圍廣泛的社會行爲者中，而非只鑲嵌在宰制階級中時，我認爲國家是最有效率的。第二，不同於Evans掘墓者（grave-digger）命題的是，也就是當社會行爲者強化其力量時，國家自主性最終並不會被侵蝕，而是被強化。最後，Evans預先假定在社會行爲者與國家間的權力競爭是一個零和賽局：但這個立場我認爲只標誌出脆弱、專制的國家而非強大的合作性國家特徵（參照Weiss 1998：

34-7)。

2.更特定地說，治理能力是源於國家其國內制度力量的結構位置，這包含：**集權性、滲透性**（結構下的）**力量、國家自主性**（國家-社會關係）**與專制力量**。

3.國家的國際能動力：國家對不同程度國際能動力的獲得，是基於所擁有的國內能動力，這表現在我對貿易建制變遷的個案研究中（1997）。

　　一個國家的貿易政策是由該國在國內治理能力的程度所型塑的，這接著又被它各種不同的制度力量其特定的結構位置所決定。力量的第一種制度面項是指國家的「集中性」（concentration），這是一個國家在財政上的集中化程度。在聯邦制中，中央政府在財政上只有薄弱的集中化程度。在十九世紀，中央政府與邦政府之間有著一個嚴格的財政分工，使後者實際上擁有一個獨佔的直接稅收（主要是土地稅），而前者實際上則擁有一個獨佔的間接稅收。因此在聯邦制中，中央政府為了稅收傾向依賴關稅保護主義，這有助於解釋為何德國、奧地利、加拿大、澳大利亞、瑞士與美國成為實行保護主義的國家。相反的，在單一制的集權國家（例如英國與俄羅斯），就能在間接與直接的稅收型式中做選擇，因此英國選擇增加所得稅來提供所需的稅收，使它能避免採取間接稅並維持了自由貿易。然而國家高度的集中化是一個必要但非充分的變項，因為「單一制」的俄羅斯（以及義大利和法國）大部分的稅收卻是仰賴間接稅與關稅，為了要解釋這一點，我們需要檢視其它型式的國家制度力量。

　　英國能夠在一八四二年轉向採取所得稅政策是因為，第一，它擁有高度的「滲透性」力量（深入社會徵稅的能力），對所得稅來說這是一個重要的先決條件，沙皇時代的俄羅斯則缺乏此種力量，而阻礙某種型式所得稅的引進。第二，最重要的因素是國家的自主性：即國家廣泛鑲嵌在社會中的程度。為何英國從一八四六年一直到第一次世界大戰都能維持著自由貿易呢？這可能是，第一，因為財政危機直到二十世紀之初才在英國出現（跟多數歐陸國家不同），但當財政壓力最後到達英國時，英國政府的回應是透過增加所得稅，這可能因為自由黨政府是同時緊密鑲嵌在資本宰制階級與勞工階級中，跟專制的俄羅斯政府不同，使英國得以擺平這兩個階級以強化它在國內與國際環境中的各種不同利益。政府透過對社會最富有團體進行課稅來招募新的無畏艦隊（Dreadnought）與老人養老金的財源，維持了勞工階級對其政策的同意，但關鍵點是國家能引宰制階級入甕，因為國家能擺平他們相衝突的「多形」（polymorphous）利益。由於宰制階級為了他們的商業投機活動而希望自由貿易，但為了個人稅賦的原因又希望政府採取間接稅（即關稅），但他們沒有辦法讓國家同時採行這兩種政策：如果他們希望維持自由貿易的話，則他們就要接受更高的所得稅（即自由黨政府配套政策的「財政代價」），如果他們希望有較低的個人稅率，則他們就要接受關稅保護主義的政策（即反對黨，保守黨配套政策的「貿易代價」），最後自由黨政府獲得了勝利，對抗宰制階級的長期財政利益，但仍保留他們（不情願的）同意透過自由貿易來維持他們的貿易利益，這跟俄羅斯形成了對比。俄羅斯政府在尋求極大化它的專制力量上，獨裁政

府透過間接稅同時壓制了宰制階級與下層階級，並因此訴諸於關稅保護主義。

　　最後移到圖6.5的下面，我注意到在制訂賦稅與貿易政策上，社會力量所帶來的影響。在英國尋求維持自由貿易上，階級力量是一個重要的因素，這很大一部份是由宰制階級與下層階級所共同支持的。而德國，由於國家被鑲嵌在宰制的容克階級中，因而在一八八五年、一八八七年與一九○二到一九○六年間，提高了關稅，部份是要迎合容克階級的貿易需求：如馬克思主義者與自由主義者認為的。但在英國與德國的例子中，馬克思主義者假定國家的行動**純粹**是為了它們階級成員各種利益的看法則是錯誤的，跟英國宰制階級在一九○九年一樣，德國的容克階級在一八七九年受到了**雙重壓力**，一方面為了商業的目的而希望自由貿易，但又基於個人稅賦的緣故而希望間接稅與關稅政策。國家能夠說服容克階級接受關稅保護政策，因為這會伴隨著非商業的利益（即低度的個人賦稅，以及形成一個更為右翼的聯合政府），即使該階級基於商業的緣故都不喜好關稅政策直到一八八五年，國家在一八九○年代又更進了一步，當容克階級大聲疾呼國家採取更高程度的關稅保護時，國家卻在此時調降了穀物的關稅。簡言之，鑲嵌性不並會附帶使國家完全臣服於階級的需求，因此在英國與德國，國家與宰制階級間的關係是**競合的**（*competitive-cooperative*）（而非純然合作的）。此外，沙皇的獨裁則是孤立於社會之外，並運用關稅來與各階級對抗，使國家與宰制階級與下層階級間的關係純粹是**競爭的**。

　　一個明顯的弔詭出現在這點上：國家的鑲嵌性越深入，則

國家的治理能力也會變得越強大，也就是說，英國在社會網絡中深入的鑲嵌性賦予它更大的能力去實現國家希望的改革以強化治理能力。相反地，德國的部份鑲嵌性（partial embeddedness）與俄羅斯的孤立，則侵蝕了它們的治理能力。因為英國高度的治理能力使它能採行所得稅的政策，這比俄羅斯與德國所仰賴的間接稅基（indirect tax base）更具財政生產性，在第一世界大戰的期間，這種財政生產性變得更明顯，因為與英國相比，德國與俄羅斯的政府則是遭受到軍事的破壞並之後被國內革命所推翻。此分析的中心結論是，個體單位的本質乃是型塑國際體系的基本變項，英國政府深入的鑲嵌性（與隨之而來的高度治理能力）是它採行自由貿易政策的關鍵；相反地，德國與俄羅斯政府與社會不同程度的隔離（與隨之而來的低度治理能力），是它們選擇在國際政治經濟中採取關稅保護主義的重要原因。

一個「非現實主義的國際能動的國家力量理論」與國際關係：解決「能動者-結構」的二分法

　　我分析的中心目標是要為「能動者—結構」的二分法提供一個解決之道。國際體系理論只能提供一種「被動適應」的國家理論，該理論否定國家擁有任何能動性能影響國際關係，而不是透過擴大一個將國家視為能動者的問題分析架構來修正這種不平衡。我則是提出一個將能動者與結構結合的結構能動理論，這可以沿著生產模式的結構，以及世界經濟與國際的國家體系，並同時強調國家與社會／國際社會之間的共構關係，來

帶回具有部份自主性的國家。因此，國家處在一個國際／國家的漩渦中，其中有三個空間領域是相互鑲嵌的，使它們得以彼此型塑與影響：從而提供Jarvis（1989）所需要的「鑲合」（fit）。但這個策略是否只是去思考每個理論的不同片段：階級、國際體系、資本主義的世界經濟：並以某種恣意且大規模的綜合方式將它們黏在一起？答案是否定的，因為將更多的變項帶入，需要對能動者與力量結構本質，進行一個大型的本體結構位置之重新排列，不是把不同的力量與空間領域相互交織在一起就變成部份自主而非完全自主的，而是「結構」在本質上不再被簡單認為是同性質的（anthropomorphic）與「全部都是限制性的」。結構變成了兩面，所以它們可以「促進」與「限制」國家的能力，國際與國家「結構」現在被（再）同時視為「機會的領域」與「限制的領域」。因此國內與國際社會變成作為能動者的國家能夠伸入的**部份資源槽**，以強化它們在此兩種領域中的力量或利益。最重要的是，國家是一個有**兩副面孔**的空間實體，一副面孔朝向國際與全球領域，另一副則朝向國內領域，這使國家能夠擺平不同領域與力量來源，從而強化國家的多樣利益，導致國內與國際「領域」的改變。

以典型結構能動的方式來看，該論點是透過兩個階段而被提出。在第一個階段，我將歸類能動的敘事（agential story），並特別將焦點集中在作為「限制性領域」的國際領域，因此我把焦點擺到在國際層級上逐漸增加的軍事花費，這個現象與國際經濟的衰退交織在一起，導致了財政危機，因此需要國家採取適應的行為，如果它們仍想繼續保有競爭力的話。強國：英國：由於在社會的鑲嵌性使它能提高對所得稅的課徵，並維持

了自由貿易。相反地，弱國德國與俄羅斯一直隔離在社會之外（尤其與下層階級的隔離），所以要選擇採取間接稅與關稅來作為稅收來源，然而如果我們在這裡就結束了這個敘事，那我們只能發展出一個修正式新現實主義的論點，敘事下一部份的歸類架構是將焦點集中在能動者上，在這裡的每個國家都擁有屬於自己特殊的國內目標，國家跟國際結構的力量也並非是完全沒有關係。國際經濟提供了一個資源槽，讓身為能動者的國家可以將手伸入其中，以推動國內特定的改革。具有「部分鑲嵌性」的聯邦國家，德國，對國際貿易課稅，以強化它的「集中性」（即在一八七八年之後，獲得在各邦之外的財政與政治自主性），並對下層階級壓制以強化國家的專制力量，還有透過累退的關稅來促進宰制階級的財政與貿易需求。「隔離在社會之外的」單一（unitary）專制國家，俄羅斯，則是透過同時壓制下層階級與宰制階級來尋求強化它的國內專制力量。相反的，「鑲嵌在社會中」的單一制國家，英國，主要透過放棄對貿易課稅與維持自由貿易而強化了總體治理能力。國家：或自由黨政府，能夠採取所得稅的政策以對抗宰制階級的長期財政利益，強化了它的財政／治理能力（因為所得稅的財政收益遠比間接稅的財政收益要來得高），這有助政府吸取勞工階級的選票，並讓自由黨政府在一九一○年的改選中獲勝，同時這也被宰制階級所接受，因為宰制階級清楚認知到，為了要維持他們所要的自由貿易，代價必須是接受所得稅的政策，所以當我們將這兩個敘事結合，我們就朝向了一個結構能動的國家與國際關係理論，這超越了新現實主義的結構論。

該論點的一個重要部分是國內政治會影響國際貿易，因此

「國內鑲嵌性」（英國）採取自由貿易，而「部分鑲嵌性」（德國）或「隔離性」（俄羅斯）則採取關稅保護主義。所以Waltz或許會反對我的看法，認為我不過提出了一個關於「外交政策的理論」，而非一個國際體系的理論，但我對他的回答是一八七七年之後，出現在全歐陸國家的關稅保護主義，是由於所有歐陸國家的國家治理能力是中低度的，低度的國家能力一般會導致對間接稅的依賴，接著這將把以歐陸為範圍的貿易建制從自由貿易轉變成關稅保護主義。我這裡認為國家治理能力的大致程度是相當重要的：當大致程度是低度時，則保護主義將會盛行（即十九世紀末的歐陸國家與一九四五年之後的第三世界國家）；當大致程度是高度時，自由貿易就會普遍出現（即一九四五年之後的第一世界國家）。此外，治理能力的分佈（與一般門檻），實質上與每個個體單位中特定的國家—社會關係有關（參見第七章有一個完整的討論）。

因此我提出兩點結論。第一，我認為Waltz的第二層必須要被留下來，國家內部的性質與國家-社會關係對於國際關係的解釋，構成了一個重要的變項。的確，一個國家的國內關係會影響到它的國際能動力，所以英國在二十世紀初，享有高度的國際能動力，因為它深度鑲嵌在一個廣泛組成的國內社會力量中，讓它能轉向採取所得稅政策，並因此不用越來越仰賴間接稅與關稅，導致它之後追求自由貿易的國際合作政策。相反地，德國與俄羅斯只擁有低度的治理能力，並相對上來說，隔離在國內社會力量之外，因而它們選擇採取累退的間接稅與關稅，國家只擁有中度的國際能動力，選擇退出與它國合作的貿易關係，並採行一個保護主義的貿易政策。第二個結論是國家

並不是外生結構的被動犧牲者（即載體），而是能動者，不只構成了其他力量行為者，也構成了國內與國際結構，並也自動地被它們所構成（對於這點的詳細討論，參見第七章）。所以我反對國家「無政府狀態」與「主權」的雙元性，而偏好一種「動態雙元」（dynamic duo）（Hobson 1997：272-5）。因此弔詭的，這個論點的邏輯是，如果我們貶低了無政府狀態與國家主權的本體重要性，則我們就能將國際與國家面項重新整合成互為反身性的，從而將「國家與國際-社會複合體帶回」到一個具有部分自主性的力量。

最後，Fuat Keyman（1997：84-5）認為，大致上來說，WHS是不充分的，因為它無法充分結合「能動者」與「結構」，特別是他宣稱，國家被WHS具體化成一個擁有全部力量去影響「結構」的能動者，因此他認為身為能動者的國家被具體化成或被賦予了在國內結構上的優越性（參照 Risse-Kappen 1995a：18）。但第二波的WHS則能結合能動者與結構，就Mann與我本身來說，國家力量被鑲嵌在社會力量中：在國際體系中，國家-社會關係是國家能動力的一個重要面項（亦可參見Weiss 1998）。WHS出現的第二個原由是「國家的具體化」（state reification），根據Fuat Keyman的看法，他認為WHS存在一種思潮要將國際結構視為純粹「促進的」，而毫不考慮結構也會「限制」國家。但這一點實際恰好相反：第一波WHS具體化了結構（無政府狀態），犧牲了能動者（國家）。但在第二波的WHS中，國際結構同樣是促進性與限制性的，因此十九世紀末的國家只部分受限於國際體系，並因此能尋求新的稅收來源來面對財政危機：該危機之所以會對國家產生壓力，部分是因

為國際軍事體系的結構需求，與此同時，國家卻能把國際經濟當成是一個「資源槽」，不只是用來面對財政危機，還可實現各種國內改革，滿足了國家與某些，雖然非全部階級的需求，在此過程中，「能動的」國家逐漸重新建構了國際經濟。總而言之，國家不只會回應國際與國內「層級」的結構需求，還會將這些領域當作資源槽以重新安排這些結構。所以在第二波WHS中，國家不是以犧牲結構為代價而被具體化成一個能動者，而是被鑲嵌在這些結構中，結構在部分上構成了國家，而國家在部分上也構成了結構。以上這些論點都是我所謂的「構成型國家」理論，跟新現實主義「被動適應的國家」理論，以及新自由制度主義純粹能動國家（pure agential state）理論的差異點（在第七章我會更進一步討論）

問題討論

- 為何某些國際關係理論者近來轉向採取WHS的研究途徑？
- Skocpol如何促進歷史社會學的疆界擴張，並將其整合到國際關係的理論中？
- 基於何種理由，本書能夠宣稱Skocpol與Tilly只成功地將「國家踢出去」？
- 為何可以說「第一波」WHS無法實現新韋伯論的主要理論抱負（即「六項原則」）？
- 什麼是「多型態的」國家，以及是否有助於Mann在國內

政治中能成功提出一個非化約式的國家理論？

• 如果有的話，Hobson構成型國家的「第二波」理論如何超越新現實主義「適應型國家」的化約理論？

建議進一步閱讀的書目

以國際關係學的觀點來對WHS作一個大致上的介紹，最好的起點莫過於Hobden（1998），但要注意到，社會學者現在正處在被國際關係理論家「在自家後院」勝過的危機。國際關係理論家能揭露出歷史社會學者某些所會遇到的問題，也就是當他們援引國際領域時，卻沒有充分將他們的國際觀念立足在國際關係的理論中。Hobden的書（本章也是）則是要顯現這些錯誤。至於從國際關係學的觀點來對WHS所作的扼要歸納性評述，可參見Jarvis（1989）、Hobson（1998a）、Griffiths（1999：233-51），批判性觀點的評述，則可見Cammack（1989）、Jessop（1990：275-88）與Fuat Keyman（1997：第三章）。讀者們也許還可瀏覽「國際—國家連結」（參見Almond 1989）與「顛倒的第二意象」理論（Gourevitch 1978）的歸納性文獻。至於將WHS應用到國際關係學上的詳細說明，參見Mann（1993：第八和第二十一章）、Halliday（1994：第四到六章）；Hobson（1997）與Seabrooke（2000）。在社會學的「邊界」，讀者若想充分瞭解，可以去看韋伯論者與新韋伯論者途徑的一般性說明（這有很大部份上都包含了國家），參見Hintze（1975）、Elias（1978, 1994）、Mann（1986, 1988,

1993）、Giddens(1984, 1985)、Collins（1986）與Runciman（1989）。Poggi（1978）對現代國家興起的解釋仍舊是最佳與最扼要的討論，Skocpol（1979）也仍是社會學「第一波」WHS的經典文獻，至於在比較政治學與社會學的「第二波」國家理論，則可參見Mann（1993）、Evans(1995)、Weiss and Hobson（1995）以及Weiss(1998)。

第七章　總結與解決「第二次的國家論戰」

總結「第二次的國家論戰」

到目前爲止我們從這本書學到了什麼？首先，我將對第二次國家論戰作一總結，並從中擷取可在國際關係理論中被察覺的五個一般性的國家「理論」。我在第一章說過，國際關係學中的兩次「國家論戰」實際上是平行的，即便第二次國家論戰現在仍是模糊不清的。第一次國家論戰的架構，呈現在我們面前的是一個對國際關係理論的正統觀點：即新現實主義是國家中心的，而自由主義、馬克思主義與建構主義的本質則是「社會中心的」。但我在第一章曾說，這個圖像之所以會出現，是因爲國際關係學的理論家忽略所謂國家的「國際能動力」，本書則要指出，第一次國家論戰所呈現的架構對於國際關係理論以及各種國家研究途徑的理解上，是一個不完全的架構。並且諷刺的是，第一次國家論戰，雖有所爭議，但卻跟國家毫無關係，因爲論戰中的雙方都修正了國家能動者之上的國際結構（激進多元主義者把國際結構修正爲經濟結構，現實主義者則將國際結構修正爲政治結構）。的確，對新現實主義者來說，他們跟激進多元主義者一樣認爲國家不過是被禁錮在一個國際架構中，所以最後雙方都否定國家有可能可以型塑國際領域或甚至能不受國際結構性的限制來制訂政策。但第二次的國家論戰則超越了第一次的論戰，因爲它將國際關係的理論放於能動者—結構的問題分析架構中來看。

本書提出的論點是，當我們將理論重新置於能動者-結構的

論戰中，並引入國家的國際能動力之概念時，我們就必須要重新安排國際關係學中的國家研究途徑與原先所被瞭解的圖像。在第一章裡，我將國家的國際能動力定義成國家制訂外交政策不受國際—結構制約或國際非國家行為者利益限制的力量，極端的說，高度的國際能動力是指國家緩和國際競爭邏輯的能力，並因此創造一個合作或和平的世界。應用這個觀念，我們會看到原先國際關係理論理解國家的看法變成完全顛倒了。圖7.1描繪出將國際關係理論的傳統立場應用到國家中心性與國家自主性的議題，傳統的立場可說是把新現實主義置於上端，而馬克思主義、自由主義與建構主義則被放在底端，但第二次的國家論戰則顛覆了這個圖像，並有效地「讓國際關係理論給顛

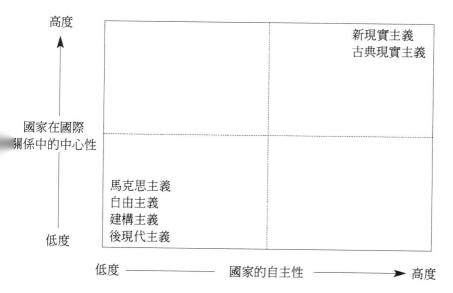

圖7-1　在「第一次國家論戰」中定位各種國際關係理論

倒過來」（參見圖7.2）。現在，新現實主義（與世界體系理論）在底端，而某些建構主義與自由主義的次理論類型則到了頂端，後現代主義（即激進的建構主義）與古典和正統的馬克思主義則居其中，也就是說，自由主義、建構主義、古典現實主義、正統馬克思主義與第二波的韋伯歷史社會學派都成功賦予國家某種程度的國際能動力，至於新現實主義與第一波的韋伯歷史社會學派和世界體系理論都修正了其對於國際結構的看法，並根本否定國家擁有任何的國際能動力，這是本書的一個令人訝異或反直觀的結論，之所以說這是反直觀的，乃只是因為國際關係理論一直將國家的國內能動力（或制度自主性）與國際能動力給混淆在一起。

國際關係學中五種一般性的國家理論型式

我在第一章講過，第一次國家論戰是如何在兩種根本是對立且無法妥協的對立面（intransigent opposites）上分裂的，然而，第二次國家論戰的其中一個特徵是不再存在兩個無法妥協的對立面，而是在一個沒有限制的比賽中鬥出個勝負。然而，我們應要對每個途徑都有許多次理論類型與分支的這個事實保持敏感度（這已在第二到六章中被討論過），但是我們有可能可以指出（透過第二次國家論戰的鏡頭），在國際關係學中五種清晰的一般性國家理論型式。在研究第二次國家論戰是否有一個可能的解決之道前，我將分別分析這五種型式，這些型式是從圖7.2而來。

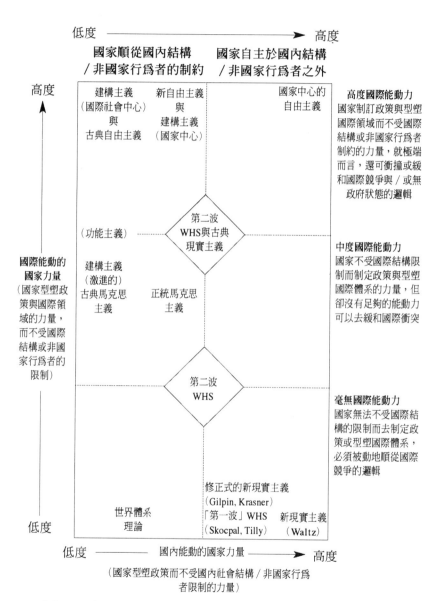

圖7-2　在「第二次國家論戰」中重新定位國際關係理論

缺乏國際能動性的被動適應型國家

從圖7.2的底層開始，我們遇到了國際體系理論，它擴大了國際結構的中心性並否定國家擁有國際能動力，這些理論包括Waltz的新現實主義、修正式的新現實主義（如Gilpin與Krasner）、第一波的韋伯歷史社會學派與世界體系理論。然而它們全都隨它們賦予國家國內能動力的程度而有所變化，最後並全都認為國家實際上是承載者：也就是說，是國際結構下的被動犧牲者，它們之間主要的差異在它們重視或指出的特定結構。新現實主義與第一波的WHS，將焦點放在國際無政府狀態的政治結構上，世界體系理論則重視資本主義下的世界經濟。這裡的弔詭是，它很有可能賦予國家高度的國內能動力，卻同時又否定國家在國際領域中擁有任何的能動力（跟新現實主義一樣）。

具有中度國際能動力的國內適應型國家

在圖7.2中移到上一層，我們來到第二種型式的理論，在這裡，國家被賦予中度的國際能動力，但只擁有低度或中度的國內能動力，因此在國內領域中，社會結構高於身為能動者的國家，關鍵公式如下：國家必須要適應或順從國內結構或非國家行為者的邏輯，但國家因此卻獲得了一個中度的國際能動力。所以對馬克思主義者來說，「最後」是國家順從經濟宰制階級的國內需求，但國家卻可獲得中度的國際能動力並創造了一個

衝突的國際體系。激進的建構主義認為，國家幾乎沒有任何的國內能動力，因為它們必須要順從代表性的邏輯（the logic of representation），國家是被想像的，所以它們逐漸會跟其它國家作區隔，在這個過程中，國家創造了一個暴力的世界。

最後，還有一個自由功能主義的邊緣案例存在於第二種與第三種國家型式的邊界上。總的來說，自由功能主義者認為現代「無所不包型」的國家只擁有低度的國內能動性，並必須順從個人經濟與社會的需求，但它們能為一個和平的全球秩序之建立提供基礎，所以長期來看，國際功能主義式的機構將會超越主權國家，使主權國家逐漸變得過時，直到最後萎縮不見。

具有高度國際能動力的國內適應型國家

移到圖7.2的左上部，我們遇到了第三種一般性的國家理論型式，包含了那些認為國家只擁有低度或中度的國內能動力，但卻擁有高度國際能動力的研究途徑。在國內領域中，社會結構又再一次高於國家，國家因此被否定擁有高度的國內能動力。古典自由主義只賦予國家非常低度的國內能動性或制度自主性，也就是說，國家必須順從或適應個人的經濟與社會需求，然而，在此過程中，國家卻獲得可觀的國際能動力，使它能型塑或創造一個和平的國際體系，只有當國家無法順從個人的國內需求時，一個衝突的國際體系才會被創造出來。雖然新自由主義賦予國家中度的國內能動力，但國家仍對個人的經濟需求負有義務，順從個人的需求，則國家就可獲得高度的國際能動力去型塑國際體系，尤其國家會創造一個國際政府，從而

使一個和平的世界得以出現。

這裡最後一個例子是建構主義。國際社會中心的建構主義實際上並沒有將很多心思放在國家的國內能動力上，雖然它顯然暗中認爲國家只擁有低度的國內能動力，但重點是它有一個賦予國家高度的國際能動力之弔詭。一開始，國家只被賦予非常低的力量，因爲國家必須要適應或順從國際社會或規範性的結構，然而，由於順從國際的規範結構，所以國家獲得非常高度的國際能動力，因此它們能衝撞國際競爭的邏輯並解決集體行動的問題，在這個過程中，國家能創造出一個和平、合作且更爲公正的國際社會領域。最後，國家中心的建構主義（Katzenstein），賦予國家一個中度的國內能動力，雖然國家仍在國內的規範結構中，但Katzenstein對國家的國際能動力之立場則顯得模糊，認爲國家對國際體系的解釋是根據它們國內的規範結構，借用Wendt（1987）的說法，「無政府狀態是國家所創造的」，特別是國際領域並未對國家形成限制，所以這意謂國家擁有一個相對高度的國際能動力。

具有高度國內與國際能動力的主動型國家

最後移到圖7.2的右上方，我們遇到了那些同時賦予國家高度的國內與國際能動力的理論，這些理論重視身爲能動者的國家，並徹底貶低國際結構的重要性。國家中心的自由主義（新制度主義與英國學派的理性主義）明顯就是這一類型的代表。然而，我們的確要修正一個誤解（曾在第三章中的末段被詳盡討論過），也就是傳統文獻一般都假定這兩種理論都在提高國際

制度（建制或規範）的重要性，因此一般會認為國際建制是新自由制度主義的本體中心，而這些建制會限制國家行為（驅使它們合作而非衝突）。以類似的說法來看，在英國學派的理性主義中，國際社會亦被認為是在限制國家。但我認為，這兩種看法都認為國家本身充滿高度的國際能動力，並會成立國際建制或國際社會規範，以實現國家的某些目標（也就是對理性主義者或新自由主義者而言，其長期效用利得極大化的「秩序」）。一般來說，在此類型中，國家擁有屬於自身的利益，但這不是被化約成（即需要被解釋成）國內或國際的結構。在此，國家的國際能動力是以犧牲國內或國際結構而被修正（國際領域變成一個「可能性的領域」，而非限制或必然性的領域）。

具有不同程度國內與國際能動力的「構成型」國家

第五類型的國家理論可在古典現實主義，以及在先前所謂的「第二波」韋伯歷史社會學派中找到。古典現實主義只能位於第二、第三與第四種類型的界線上，因為它認為國家在早期（西元一六四八到一九○○年）擁有高度的國內與國際能動力，但之後則只擁有低度的國內與中度的國際能動力。最複雜的理論是第二波韋伯歷史社會學派，它位於所有途徑的界線上。在下段中，我要去發展一個途徑，特別是要把它作為一個解決第二次國家論戰的手段。

爲「第二次國家論戰」提供一個社會學的解決方案

　　對我而言，將國際關係的理論重新排列在第二次國家論戰的架構中，基本上似乎存在有三種好處。第一，它對各種不同的國際關係理論如何解釋並如何對國家進行理論化的工作提供了更完整、更精緻與更細膩的一個圖像。第二，相較於第一次國家論戰，它提出了一個截然不同的國際關係理論的圖像，實際上，它顛覆了傳統圖像，並因此引領著國際關係理論的發展。第三，而且也許最重要的是，在與前一個圖像進行嚴格比較後，第二次國家論戰的架構提供了一種方法讓國際關係理論能夠總體的發展，尤其在關於國家的理論上。我在第一章提過，第一次國家論戰的主要限制是它導致了兩極對立，使它變得不可能產生一個融合或解決的方案，因爲該論戰在本質上乃基於一個排它或單元的邏輯：國家要麼是自主的，要麼就是非自主的，至於國家是強大的，且非國家行爲者也是強大的，並可同時存在於全球或國內領域的觀念從未被考慮過。相反地，第二次國家論戰則很有意思，因爲它指出各種不同的可能方案，特別是它提出這些方案能經由應用一種包容性或「集合性」的皆／與邏輯（both／and logic）（相對於傳統的單元邏輯）而被達成。在本章之後的部份，我將應用這種包容性的途徑來草擬一個對第二次國家論戰可能的社會學解決方案。由於應用了「皆／與」邏輯，所以我認爲我們要先否定純粹能動者中心與純

粹結構中心的理論，然後提出一個「結構能動式」的融合。在此，我將利用與採用許多理論者的基本創見，尤其是Anthony Giddens（1984）；以及一個很大的程度上是由Clark（1999）與Weiss（1999）所補強的分析。這個途徑是由對社會生活兩個「眾所皆知」的註解開始：即

> 1.人類與他們的組織〔即國家〕是有目的的行為者，他們的行動有助於再生或改變他們生活的社會；以及
>
> 2.〔國際／國內〕社會是由社會關係構成的，它構成這些有目的行為者之間的互動，將這些眾所皆知的道理結合在一起，意謂著人類行為者與社會結構，在某個或其他方面中，理論上是互相依賴或互相具有關係的實體（Wendt：1987：337-8）

　　在本書中，我有效地尋求把國家作為一位潛在能動者（potential agent）的角色給問題化，因此「國際生活」（international life）具體化了這兩種「眾所皆知的道理」：也就是國家是有目的的能動者，型塑並影響著它們所屬的國際體系，相反地，國際體系也包含了所有型塑與影響國家的關係種類。在這裡，對第二次國家論戰提出的結構能動式的解決方案涉及到承認這兩種基本的國際生活面項，然而在試圖融合能動者中心與結構理論時，我們需要注意到，這種融合工作是一個相當棘手的任務；跟人體器官的移植一樣，移植的部份通常無法被接受。因此，首要任務是要重新安排能動者（國家）與結構的本體性質，使它們能相容，並防止「移植的器官」被「主

體」排斥的任何可能情況出現。

概述「構成型」國家與全球政治的結構能動模式

　　我從一個基本的模式開始，該模式能用來理論化國際與全球關係。在這裡，我採取Waltz的理論模式（參見圖2.2），但加以修正並重新安置在一個結構能動式的國家與全球政治之途徑上。應用「皆／與」的邏輯，讓我們一開始就會注意到結構是「雙刃的」（double-edged）：也就是說，結構既是限制性也是促進性的，全球與國際（和國家）的「結構」現在都被視為既是「機會的領域」也是「限制的領域」。國際與跨國的行為者同樣也是雙刃的，促進也限制著國家，這在圖7.3的左手邊可以看到。

　　在某種程度上，如結構主義者認為的（這也是為何我將第二波的韋伯歷史社會學派放在圖7.2第一種與第二種型式的國家理論之界線上），國家「適應」（即順從）這些限制，但與此同時，這些結構與能動者並非全然是「自構的」，而部份是由國家所形塑的。因此，國家不會變成結構與非國家行為者的「被動犧牲者」，而國際與全球領域則會變成「身為能動者的國家」，將手深入其中以強化它們在這兩個領域中的力量與利益，或成為解決它們日常問題的部份資源槽。

　　往下移到「第二層」（參見圖7.3），我與Waltz途徑的主要差異是「個體單位」：國家與國家—社會複合體：並沒有被排除，反而被保留了下來。如前所述，國際與全球結構並非完全不受國家層級變項的影響，也非自構的，而是部份由具有中高

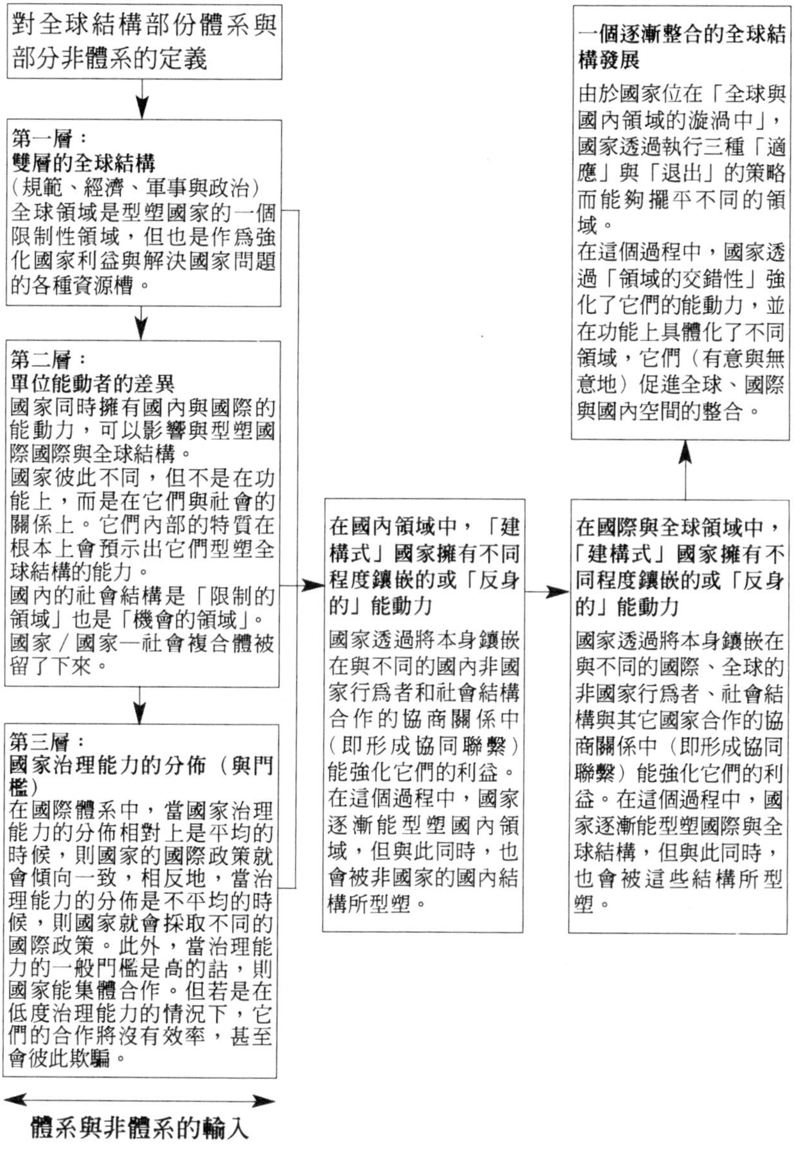

對全球結構部份體系與部分非體系的定義

第一層：
雙層的全球結構
（規範、經濟、軍事與政治）
全球領域是型塑國家的一個限制性領域，但也是作為強化國家利益與解決國家問題的各種資源槽。

第二層：
單位能動者的差異
國家同時擁有國內與國際的能動力，可以影響與型塑國際國與全球結構。
國家彼此不同，但不是在功能上，而是在它們與社會的關係上。它們內部的特質在根本上會預示出它們型塑全球結構的能力。
國內的社會結構是「限制的領域」也是「機會的領域」。
國家／國家─社會複合體被留了下來。

第三層：
國家治理能力的分佈（與門檻）
在國際體系中，當國家治理能力的分佈相對上是平均的時候，則國家的國際政策就會傾向一致，相反地，當治理能力的分佈是不平均的時候，則國家就會採取不同的國際政策。此外，當治理能力的一般門檻是高的話，則國家能集體合作。但若是在低度治理能力的情況下，它們的合作將沒有效率，甚至會彼此欺騙。

一個逐漸整合的全球結構發展
由於國家位在「全球與國內領域的漩渦中」，國家透過執行三種「適應」與「退出」的策略而能夠擺平不同的領域。
在這個過程中，國家透過「領域的交錯性」強化了它們的能動力，並在功能上具體化了不同領域，它們（有意與無意地）促進全球、國際與國內空間的整合。

在國內領域中，「建構式」國家擁有不同程度鑲嵌或「反身的」能動力
國家透過將本身鑲嵌在與不同的國內非國家行為者和社會結構合作的協商關係中（即形成協同聯繫）能強化它們的利益。在這個過程中，國家逐漸能型塑國內領域，但與此同時，也會被非國家的國內結構所型塑。

在國際與全球領域中，「建構式」國家擁有不同程度鑲嵌或「反身的」能動力
國家透過將本身鑲嵌在與不同的國際、全球的非國家行為者、社會結構與其它國家合作的協商關係中（即形成協同聯繫）能強化它們的利益。在這個過程中，國家逐漸能型塑國際與全球結構，但與此同時，也會被這些結構所型塑。

體系與非體系的輸入

圖7-3　一個國家與全球政治結構能動式的理論

度國際能動力的國家之行動所型塑。此外，國家在它們的能力與外交政策上則有所不同，這要視它們鑲嵌在國內與國際社會中的程度。以一八七九到一九一三年英國的貿易政策為例，我認為英國強大的國內治理能力（主要源於它與國內社會力量的高度鑲嵌關係），使英國能夠課徵所得稅並同時與工人和宰制階級合作，這意謂著它不用提高間接稅與關稅，就能獲得高度的國際能動力並採行一個合作性的自由貿易政策。相反地，德國與俄羅斯低度的國內治理能力，代表它們無法提高所得稅，而要選擇透過逐漸增加間接累退稅與關稅來壓制社會中不同的行為者（Hobson 1997，以及本書），在這個過程中，它們只獲得中度的國際能動力，因此放棄採取國際合作，而追求關稅保護主義而非自由貿易。

然而，在這項工作的這一點上，我們需特別小心，因為其中一個問題最多的議題是我們如何理論化國家與它和國內社會行為者間的關係，不幸的是，許多（雖非全部）的國際關係理論仍舊對此點保持沈默，我們需要轉向其他學門，特別是社會學與比較政治／經濟學來尋找創見。在國內層級上，存在許多強調社會結構中心性的理論，並因而傾向貶低國家的國內能動力。自由主義者與多元主義者最後都會強調個人或特定團體的利益是高於國家的說法，而馬克思主義者傾向強調階級力量的重要性（雖然他們有注意到國家短期內擁有某些自主性），後現代主義者強調論述與「象徵性邏輯」的重要性。相反地在另一端，菁英主義者、國家主義者與第一波的韋柏社會學派，他們傾向將國家具體化成一個完全自主的實體，因此國家只有在它能抵抗國內階級的力量時，才被認為是自主的（如Krasner

1978；Skocpol 1979）。但這兩端都是有問題的，因為它們使用了一個單元邏輯或零和的權力觀：如果國家是強大的，則非國家行為者必定是脆弱的；相反地，如果非國家行為者是強大的，則國家必然是脆弱的。簡言之，對多數的理論來說，只存在一種在國家力量與社會力量間的抵換關係。這裡使用的結構能動式途徑則採取一種包容性的「皆／與」邏輯，使強大的國家與強大的社會能夠攜手並進。將這一點給概念化的方法是承認國家擁有「鑲嵌的自主性」（Evan 1995）或「治理的互賴性」（governed interdependence；Weiss 1998），或許在本書的脈絡下可被稱作「反身的國內能動力」（reflexive domestic agential power）。「鑲嵌的自主性」與「反身的國內能動力」間的差異是，就Evans而言（1995），「鑲嵌的自主性」指的只是國家將本身鑲嵌於資本階級的能力，但「反身的國內能動力」則是指國家將本身鑲嵌於一個廣泛組成的社會力量中之能力，國家不僅只鑲嵌在階級中，國家並且有能力將本身鑲嵌於非階級的結構中（即社會的規範結構）。之前我提出的例子是由於英國同時能鑲嵌於勞工與資產階級中，所以使英國自由黨政府可以調和不同的階級，並使它們服從國家偏好的所得稅政策。因此，若國家位於的社會越具反身性，則國家就有越大的能力強化治理能力；相反地，越不具反身性或國家越疏離於社會，則它的治理能力就會變得越脆弱。簡言之，當國家與社會一同合作，或與一個廣泛組合的社會力量形成「協同聯繫」（synergistic linkages）時，國家就會獲得力量。因此，認為國家能擁有自主性或能動力，但同時又受到社會力量的牽制（參看Nordlinger 1981：23-34），並非是一個錯誤的推論（non-sequitur），而是

「國家反身性的弔詭」或「國家力量的弔詭」（亦可參見Hobson 1997：234-5, 238-9, 251-2；Weiss 1998，尤其是第二章；參看 Ikenberry 1986）。我的途徑與Evans的進一步差異，是我也強調 國家反身的國際能動力之重要性（請接著看）。

　　總歸來說，國家很少會疏離於社會之外，但這比國家不同 地鑲嵌在，或「反身」的位於一個廣泛組合的社會力量與結構 中還要更常見。雖然與社會力量進行合作也許會強化國家的治 理能力，但它也會將限制加諸於或劃定界線在國家所要處理的 事務上，例如，當絕對專制的國家透過與資本階級的合作（這 能強化政府的財政稅收）來強化它們的力量時，就需要統治者 對它們作出各種的政治讓步（保護資產階級的財產權、依法而 治等等）。因此我將國家定義為「建構的」，是因為它們同時建 構國內的社會力量以及被它們所建構，這也是為何我把這個途 徑定位成在那些只賦予國家低量或中量的國內能動力，與那些 賦予國家完全國內能動力的途徑中間（參見圖7.2）。

　　向下移到「第三層」（參見圖7.3），我把Waltz「力量的分 佈」取代成「國家治理能力的分佈（與門檻）。國家間的治理能 力有程度大小的不同（這源自國家的社會反身性程度），回到我 （1997）對貿易政策的個案研究上，我認為治理能力的不均分佈 導致歐洲各國採取不同的貿易政策：在一八七九與一九一三年 之間，英國採行自由貿易的政策，但歐陸大部分的國家卻都採 行關稅保護主義，這也是因為一般來說歐陸國家治理能力的門 檻是低的，所以國家依賴間接稅作為稅收來源，並因此選擇採 行關稅保護主義。然而自一九四五年之後，國家治理能力的差 異大致被弭平了，而且幾乎所有第一世界的國家都取得高度的

治理能力，所以它們的國際能動力增加了，之後各國只能一同參與一個真正多邊自由貿易的建制（相反地，多數第三世界國家的低度治理能力導致它們脫離自由貿易的建制或追求關稅保護主義）。當然，新現實主義會強調在轉向到自由貿易時的霸權角色，而新自由制度主義只會單純假定自由貿易是一個「理性自利的國家策略」。但我的論點則強調，國家在一九四五年後之所以能採行自由貿易，是因為它們在國內層級上的治理能力已足夠到能促成國家採行所得稅的政策，並因而克服它們對間接稅與關稅的依賴。除此之外，治理能力的分佈相對上必須要平均，因為如果某些國家只擁有中度或低度的治理能力，則它們必須仰賴間接稅與關稅，而不去遵守國家集體的自由貿易，這將使我們回到一個先前被提出過的論點：即國家在其國內社會的反身性程度是國家在國際領域中能獲得的能動力程度之根本（需要我們在結構能動式的途徑中，將第二層保留為一個重要的面項）。

把「構成型」國家放在一個全球政治研究的「新整合式」（neo-intergrationist）途徑中

在先前對結構能動之國家模式與全球政治的概述中，我先歸類了國家的能動力，並注意到第　層（全球與國際結構）是如何同時促進與限制著國家，之後我將歸類國際與全球結構的作用，並檢視國家如何能型塑與影響國際與全球結構（以及國家如何型塑國內結構與被其型塑）。最後一段，我將把這些創見結合到了一個研究途徑上，我把它標誌為「新整合式的」。一個

新整合式的途徑是以理論化地方／次國家領域、民族（國家）與國際和全球領域間的鑲嵌關係或多重連結作為開始，它從兩個基本前提出發：（1）國際／全球領域同時型塑國家與次國家的領域並且又被其所型塑，以及；（2）國際、全球與國內領域都不是分離與自構的，而是「交雜的」（impure），因為在功能上它們以複合的方式交織在一起，因此它們只擁有「部份的自主性」，（Hobson 1997：第七章，1998a：286-90）。簡言之，新整合式的途徑伴隨一個「由外而內」與一個「由內而外」的途徑。大家都知道Kenneth Waltz曾說，「某人在某天也許會形成一個關於內部與外部政治的統合理論……〔然而〕國際政治的學生只要將焦點集中在國際與外部政治的個別理論上就能有所成就，直到明瞭一種統合它們的方法」（Waltz 1986：340）。但本段認為，若我們現在要去發展這樣一種統合理論，其目的是提出一個國家與國際關係的結構能動式理論的話，則就必須要這麼作（參照Murphy and Tooze 1991）。此外最近幾年，其他人已試圖發展了一個關於世界政治的「新整合式」理論（如Evans, Jacobson and Putnam 1993；Risse-Kappen 1995；Keohane and Milner 1996），雖然他們正確地注意到這種理論仍只能以胚胎的型式出現，但也應該注意到新整合式的理論不必然等同於全球化理論，因為實際上，許多全球化的理論家具體化了全球結構或國家的力量，最後的結論只是在貶低國家、國內、國際與全球領域之間的連結性（Clark 1999；Hobson and Ramesh 1999；Weiss 1999）。

因此當我們結合這兩個先前提出的創見，也就是國家同時型塑國內與國際／全球領域並也被其所型塑，則我們就能發展

一種「新整合式」的理論，該理論不只能被應用到國際關係學
上，也能被應用到比較政治與比較政治經濟學和政治學、社會
學與政治地理學上。在此，我反對這些領域是分離的論點（如
Waltz認為的），或這些領域間只存在一個單一的連結（如正統
馬克思主義與古典世界體系理論認為的），而是它們之間存在一
個無縫的網絡，將這些領域圍繞並綁在一起。我對新整合式理
論之結構現實主義式的解決方案是從注意到兩點開始：第一，
內部與外部的領域不是自構的，而是「共構的」，因此我們能在
它們之間區分出一個「二元反身性」（dual reflexivity）。第二，
我注意到國家位在「內部與外部領域的漩渦中」，這與國家是
「兩副面孔」（Janus-faced）的觀念能夠連結在一起（亦可參見
Ikenberry 1997：161；Halliday 1994：84-6；Hobson 1997：
246-69；Weiss 1998, 1999；Clark 1999）。將這兩種創見結合在
一起，意謂著國家是我所謂「領域上的混雜」（territorially
promiscuous），因而它能「擺平」國內與國際領域以強化它的
利益或適應或順服結構的制約，此過程導致這兩個領域變成相
互鑲嵌，因此預示了一個更進一步的觀點：相對於非國家行為
者，國家憑藉其所屬於的獨特空間位置，在這兩個領域中都獲
得可觀的能動力，所以國家乃是位在「內部與外部領域的漩渦
中」，換句話說，國家在國內與國際／全球領域中所獲得的可觀
能動力都是來自「領域上的混雜」。簡言之，國家獨特的領域範
圍，同時包含了國內與國際／全球領域，使它能夠採取「退出」
策略（exit strategy）（雖然實際上國家會採用三種不同型式的退
出策略：見以下）。所此當國家面臨國內問題（或挑戰）時，它
能夠轉頭到國際領域上以克服或緩和這些問題，在許多相同的

地方，當它面臨國際或全球限制（或挑戰）時，國家能夠轉頭到國內領域，這的確是國家最終能達成的拿破崙式的平衡作為。

但如果我們只將焦點放在三種國家所追求的「退出策略」上，我們則會提出一種誇大國家能動力並忽視國家所要面對的結構限制之理論，為了要矯正這樣一種潛在的不平衡，並維持一個包容性的「皆／與」途徑，我們必須要考慮到結構對國家所造成的限制與影響，這讓我們列出三種國家採取去順從國際／全球與國內結構條件的「適應策略」。透過發展此一論點，我們能同時發展一種國家與全球政治的結構能動式理論，並超越 Ian Clark（1999）巧妙指出在國際與國內領域間的「大對立」（great divide），而這長期主宰著國際關係理論。那麼，這樣一種途徑包含了什麼？該論點經歷三個階段，第一，我檢視「領域上混雜」的國家如何將國際與全球領域當成一個「資源槽」，不論是強化它在國內領域的利益，還是去衝撞國內結構的限制性邏輯（我將此稱之為「第一種的退出策略」），或去適應國內結構的制約（我稱之為「第一種的適應策略」）。第二，我檢視「領域上混雜」的國家如何將國內領域當成一個「資源槽」，不論是強化它在國際與全球領域的利益，還是去衝撞國際／全球領域的限制性邏輯（我稱之為「第二種的退出策略」），或去適應國際／全球結構的需求（「第二種的適應策略」）。最後，我簡短檢視了「領域上混雜」的國家將國際與全球領域當成「資源槽」，以衝撞或緩和國際或全球結構的邏輯（「第三種退出策略」）或適應或順從國際或全球結構的制約（「第三種適應策略」）。

國家採行「第一種退出策略」是透過將手伸入國際或全球

的「資源槽」，以強化它們完成國內改革和／或衝撞國內社會結構的能力，因此，例如應用先前我做的分析，我提過俄羅斯與德國是如何將手伸到國際經濟中，採取關稅保護主義，以推動它們所想完成的國內改革（即透過累退稅／關稅來壓制下層階級）。相反地，英國則維持自由貿易，以致於它能採取所得稅的政策以對抗經濟宰制階級的財政利益（雖然維持自由貿易，國家仍能保有他們的「貿易利益」）。同樣地，國家自一九四五年以後開始透過GATT自由貿易的建制來與其他國家合作，這強化了它們抵抗國內特定產業團體的保護主義者之利益需求，因此當國家開始與其他國家進行「協同聯繫」時，它們就能衝撞它們的國內結構。除此之外，在二十世紀末，許多國家已開始將本身鑲嵌在全球化中，透過與全球資本家形成一個協同聯繫，國家能強化他們的利益。在一九八〇年代，新加坡試圖吸引全球資本進入其國內的經濟，因此國家能減低它對國內資本的依賴（參見Hobson and Ramesh 1999）。更常見的是，國家會「求助」外部的危機或壓力（日本人所謂的外壓），以將「國內的治理方式」改變成國家所偏好的，並使國家能完成原本是難以推動的改革（亦可參見Putnam 1993；Katzenstein 1996a：第六章；Schoppa 1997），這些危機可能是經濟或軍事的，因此「戰爭的挫敗」或迎合地緣政治的需求，通常會將國家與社會之間的「治理方式」改變到有利於國家上。沙皇時代的俄羅斯一八五五年在克里米亞戰爭的挫敗、普魯士在一八〇七年的挫敗，與日本因Perry艦長之手的民族羞恥（一八五三年），都強化了這些國家在接下來的時期中完成各種改革的能力，特別是日本與俄羅斯，這兩國實現了「由上而下的革命」，讓國家能對抗宰

制階級的長期利益，並改造國內的經濟。同樣地，日本、南韓與台灣在一九四五年後之所以能用嶄新的方法來改革經濟，部份是因為二次大戰所造成的「促進」效果（Weiss and Hobson 1995），這意謂著國家若是擁有越大的「反身性國際能動力」（即國家更為鑲嵌在國際與全球社會的主要結構中），則國家就變得有越大的能力去完成國內改革，並在國內的層級上維持自身的存在。

如果我們現在將這些國家的能動性作分類的話，則我們就能檢視國家所採取的「第一種適應策略」。在此策略中，國家將手伸入到國際或全球領域，以適應或順從國內結構或非國家行為者的需求或制約。因此，德國在一八七〇年代晚期又回到了關稅保護主義，這在某種程度上是要支撐宰制（容克，Jünker）階級的（財政）利益，在許多相同的面項上，英國在一八四六年到一九一三年間所維持的自由貿易政策，則某種程度上是要支撐經濟宰制階級的（貿易）力量。或例如一九四五年以後，美國政府一直要改變國際金融或國際貿易的規則，在某種程度上也是為了要支撐華爾街或美國工業家的利益。一個更進一步的例子是關於國家對國際社會的關係，將本身鑲嵌在國際社會主要規範中的那些國家（特別是自由民主的國家），在面對國內政治或革命的抗拒時，就比較有能力對抗；那些衝撞這些規範的國家通常則會被國內的革命而減弱能力。

國家所能採取的「第二種退出策略」牽涉到國家將手伸入於國內領域中，以強化它們在國際或全球結構中的利益，或是衝撞國際或全球結構的限制性邏輯。如前所述，一旦國家獲得高度反身性的國內能動力，它們就能得到高量反身性的國際能

動力，並因此能在一九四五年後藉由成立一個集體的國際自由貿易建制（GATT）來緩和或衝撞國際經濟競爭的邏輯（跟無政府狀態與全球資本的結構有關）。也就是說，只有當國家的國內能動性已達足夠的程度時GATT才會被創造出來，同樣地，國家有時會扶植國內資本家以減低它們對全球資本的依賴，這正是新加坡在一九九三年之後所採取的策略（Hobson and Ramesh 1999）。

「第二種適應策略」牽涉到國家將手伸入國內領域，以適應或順從國際或全球結構的制約。因此，比如說某些國家（雖然不是全部）在二十世紀末就已成為「國際化的」，這是因為它們部份採取了新自由主義的經濟政策，以順從全球資本主義的指示：儘管「第一種退出策略」的反面是某些國家「援引」全球化，以將其作為一個「無可逃避的指示」來對抗社會各種團體的利益，從而使國家能實現新自由主義的經濟改革（參見 Ramesh 2000）。歷史上，絕對專制的國家通常會與國內資本家合作，如此一來，它們能強化政府稅收，並更能適應國際軍事競爭的結構指令。就某種程度上來說，一九四五年後，日本、南韓和台灣透過積極主動的國家承諾以及與資本階級的合作（特別是透過出口導向的工業化來與世界經濟整合），強化了它們的國內經濟，而不只有維持它們的軍事力量基礎以面對國際軍事競爭的邏輯（Weiss and Hobson 1995）。並且如Finnemore 所認為的，在順從國際社會的宰制性規範上，國家逐漸開始成立推動科學政策的官僚機構，並在經濟上接受貧窮問題應透過國內的改革來被緩和（Finnemore 1996）。

國家所能採用的「第三種退出策略」牽涉到與其他國家與

非國家行為者形成協同聯繫，這使國家能夠衝撞，或至少極小化國際或全球結構的限制性邏輯。國際建制或區域集團的形成，例如歐盟、北美自由貿易協定（NAFTA），或ASEAN自由貿易區域（AFTA），都是國家採用的典型「集體策略」，以緩和或減輕它們對全球結構限制的依賴（Weiss 1998：209-11；Hobson and Ramesh 1999）。此外，自一九九三年後，新加坡政府鼓勵國內資本「邁向全球」（go global），以衝撞或至少極小化全球化的限制性影響（Hobson and Ramesh 1999；參照Weiss 1998：204-11）。最後，「第三種適應策略」牽涉到與其他國家、非國家行為者或國際組織形成協同聯繫，以適應國際或全球架構。在軍事領域中，北約組織與太平洋共同防衛組織（ANZUS）是兩個很好的例子，雖然一九四五年後的自由貿易建制（GATT與WTO）使國家能夠對抗國內產業利益團體從事的競租行為，但這些制度也規範著國家必須致力於自由貿易並不去選擇採取欺騙與保護主義的短期行為。

　　檢視這三種退出與適應策略的其中一個重要結果是它們如何能促進全球結構的更緊密整合（參見圖7.3的中間與右手邊），在這裡尤其重要的是國家「功能具體化」（functionally crystallise）的概念：借用Mann（1993）的說法：在全球、國際與國內行為者與結構間，不論是去強化他們的利益，還是去順從不同結構的制約，在此過程中，國家透過「領域上的混雜」促進了（國際上或不經意地）一個逐漸整合的全球空間架構之發展。自十七世紀以降，國家就尋求促進國內與國際資本的連結，這明顯顯示全球資本主義的發展。同樣地，國家也同時改革它們的國內領域以適應國際軍事的競爭，並因此促進國際政

治結構與國內社會間的連結，又正如多數國家會改革它們的國內社會以適應國際社會的宰制性規範，並因而強化了國際規範性結構與國內社會間的連結。簡言之，透過運用這三種「退出」與「適應」的策略，國家促進了（國際上或不經意的）一個逐漸整合的全球空間結構之發展。

因此在發展一個新整合式的途徑時，我們需要發展出一個論點，此論點一方面可以給予相對相同的本體比重（ontological weighting）到國際與全球社會、規範、經濟與政治結構上，而另一方面也給予國家與國家—社會關係相同的本體比重。如一位理論者所解釋的：「在世界政治中建立跨國關係的影響力時，沒有一個研究者有必要捨棄國家」（Risse-Kappen 1995：15），而研究者也沒有必要捨棄全球的（或國內的）社會結構以展現出國家的重要性，因此「無力量國家」（powerless state）的概念不過是一個「迷思」（Weiss 1998）。跟國家能夠創造任何結構的概念是一樣的，全球化創造了國家，而國家也創造了全球化（Globalisation makes of states what states make of），或者換句話說，全球／國際（與國內）結構創造了國家，而國家也創造了它們。的確，在這裡呈現的集合的「皆／與」途徑認為，強大國際能動的國家力量能夠與國家在國內、國際與全球結構上的強化與整合攜手並進，這一方面有助於我們超越傳統在「社會中心論」與「國際／全球社會中心論」之間的極化，另一方面又可使我們超越新自由主義的「能動者中心論」。因此，我們能夠有效地在能動者中心論與結構中心論間做出一個結合，從而使我們可以超越「第一次國家論戰」的貧乏內涵，並自動為「第二次國家論戰」提供了一個解決之道。

問題討論

- 如果有的話，什麼是，國際關係學「第一次國家論戰」的限制，以及如果有的話，什麼是「第二次國家論戰」的優點？
- 在國際關係學「第二次國家論戰」中揭露的五種一般性國家理論為何？以及這個論戰如何把國際關係理論給徹底翻轉過來？
- 在第七章呈現的第五種一般性的國家理論型式是如何化解第二次國家論戰？在這個面項上它是否有成功達成？以及它是否成功地對國際關係學與比較政治、比較政治經濟學、社會學與政治學的國家理論，提出了一個可行的替代理論？

建議進一步閱讀的書目

關於「能動者—結構」的主要介紹性文獻已在第一章末段談過了，在這裡我將為讀者指出幾本在本章第二部份被討論過的作品。關於「新整合式」理論的作品有三種不同的版本：Evans et al.（1993）、Keohane and Miller（1996）以及Risse-Kappen（1995a），每本書前的導論尤其有用。對全球化理論的傑出介紹可在Barry Jones（1995）與Baylis and Smith（1997）找到，對不同國家理論以及全球化的廣泛討論可在Clark（1999）

找到：以及Weiss（1999）的分析都補強了本章呈現的基本論點，此外還可參見Halliday（1987,1994：第四、六、八、九章），也附和了本書提出的某些論點。

弘智文化價目表

書名	定價		書名	定價
社會心理學（第三版）	700		生涯規劃：掙脫人生的三大枷桎	250
教學心理學	600		心靈塑身	200
生涯諮商理論與實務	658		享受退休	150
健康心理學	500		婚姻的轉捩點	150
金錢心理學	500		協助過動兒	150
平衡演出	500		經營第二春	120
追求未來與過去	550		積極人生十撇步	120
夢想的殿堂	400		賭徒的救生圈	150
心理學：適應環境的心靈	700			
兒童發展	出版中		生產與作業管理（精簡版）	600
為孩子做正確的決定	300		生產與作業管理(上)	500
認知心理學	出版中		生產與作業管理(下)	600
醫護心理學	出版中		管理概論：全面品質管理取向	650
老化與心理健康	390		組織行為管理學	出版中
身體意象	250		國際財務管理	650
人際關係	250		新金融工具	出版中
照護年老的雙親	200		新白領階級	350
諮商概論	600		如何創造影響力	350
兒童遊戲治療法	出版中		財務管理	出版中
認知治療法概論	500		財務資產評價的數量方法一百問	290
家族治療法概論	出版中		策略管理	390
伴侶治療法概論	出版中		策略管理個案集	390
教師的諮商技巧	200		服務管理	400
醫師的諮商技巧	出版中		全球化與企業實務	出版中
社工實務的諮商技巧	200		國際管理	700
安寧照護的諮商技巧	200		策略性人力資源管理	出版中
			人力資源策略	390

書名	定價		書名	定價
管理品質與人力資源	290		全球化	300
行動學習法	350		五種身體	250
全球的金融市場	500		認識迪士尼	320
公司治理	350		社會的麥當勞化	350
人因工程的應用	出版中		網際網路與社會	320
策略性行銷（行銷策略）	400		立法者與詮釋者	290
行銷管理全球觀	600		國際企業與社會	250
服務業的行銷與管理	650		恐怖主義文化	300
餐旅服務業與觀光行銷	690		文化人類學	650
餐飲服務	590		文化基因論	出版中
旅遊與觀光概論	600		社會人類學	出版中
休閒與遊憩概論	出版中		血拼經驗	350
不確定情況下的決策	390		消費文化與現代性	350
資料分析、迴歸、與預測	350		全球化與反全球化	出版中
確定情況下的下決策	390		社會資本	出版中
風險管理	400			
專案管理的心法	出版中		陳宇嘉博士主編14本社會工作相關著作	出版中
顧客調查的方法與技術	出版中			
品質的最新思潮	出版中		教育哲學	400
全球化物流管理	出版中		特殊兒童教學法	300
製造策略	出版中		如何拿博士學位	220
國際通用的行銷量表	出版中		如何寫評論文章	250
			實務社群	出版中
許長田著「驚爆行銷超限戰」	出版中			
許長田著「開啟企業新聖戰」	出版中		現實主義與國際關係	300
許長田著「不做總統，就做廣告企劃」	出版中		人權與國際關係	300
			國家與國際關係	300
社會學：全球性的觀點	650			
紀登斯的社會學	出版中		統計學	400

書名	定價		書名	定價
類別與受限依變項的迴歸統計模式	400		政策研究方法論	200
機率的樂趣	300		焦點團體	250
			個案研究	300
策略的賽局	550		醫療保健研究法	250
計量經濟學	出版中		解釋性互動論	250
經濟學的伊索寓言	出版中		事件史分析	250
			次級資料研究法	220
電路學（上）	400		企業研究法	出版中
新興的資訊科技	450		抽樣實務	出版中
電路學（下）	350		審核與後設評估之聯結	出版中
電腦網路與網際網路	290			
應用性社會研究的倫理與價值	220		**書僮文化價目表**	
社會研究的後設分析程序	250			
量表的發展	200		台灣五十年來的五十本好書	220
改進調查問題：設計與評估	300		２００２年好書推薦	250
標準化的調查訪問	220		書海拾貝	220
研究文獻之回顧與整合	250		替你讀經典：社會人文篇	250
參與觀察法	200		替你讀經典：讀書心得與寫作範例篇	230
調查研究方法	250			
電話調查方法	320		生命魔法書	220
郵寄問卷調查	250		賽加的魔幻世界	250
生產力之衡量	200			
民族誌學	250			

國家與國際關係

作　者 / John M. Hobson 博士
譯　者 / 周劭彥
校閱者 / 高德源
叢書主編 / 陶在樸博士
執行編輯 / 趙美惠
出 版 者 / 弘智文化事業有限公司
登 記 證 / 局版台業字第 6263 號
地　　址 / 台北市中正區丹陽街 39 號 1 樓
電　　話 / (02) 23959178‧0936252817
傳　　真 / (02) 23959913
發 行 人 / 邱一文
劃撥帳號 / 19467647　戶名 / 馮玉蘭
書 店 經 銷 / 旭昇圖書有限公司
地　　址 / 台北縣中和市中山路 2 段 352 號 2 樓
電　　話 / (02) 22451480
傳　　真 / (02) 22451479
製　　版 / 信利印製有限公司 (Tel：2305-2380)
版　　次 / 2003 年 9 月初版一刷
定　　價 / 300 元

ISBN　957-0453-83-4（平裝）
本書如有破損、缺頁、裝訂錯誤，請寄回更換！

國家圖書館出版品預行編目資料

國家與國際關係 / John M. Hobson
　著；周劭彥譯.
　--初版. --台北市：弘智文化；2003〔民 92〕
　冊：　公分
　參考書目：面
　譯自：The State and International Relations
　ISBN 957-0453-83-4（平裝）

1.　國際關係　2.　國家

578.1　　　　　　　　　　　　　　92009971